国家社科基金重大项目『延安时期未刊文献资料收集、整理与数据库建设』（17ZDA008）系列成果之一

陕甘宁根据地土地革命时期财政经济史料

王保存 杨伟宏 主编

西北大学出版社

图书在版编目（CIP）数据

陕甘宁根据地土地革命时期财政经济史料／王保存，杨伟宏主编． —西安：西北大学出版社，2018.12

ISBN 978 – 7 – 5604 – 3963 – 1

Ⅰ.①陕… Ⅱ.①王… ②杨… Ⅲ.①陕甘宁抗日根据地—财政史—史料 Ⅳ.①F812.96

中国版本图书馆 CIP 数据核字（2018）第 295910 号

陕甘宁根据地土地革命时期财政经济史料

主　　编：王保存　杨伟宏
出版发行：西北大学出版社
地　　址：西安市太白北路 229 号
邮　　编：710069
电　　话：029-88303059
经　　销：全国新华书店
印　　装：陕西金德佳印务有限公司
开　　本：787 毫米 ×1092 毫米　1/16
印　　张：24
字　　数：403 千字
版　　次：2018 年 12 月第 1 版　2018 年 12 月第 1 次印刷
书　　号：ISBN 978 – 7 – 5604 – 3963 – 1
定　　价：55.00 元

本版图书如有印装质量问题，请拨打电话 029 – 88302966 予以调换

前　言

陕甘宁革命根据地是中国共产党在土地革命时期保存下来的唯一的根据地,成为红军长征的落脚点和中共领导敌后抗战的出发点。从 1935 年 10 月至 1948 年 3 月,陕甘宁革命根据地是中共中央的所在地,这一时期中国共产党的各项重大政治、经济、文化、社会政策都是先在这里实行,然后推广到其他根据地。根据地实行过的政治、经济、文化、社会政策,不仅在当时当地产生了很大的作用,也对新中国建立后的政治、经济、文化、社会产生了深刻的影响。中国共产党领导边区人民办财政,发展经济,不仅支持中国革命取得了辉煌的胜利,而且大幅改善了根据地人民的生活,创造了人民财政的奇迹,同时对新中国财政经济产生了深远的影响。

在 20 世纪 80 年代,陕甘宁边区财政经济史编写组、陕西省档案馆等单位从革命历史档案和报刊杂志中收集整理了陕甘宁边区财政经济工作的历史资料,汇编而成《抗日战争时期陕甘宁边区财政经济史料摘编》和《解放战争时期陕甘宁边区财政经济史资料选辑》。但是土地革命战争时期财政经济史料一直未予出版,本次编辑的《陕甘宁根据地土地革命时期财政经济史料》与已出版的《抗日战争时期陕甘宁边区财政经济史料摘编》和《解放战争时期陕甘宁边区财政经济史资料选辑》自成体系,完整地反映了民主革命时期陕甘宁根据地的财政经济情况,是不可多得的史料。

对陕甘宁革命根据地财政经济史料的发掘和整理,为研究中国共产党何以发展壮大提供了坚实的基础。该套史料内容极其丰富,既有利于陕甘宁革命根据地史的研究,也有利于深化中国革命史的研究。从财政经济的角度阐述中国共产党走向胜利的艰难历程,印证了只有中国共产党能够救中国,只有中国共产党才能领导人民建设中国的必然性。对陕甘宁革命根据地财政经济经验的总结与研究,有利于意识形态的重构,回击了历史虚无主义对中国共产党历史的解构,是理解近代以来中国社会和中国经济的演变中,财政作为政权建设和国家治理的关键与核心的基础。

　　无论是抗日战争时期,还是土地革命时期和解放战争时期,陕甘宁革命根据地在财政经济工作中积累的经验和工作作风,不仅对新中国的财政经济工作产生了深刻的影响,而且对我们今天全面深化改革仍有着重要的借鉴意义。

编　者
2018 年 9 月

编写体例说明

一、本史料是以中国人民银行陕西省分行金融研究所在 20 世纪 80 年代为编写《陕甘宁边区金融史稿》所收集到的史料为主,其中包括部分有关政治、军事方面的史料,以便了解当时的情况。

二、由于陕甘宁根据地在土地革命时期基本上处于游击战争环境,成文的财政经济史料,尤其是金融史料较少。虽经多次收集,但为数不多。一部分是查阅档案收集到的;另一部分是一些老同志所提供的回忆录和访问记录,作为资料的"附录"。

三、由于资料所限,为避免因分类过细而影响史料的完整性,故采用按史料形成的时间顺序编排的体例。对于只有年份而无月日记载的,则排在当年的后面。

四、编入的史料,为保持全貌,一般全文照录。有的文件无发文单位或发文年月,或只有月日而无年份的,凡能根据文件内容分析辨别,另以确定发文单位和发文时间的,都加注了说明。

五、对史料的文字和标点符号中存在的问题,我们尽可能地做了订正。报告(报表)的统计数字均按原件照录。

由于时间匆促,对资料缺乏研究,加之我们水平有限,错误在所难免,请予批评指正。

编 者

2018 年 9 月

目 录

一、总论

陕甘晋新省委一个半月工作计划 ······ 2
陕甘晋省苏维埃筹备委员会通知(第二号) ······ 4
中华苏维埃共和国中央执行委员会布告 ······ 11
陕北省国民经济部三月份工作报告 ······ 12
陕甘宁边特区经济建设计划草案 ······ 18
一年半来国民经济工作的总结报告 ······ 22
陕北省国民经济部两个月工作报告 ······ 29
边区政府的组织与建设(节录) ······ 35
西北区经济部七、八两月的工作报告 ······ 39
国民经济部工作报告 ······ 44
陕甘宁省临时苏维埃政府给中央办事处的工作报告 ······ 52

二、陕甘宁根据地的农业

中华苏维埃人民共和国中央政府驻西北办事处命令(第三号) ······ 60
中华苏维埃人民共和国中央政府驻西北办事处土地部训令 ······ 62
中华苏维埃人民共和国中央政府驻西北办事处土地部训令 ······ 64
中央粮食部通知(第十四号) ······ 66
中央政府西北办事处命令 ······ 68
中央粮食部通知(第十七号) ······ 69
陕北省委、省苏维埃政府关于紧急动员收集粮食的决定 ······ 70
中央粮食部通知 ······ 72
关于收集新粮食的计划 ······ 73
中共陕甘宁省委、陕甘宁省苏维埃政府通知 ······ 75
中共陕甘宁省委、陕甘宁省苏维埃政府联合决定 ······ 77

三、陕甘宁根据地的工业交通

中华苏维埃西北邮政管理局暂行章程 …………………………… 80
中华苏维埃人民共和国临时中央政府西北办事处内务部训令 …… 82
中华苏维埃人民共和国中央政府驻西北办事处内务部训令 ……… 84
中央国民经济部整顿发展陕北石油矿计划 ………………………… 85
边区通讯站的工作略况 ……………………………………………… 88
苏维埃政府积极开展花定盐业 ……………………………………… 89

四、陕甘宁根据地的商业贸易

中央政府西北办事处颁布发展苏区工商业的布告 ………………… 92
中华苏维埃人民共和国中央政府驻西北办事处布告 ……………… 93
中央粮食部通知 ……………………………………………………… 94
中央政府西北办事处布告 …………………………………………… 95
中央财政部、中央粮食部通知 ……………………………………… 96
中华苏维埃人民共和国中央政府驻西北办事处布告 ……………… 97
中华苏维埃人民共和国国家银行西北分行营业部通告 …………… 98
中央政府驻西北办事处财政部、粮食部、西北保卫局通告 ……… 99
苏维埃政府竭力改善志丹群众生活 ………………………………… 100
中华苏维埃人民共和国中央政府驻西北办事处内务部布告 ……… 101
中央国民经济部通知 ………………………………………………… 102
苏维埃时期对外贸易概况 …………………………………………… 104
关于贸易问题的报告 ………………………………………………… 105
陕边贸易史的发展 …………………………………………………… 106

五、陕甘宁根据地的金融

中华苏维埃共和国国家银行特别往来存款暂行规则 ……………… 108
中华苏维埃共和国国家银行储蓄存款暂行章程 …………………… 110
中华苏维埃共和国国家银行定期信用放款暂行规则 ……………… 115
中华苏维埃共和国国家银行定期抵押放款暂行规则 ……………… 117
中华苏维埃共和国国家银行对消费合作社放款暂行变通办法 …… 118
中华苏维埃共和国国家银行贴现放款暂行规则 …………………… 119

中华苏维埃共和国国家银行存款放款暂行利率 …………………… 120
中华苏维埃共和国国家银行暂行汇兑规则 ……………………… 122
代理兑付国家银行特种汇票办法 …………………………………… 125
各支库代理汇兑手续 ………………………………………………… 127
解放前绥德高利贷剥削情况（摘录）………………………………… 138
绥德县解放前农村金融 ……………………………………………… 139
中华苏维埃共和国临时中央政府西北办事处布告 ………………… 141
陕甘省苏维埃银行办公规则 ………………………………………… 142
国家银行西北分行改订春耕借款办法 ……………………………… 144
中华苏维埃人民共和国中央政府西北办事处布告 ………………… 145
林伯渠致彭德怀的一封信 …………………………………………… 146
现行金库条例 ………………………………………………………… 148
金库会计出纳细则 …………………………………………………… 150
中华苏维埃人民共和国中央政府驻西北办事处通告 ……………… 158
中华苏维埃人民共和国国家银行西北分行对合作社放款暂行规则 … 159
中华苏维埃人民共和国国家银行西北分行对农民放款暂行规则 …… 161
中华苏维埃人民共和国国家银行西北分行存款放款利率 ………… 163
国家银行西北分行暂行营业事务规则 ……………………………… 165
国家银行西北分行记账规则 ………………………………………… 168
中华苏维埃人民共和国中央政府西北办事处布告 ………………… 169
边区银行呈请准予焚毁前苏维埃时代账簿传票及单据 …………… 170
边区金库呈请准予焚毁前苏维埃时代账簿及传票单据 …………… 174
金库工作报告（摘要）………………………………………………… 178
边区金库工作情况 …………………………………………………… 179
银行报告（摘要）……………………………………………………… 180
发行问题 ……………………………………………………………… 181
代理金库工作（摘要）………………………………………………… 182
边区银行工作总结（摘要）…………………………………………… 183

六、陕甘宁根据地的财政

中华苏维埃共和国中央政府西北办事处训令（第一号）…………… 186
没收暂行条例 ………………………………………………………… 187

中华苏维埃共和国临时中央政府西北办事处财政部、粮食部联合通知 …… 190
中央财政部命令(第一号) …… 191
财政部暂行会计出纳规则 …… 192
支出凭证单据证明规则 …… 200
各级财政部组织纲要 …… 201
中央财政部通知(第二号) …… 203
中华苏维埃人民共和国中央政府驻西北办事处命令(第二号) …… 205
中华苏维埃人民共和国中央政府驻西北办事处布告 …… 213
中央财政部通知(第三号) …… 215
中央财政部通知(第四号) …… 218
中央财政部颁发暂行会计条例 …… 243
中央政府西北办事处、中国工农红军总政治部命令 …… 247
中央财政部收入支出决算表 …… 248
地方财政条例 …… 265
陕北省会计制度 …… 267
苏维埃中央政府关于建立地方财政的指示 …… 272
关于残疾牺牲老病等抚恤的规定 …… 274
中央政府西北办事处命令 …… 276
中华苏维埃人民共和国中央执行委员会命令 …… 277
中央财政部、中央审计委员会通知 …… 278
中央财政部通知 …… 280
中共陕甘宁边特区党委、中央财政部通知 …… 281
中央财政部通知 …… 282
中央财政部通知 …… 283
中央财政部通知 …… 284
中央财政部工作概况 …… 285
边府财政厅一年来的工作报告及今后工作意见 …… 289
陕甘宁边区财政概况 …… 293

七、陕甘宁根据地的互助合作

陕甘晋革命互济会简章及斗争纲领草案 …… 300
中央粮食部通知(第四号) …… 302

中华苏维埃人民共和国中央政府驻西北办事处训令 …… 303
劳动互助社暂行组织纲要 …… 306
中华苏维埃人民共和国中央政府驻西北办事处内务部通知 …… 308
内战时期的劳动互助组织 …… 309
发展合作社大纲 …… 310
陕甘宁边区消费合作社现状 …… 322
南区合作社发展经过 …… 323
边区合作事业的发展 …… 325
介绍南区合作社 …… 327

附录　回忆和访问记录

对神府区域苏维埃运动的一段回忆 …… 330
国家银行西北分行 …… 335
访问艾楚南同志谈话记录 …… 338
访问崔德权同志谈话记录 …… 340
访问李青萍同志谈话记录 …… 342
关于苏区财政的回忆（摘录） …… 344
关于苏区金融的回忆要点（摘录） …… 345
我所了解的陕甘边苏区财政银行货币情况 …… 347
南梁根据地革命斗争片断回忆 …… 349
陕北省苏维埃印刷所印票子情况回忆 …… 351
对中央财政部印刷所工作的回忆 …… 354
陕北神府特区苏维埃政府货币印制简史 …… 356
神府特区的货币印制与发行 …… 360
神府特区银行的货币印制 …… 361
陕北省苏维埃政府财政印刷所货币印制史简编 …… 362
陕北省苏维埃政府财政部制造的金属币 …… 370

后记 …… 372

一、总论

陕甘晋新省委一个半月工作计划

一、迎头打击敌人的新进攻,以求得冲破一方面的"围剿"来开展革命战争的局面,来迎接"一二·八"的陕甘晋苏维埃代表大会。

二、在领导群众的秋收秋耕运动与查田分田斗争的基础上,来完成与超过扩红冲锋月运动。

集体工作天

一、苏维埃与军委全日战争动员令:动员群众起来反对三次围剿,举行反对三次围剿宣传,组织六千个担架运输队,动员广大群众来配合红军作战。

二、建立与健全军委会的参谋部、政治、新兵训练。建立健全情报时,就立刻改造新兵医院,完成军分会的建立统一的指挥游击队与赤卫队,军委会应当立刻讨论×月计划。

三、据查各县与由特委政府士兵会妇女部与省委各部,对于扩大红军冲锋月同执行运用扩红会议上所指出的具体办法,保证完成与超过计划,在进行冲锋月决议的工作中,同时注意归队运动。

四、完成每个军区建立红军独立营,中心县要完成一个连。游击队发展到六千人,建立不脱离生产、不脱离赤少队的游击队,在军委会领导下积极向外活动。加强望遥堡、清涧警备团的领导,建立延长、延安、绥德、靖边、横山的警备队,建立相当工事,破坏敌人进攻的要道,建立以上的电话网。改善赤少队生活,并扩大新的赤少队,进行赤少队的大检阅,加强各游击队与总队的领导,同时要组织十五个突击队。

五、颁布××条例,动员政府贫农团、工会与党团,动员广大群众严格执行阶级路线,进行肃反工作,并建立政治保卫局的工作,系统加紧肃反工作。

六、检查各地对于苏维埃政策法令执行程度,组织瓦窑堡、清涧、延安来源的收获队。一大队武装保卫秋收。在政治方面组织:一面进行做出查田运动决议,一面召开各县联席会议等等,三方面动员与准备布置查田运动,在延长、延安两地重分。

七、苏维埃军委会立刻做出发展经济计划,保证一个月内将所有战斗员冬衣做齐,除现有三千套外,再做八千套,组织二十一个织布合作社,组织两队特务队,建立与检查对外贸易局工作,建立四个贸易分局,准备一万担粮食,建立几个粮食站,准备与宣传土地累进税征收,准备与开始粮食征收。

八、将陕北省苏维埃转变为陕北与陕甘省苏区,节前中心县乡苏维埃改选工作完结。

九、检查政府反官僚主义斗争执行程度,并采取轻骑队等来开展这斗争。省苏工农检查与评议应当立刻建立起来,洗刷各级苏维埃中的异己分子,首先清洗××苏维埃领导机关。

十、成立省工农筹备会,加强对各地领导组织贫雇农工会代表会。苏维埃政府劳动委员会充实起来与工会一起来推动劳动法令的执行。成立全省互济总会筹备会,完成几个县的×代大会,检查儿童局的工作与人员,全工作转变的状况。

十一、布置十月革命节的工作。建立群众中红军中反帝拥苏大同盟,加强山西工作委员会的领导,成立回民、蒙民工作训练班,建立横山、靖边民族工作部,派突击队去西安、韩城、蒲城等处成立白区工作部。

十二、布置××、××两城的地方暴动,加强××革命委员会与×区革命委员会的领导。

十三、布置抗日反蒋工作,军委会破坏部立即健全起来。

十四、成立分××,解决×区×府问题,扩大巡视员到十个,建立十六个巡视员,继续开办一批二百人的训练班与军政干部××,完成西北斗争。建立××省委直属区,创建一个模范支部,实行省委所在地机关人员军事化、劳动化。

十五、深入反右倾取消主义线路上反右倾取消主义专号,作出九个支部的反右倾取消主义的决议。

中国共产党陕甘晋省委
一九三五年九月二十二日

陕甘晋省苏维埃筹备委员会通知(第二号)

一九三五年九月

关于苏维埃选举条例与组织条例的决定
（依陕北苏维埃选举法与组织法修正）

(甲)选举法：

一、苏维埃政府是工农兵代表会议,苏维埃政府是工农兵自己的政权。凡十六岁以上之工农群众,不分性别、教育程度及宗教、种族,一律有选举权及被选举权。

二、苏维埃政府剥夺军阀、官僚、豪绅、地主、富农、资本家、僧侣及一切剥削人的人和反革命分子的选举权。

三、工农群众中有患神经病者和违反苏维埃法令被剥夺其公民权利者,均不得参加选举。

四、进行选举时,工人以工厂为单位,农民以农村为单位（三两家的小村可以附近三五村为单位）,红军以连为单位,游击队与政治保卫队以队为单位。

五、为加强无产阶级的领导,使工农政权巩固,在选举中,按照社会阶层,规定名额比例如下：

1. 产业工人每五人选举一代表（产业工人以工厂为单位选举,其家属如系雇工或手工业工人,则同雇工和手工业工人选举,普通的则同贫农在一处选举）。

2. 雇工及手工业工人每七人选举一代表（如不作雇工及手工业工人的,其家属都同贫农在一处选举。如以手工业作副业的工人,则同贫农在一处选举）。

3. 贫农及中农每二十人选举一代表。

4. 自由职业者每二十人选举一代表。

5. 城市劳动贫民,除脚夫、手工业工人、苦力工人等每七人选举一代表外,其余自由职业者每二十人选举一代表。

6. 红军每连选代表三人(只参加省苏维埃代表大会),游击队和政治保卫队等二十人选一代表(参加县苏代表大会以及省苏代表大会)。

六、乡苏维埃代表大会,由该乡所属之农村和工厂直接所选出之代表出席(市苏代表大会以后另行规定;区苏维埃代表大会,由该区所属各乡选出之代表出席;县苏维埃代表大会,由该县所属之各区代表中选出之代表,该县游击队和政治保卫队所选出之代表出席;省苏维埃代表大会,由各县代表中选出之代表,红军中直接选举出之代表和附近白区革命群众中选出之代表出席)。

七、各级苏维埃代表人数规定如左(下):

1. 省苏维埃代表人数规定为二百五十人至三百人。

2. 县苏维埃代表一百五十人至二百一十人,区苏维埃代表为七十人至一百一十人,乡苏维埃代表由当地选民选出之代表全体参加,人数不能规定。

八、红军只进行初选,其代表只出席省苏维埃代表大会,游击队和政治保卫队初选之代表即出席县苏维埃代表大会,以后出席省苏维埃代表大会之办法与工农群众之代表相同。

九、代表的任期,乡苏、市苏、区苏以半年为限,县苏以一年为限,省苏以一年半为限。各级苏维埃代表,都有连选连任之权。

十、在两次之间,代表有不能满足选民意志者,得由选民三分之一提议,经过半数以上的同意,由代表会议通过,即可撤回另选。

(乙)苏维埃组织条例:

一、乡苏维埃

A. 乡苏维埃代表大会

(一)乡苏维埃代表大会,是一乡最高政权机关。

(二)乡苏维埃代表大会,由该乡所属各村所选之代表组织之。

(三)乡苏维埃代表大会的人数不规定,由该乡各村选民选出之代表全数参加。

(四)乡苏维埃代表大会,每半年由乡苏执行委员会召集一次。如遇特别情形不能按期召集,得延期召集之。遇必要时得召集临时会议。

(五)乡苏代表大会讨论乡苏执行委员会的报告,并改选乡苏执行委员,接受上级苏维埃的指示,颁布决议和法令。

B. 乡苏维埃执行委员会

（一）乡苏维埃执行委员会是乡苏维埃代表大会闭幕期间最高政权机关。

（二）乡苏维埃执行委员会由乡苏维埃代表大会选举之，其名额规定为九人至十五人。

（三）乡苏维埃执行委员会每月由乡苏执行委员会主席团召集一次，遇必要时得临时召集之。

（四）乡苏维埃执行委员会对乡苏维埃代表大会负责，做工作报告，接受上级苏维埃的指示，并颁布决议和法令。

C. 乡苏维埃执行委员会主席团

（一）乡苏维埃执行委员会主席团是乡苏维埃执委会闭幕期间最高政权机关并日常行政机关。

（二）乡苏执委会主席团由乡苏执委会选举之，其名额为三人至五人，选正主席一人、副主席二人。

（三）乡苏执委会主席团，接受乡苏执委会及上级苏维埃的指示，颁布决议和法令，对乡苏执委会及上级苏维埃负责做工作报告。

D. 乡苏维埃各部

（一）乡苏维埃各部委员会为乡苏维埃分工执行工作的各机关。

（二）乡苏维埃比较经常的各部委员会的主席，由乡苏主席团各人分任之。临时性质的各部委员会的主席，由主席团委任之。

（三）乡苏维埃各部委员会的数目，由乡苏执行委员会主席团及上级苏维埃的指示，因需要随时增加之。

（四）就目前需要，现在应有的各部为：

　　劳 动 部　　　　土 地 部
　　工农检查部　　　教 育 部
　　优 红 部　　　　卫 生 部
　　社会救济部　　　粮 食 部

二、区苏维埃

A. 区苏维埃代表大会

（一）区苏维埃代表大会，是一区最高政权机关。

（二）区苏维埃代表大会，由该区所属各乡所选之代表组织之。

（三）区苏维埃代表大会的人数规定为自七十人至一百一十八人。

（四）区苏维埃代表大会,每半年由区苏执行委员会召集一次。如遇特别情形不能按期召集,得延期召集之。遇必要时,得召集临时会议。

（五）区苏代表大会,讨论区苏执行委员会的报告,并改选区苏执行委员及颁布决议和法令,接受上级苏维埃的指示。

B. 区苏维埃执行委员会

（一）区苏维埃执行委员会,是区苏维埃代表大会闭幕期间最高政权机关。

（二）区苏维埃执行委员会,由区苏维埃代表大会选举之,其名额规定为自二十一人至二十七人。

（三）区苏维埃执行委员会,每一月由区苏执行委员会主席团召集一次,遇必要时得临时召集之。

（四）区苏维埃执行委员会,对区苏维埃代表大会负责做工作报告,接受上级苏维埃的指示,并颁布决议和法令。

C. 区苏维埃执行委员会主席团

（一）区苏维埃执行委员会主席团,是区苏维埃执行委员会闭幕期间最高政权机关并日常行政机关。

（二）区苏执行委员会主席团,由区苏执行委员会选举之,其名额为七人至九人,选正主席一人、副主席二人。

（三）区苏执行委员会主席团,接受区苏执委会及上级苏维埃的指示,颁布决议和法令,对区苏执委会及上级苏维埃负责做工作报告。

D. 区苏维埃各部

（一）区苏维埃各部委员会,为区苏维埃分工执行工作的各机关。

（二）区苏维埃各部委员会的主席,由区苏主席团各人分任之。

（三）区苏维埃各部委员会的数目,由区苏执行委员会主席团及上级苏维埃的指示,因需要随时增加之。

（四）就目前需要,现在应有的各部为:

    劳 动 部   土 地 部
    工农检查部   教 育 部
    粮 食 部   财 政 部
    军 事 部   优 红 部

三、县苏维埃

A. 县苏维埃代表大会

（一）县苏维埃代表大会，是一县最高政权机关。

（二）县苏维埃代表大会，由该县所属之各区代表中选出之代表，该县游击队和政治保卫队所选出之代表组织之。

（三）县苏维埃代表大会的人数规定为一百五十人至二百一十人。

（四）县苏维埃代表大会，每一年由县苏执行委员会召集一次。如遇特别情形，不能按期召集，得延期召集之。遇必要时，得召集临时会议。

（五）县苏代表大会，讨论县苏执行委员会的报告，并改选县苏执行委员，接受上级苏维埃的指示，颁布决议和法令。

B. 县苏维埃执行委员会

（一）县苏维埃执行委员会，是县苏维埃代表大会闭幕期间最高政权机关。

（二）县苏维埃执行委员，由县苏维埃代表大会选举之，其名额规定为三十一人至三十七人。

（三）县苏维埃执行委员会，每一月由县苏执行委员会主席团召集一次，遇必要时得临时召集之。

（四）县苏维埃执行委员会，对县苏维埃代表大会负责做工作报告，接受上级苏维埃的指示，并颁布决议和法令。

C. 县苏维埃执行委员会主席团

（一）县苏维埃执行委员会主席团，是县苏维埃执行委员会闭幕期间最高政权机关并日常行政机关。

（二）县苏维埃执行委员会主席团，由县苏执行委员会选举之，其名额为九人至十一人，选正主席一人、副主席二人。

（三）县苏维埃执行委员会主席团，接受县苏执行委员会及上级苏维埃的指示，颁布决议和法令，对县苏执行委员会及上级苏维埃负责做工作报告。

D. 县苏维埃各部

（一）县苏维埃各部委员会，为县苏维埃分工执行工作的各机关。

（二）县苏维埃各部委员会的主席，由县苏主席团各人分任之。

（三）县苏维埃各部委员会的数目，因需要随时增加之。

（四）就目前需要，现在应有的各部为：

　　　　劳　动　部　　　土　地　部
　　　　教　育　部　　　工农检查部
　　　　粮　食　部　　　财　政　部

内 务 部　　　军 事 部
裁 判 部　　　国民经济部

（五）县苏各部除接受县苏主席团的指示外，同时还要接受上级苏维埃该部的指示。

四、省苏维埃

A. 省苏维埃代表大会

（一）省苏维埃代表大会，是一省最高政权机关。

（二）省苏维埃代表大会，由该省所属之各县苏维埃代表中选出之代表，各特区直属市直属区苏维埃代表中选出之代表，红军中直接选出之代表，及附近白区革命群众中选出之代表组织之。

（三）省苏维埃代表大会的人数，规定二百五十人至三百人。

（四）省苏维埃代表大会，每一年半由省苏执行委员会召集一次。如遇特别情形，不能按期召集，得延期召集之。遇必要时得召集临时会议。

（五）省苏代表大会，讨论省苏执行委员会的报告，并改选省苏执行委员，颁布决议和法令。

B. 省苏维埃执行委员会

（一）省苏维埃执行委员会，是省苏维埃代表大会闭幕期间最高政权机关。

（二）省苏维埃执行委员，由省苏维埃代表大会选举之，其名额规定为五十一人至五十七人。

（三）省苏维埃执行委员会，每一季度由省苏执行委员会主席团召集一次。如遇必要时，得临时召集之。

（四）省苏维埃执行委员会，对省苏维埃代表大会负责做工作报告，并颁布决议和法令。

C. 省苏维埃执行委员会主席团

（一）省苏维埃执行委员会主席团，是省苏执行委员会闭幕期间最高政权机关。

（二）省苏维埃执行委员会主席团，由省苏执行委员会选举之，其名额为十五人至十七人，选正主席一人、副主席二人。

（三）省苏维埃执行委员会主席团，接受省苏执行委员会的指示，颁布决议和法令，对省苏执行委员会及上级苏维埃负责做工作报告。

D. 省苏维埃各部

(一)省苏维埃各部委员会,为省苏维埃分工执行工作的各机关。

(二)省苏维埃各部委员会的主席,由省苏维埃主席团各人分任之。

(三)省苏维埃各部委员会,因需要随时增加,就目前需要,现在应有的各部为:

　　　　　　　劳　动　部　　　土　地　部
　　　　　　　教　育　部　　　粮　食　部
　　　　　　　国民经济部　　　工农检查部
　　　　　　　财　政　部　　　军　事　部
　　　　　　　内　务　部　　　裁　判　部

(四)各部委员会的人数,因工作需要随时增减之。

(五)为镇压反革命分子的活动,设立政治保卫局,在各县设保卫分局。

中华苏维埃共和国中央执行委员会布告

一九三五年十一月

为着统一和加强中国西北各省苏维埃运动的领导,使中国西北各省的苏维埃运动在更巩固的基础上更猛烈地发展起来,兹决定在陕甘晋苏区设立苏维埃中央政府驻西北办事处,以下列同志组织之:

博　古	主　　　席
林伯渠	财　政　部　长
邓　发	粮　食　部　长
王观澜	土　地　部　长
崔田民	国民经济部长
徐特立	教　育　部　长
蔡树藩	司法内务部长
罗梓铭	工农检查局长
邓振询	劳　动　部　长

中央执行委员会号召全西北的广大工农群众一致拥护西北办事处的成立,坚决执行今后所颁布的一切法令条例,并热烈地参加和帮助在西北各省的一切设施,为争取苏维埃运动在全西北的胜利而斗争!

主　席　毛泽东
副主席　项　英
　　　　张国焘

陕北省国民经济部
三月份工作报告

中央国民经济部毛部长：

兹将陕北省国民经济部一月以来的工作报告于下：

一、一月以来的工作情形

在三月份主席团会议检查了经济部一月以来的工作,认为一般地已收到了相当成绩。这表现在：

(一)合作社企业方面：

A.各地合作社组织的扩大与股金的增加：

延长县——各区合作社,过去一律被敌掳去,自区域恢复以来,共社员1 030名,股数2 509股,股金6 322元,并且还新增加了社员462名,股数1 998股,股金597.4元。

清涧县——本月份新增社员4 300名,股数4 680股,股金1 560元。

延川县——本月份新增社员494名,股数2 397股,股金651.75元。其中永盛区较好——在本月份新发展到社员58名,股数337股,股金99元。

省级机关合作社——最近新增加社员153名,股数210股,股金63元。

B.各县合作社营业情形：

子长——共买600元的货物,一般的社员都得到相当的利益,所以社员情绪很好(其中红利未详)。

延长——二区营业了100多元的货物。四区营业了60多元的货物。一、三区购到200元以上的货物,现正初次营业中。

志丹——本月份保安区营业了二次,共1 500元的货物,并得红利300多元,其他区正在开始中。

延川——除以土产在当地调剂一部分外,其余股金都拿在延安买货去了。

蟠龙区——自该区域恢复以来,在合作社方面亦恢复到社员849名,股数2 536股,股金960.8元。本月份新增加了社员20名,股数23股,股金9.1元。

延水——恢复到社员5 590名,股数21 052股,股金6 315.6元。其中有本月份新发展的社员2 889名,股数16 093股,股金4 826.9元。

安定——东特区(即东一、二两区)新成立起区分社二处,乡支社六处,共社员1 375名,股数5 900股,股金3 015元。其他区均新发展到社员不少,总计全县在本月份新恢复与发展到社员2 655名,股数8 190股,股金2 504.6元。

安塞——本月份新增到社员385名,股数1 190股,股金424.8元。

子长——在本月份四区新增社员47名,股数47股,投金14.9元。其他区未详……(已写信督促去了)。

延川——上次将全部股金带到延安买货去了,买到若干,尚未清楚。

蟠龙区——在本月份营业了1 000多元的货物,其中蟠龙市较好,他们一乡即营业了900多元的货物,社员得到不少的利益,所以社员情绪异常热烈。

安定——营业了6 000多元的货物,得到红利洋500多元,其中东二区最好。

安塞——所集的股金,均去延安购货去了,最近营业情形未详,唯有一、二两区各以土产品买到100多元的货物,来调剂社员的生活用品。

省级机关合作社的营业——本月份买到1 828.8元的货物,得到红利洋300多元,除供给了社员、难民、红属生活需用品外,尚给当地群众分卖了不少的日常用品。

C.本月份各县土产品的收入:

子长——收买到羊皮20张,狗皮5张,老羊皮32张,猫皮2张,黄腰皮1张。茄子二斗四升,荞麦一斗,糜子一石五斗。

蟠龙区——收买到杂粮五石多。

延水——据报告亦收到些(但数目不清)。

安塞——收买到100多元的土产品(自己随地设法已出售)。

以上均是本月份的,其他尚未报来。

(二)工业情况:

A.炭厂的情形:

1.省经济部直接领导的蟠龙炭厂,在人数上已增加至15名(工人),产量上亦增加了十分之五以上,计每日可出炭6 000斤,价格决定白票13元,全供省级烧炭之用(每斤比私人炭少出卖铜钱七文)。此外,还给群众以苏票卖一部分(每斤 30 文),并给工作人员及红属分卖一大部分(每斤 20 文苏票卖给)。

2. 延川北区有炭厂六处(工人 74 名),每日可产炭 45 900 斤;西区有炭厂一处(工人 15 名),每日出炭 9 000 斤(供给地方武装部队及党政机关需用外,下余的都供给当地群众用了)。

3. 安定的炭厂照旧,最近没什么变动。

B. 小手工业方面:

1. 在延长现有油坊二处,每日可出油 500 斤;在新城有油坊七处,平均每日可出油 1 400 余斤。

2. 木炭工厂除上次报告安塞的情形外,在志丹尚有十余处,巡视员谈,因天气热,要立即停办。

C. 对铁工厂的领导:

1. 在蟠龙市省经济部直接帮助建立起铁工厂一处(炉二个),工人六名,已造出不少的农具,均规定适当的价格,卖给土地部。

2. 延川也建立起一处,现正出门帮助造农具。

3. 延长建立起铁工厂四处(交口二处,延长城内二处),每处工人三名,现正大批制造农具,以供给当地群众的春耕需用。

4. 延水建立起铁工厂四处(炉七个),均分配到农具缺少的地区里去了。

5. 铁工厂均是私人开办的,公家只有领导与帮助的责任。

(三)农业生产方面:

A. 关于统计工作(如耕牛、驴、农具数目):在耕牛、农具、籽种、肥料等方面和土地部一块报告。

B. 开垦荒地与新修水利:

1. 开荒地——在子长现已开过荒地 263 垧,在安塞开过 80 多垧,其他亦未报来。

2. 修水利——在子长已修好 17 处,他们还准备更多修些,其他亦未报来。

C. 植树工作的准备:

1. 这一个工作,在我们省级现已准备了数百株树苗,要在植树节动员机关人员一齐来栽种。

2. 各县亦准备得不少——在子长准备好 7 850 株(唯六区准备好 1 500 株),其他各县尚未报来,故未能报来。

D. 养蜂、喂蚕事业的整理：

延长三区有公家蜂15窝,私人两窝;四区有公家蜂一窝,私人蜂两窝,现正在找人准备喂养,并奖励私人保护。

安塞——四、五两区有蜂窝二百多个,大部是私人的。

(四)商业贸易方面的近况：

A. 苏区商业近况：

自金融统一以来,在苏区所有的集市,均已恢复起来了,尤其是子长——除将过去原有集市恢复起来外,并在真武洞亦建立起来集市,现有不少白区商人来此集市买卖货物,所以比前更加繁荣。

此外,在其他各县集市(如白庙岔、安定市、李家岔、蟠龙市等)都比过去强得多了,不仅有榆、米、绥、镇川堡等处商人不断地来营业,而且于金融上亦顺利了不少(如过去米价每斗苏票28元,现已低至18元至20元左右)。

B. 贸易情况：

1. 省贸易分局的经营性,现已改用白票价格,比市稍低些,不过我们的尺数要比市上的尺数多一寸,所以在本月份结算账项要赔出1 000元苏票——因借到省财政部响板766.5元,又还财政部苏票2 299.35元。

2. 延长——建立起贸易支局,并设立了两处采办处。

二、工作中的缺点

(一)对于干部中不正确的观念和困难问题克服得不够,例如：

A. 子长——区乡的干部,他们家中发生吃不上的问题,便表示出悲观失望,对工作没有热忱性和积极性。这固然是有些事实,但基本上是我们对困难问题解决和克服得不够。

B. 志丹县苏经济部长,八个月未来县苏工作,县苏派保卫队亦提不住,还有两处科长,自过年间回家,还未来县,甚至有永宁区合作社主任给亲戚朋友卖货,引起一般社员的不满(现已撤职)。

C. 安塞县五区经济科长,贪污浪费,把60多元苏票无形地没了。

(二)对干部的教育工作不够。现在还有些干部不知经济政策的意义,所以各地还有乱没收的现象发现,清涧、延川。

(三)各县对于报告与巡视制度,仍不能完满地按期进行起来(如新城和靖边本月份的报告还未来)。

(四)合作社企业方面的特点：

A. 有些县份（如安塞、新城、志丹、靖边）合作社的干部不是民主制推举起来，以个别干部在合作社中或周围还附设着自己私人的营业，致使社员的愤恨不满，甚至要求抽股金的现象发生。

B. 对土产的收入非常不够。在本月份有不少的县份丝毫未收买到土产，形成了依靠上级代他们工作的样子。

C. 有少数县份，合作社的营业还不大活跃。例如在西地靖边营业的却很少。

（五）工业生产方面：还没有将过去小手工业完全恢复与健全起来（如东地纺织合作社及西地榨油坊等），现还未整顿好。

此外，对做鞋袜合作社的材料，还没有准备好，所以至今各县尚未动员的做起来。

（六）农业附产工作做得不够：

A. 对籽种及农具困难解决得不够，现还有不少的短农具和籽种的群众（现正在设法调剂中）。

B. 春耕运动尚不普遍（如志丹等县），还没有很好地动作起来。

（七）商业方面：对商人的组织教育与苏区货物金融的调剂不够（除清涧、延水、延长外，另外很少）。

三、今后的工作意见

关于今后的工作，一般地仍应根据三个月工作计划和上次报告中指示出的意见去执行外，还应注意到下面的几点：

（一）合作企业方面：

A. 实行合作社的民主制度，很快地将安塞、志丹、新城、靖边等县，重以民主制度推选其负责干部，并净尽地洗刷出过去混入合作社的一些观念不正确的负责干部。

B. 充实合作社的内容和生活，特别是着重在东地区各县。

C. 整理与扩大合作社企业的组织基础，造成改善人民生活的有力武器。

1. 吸收大批群众参加合作社。

2. 启发社员积极性与自动检查和推动合作社工作。

D. 收买土产——除收买一部分出口土产外，中心力量应放在以这次购到的布匹来检调粮食。此外，更应注意到中经部买土产品通知的保证执行。

E. 加强营业工作。迅速发动来买货物的各县合作社，去延安买货营业，并应大量收买当地土产品,自动多方设法来营业。

（二）继续恢复原有的小手工业（如延川、清涧、绥德、吴堡等,草帽工业等）。

（三）加强铁工厂的领导,以解决春耕农具的困难。

（四）加强商业的发展与群众生活需用品的调剂。

以上是根据近日工作执行中所得到的实际材料,如有不适当的地方,请来信示明为荷!

此　致

赤　礼

省苏维埃政策国民经济部（印）
主　席　马佩勋
部　长　惠志明
一九三七年四月九日

陕甘宁边特区经济建设计划草案

一、总论——特区经济建设的意义与条件

目前国内政治形势已进入和平统一、积极准备抗战的新时期,我们要用一切力量,将特区创造成为全国抗日民主的模范区域,使他成为抗日民族统一战线的核心。因此,积极进行特区经济建设,成为我们目前中心任务之一。这不仅是为着改善群众生活,而最主要的是巩固国防所必须要做的重要工作。特区在经济文化上虽然较为落后,加以历年来遭受军阀蹂躏和战争的影响,使农村遭到很大的破坏和困难,但它具备以下几个优越条件:(一)有广大土地可生产多量粮食,以及石油、盐、煤、铁、牲畜、皮毛等主要出产,这都是发展经济的良好对象。(二)特区是中华民族发祥地,并处于抗日前进阵地,便利于当前民族团结与抗战的号召,是全国注视的中心。(三)有十年来苏维埃建设的丰富经验与坚强干部,以及特区内广大忍苦耐劳、具有强大组织力与高度政治觉悟的人民。(四)有共产党正确坚强的领导。以上这些政治上的先进,足以克服经济上的落后性,保证我们可以将特区创造成为全国模范区域。过去,苏联和外蒙就是最好的证明。因此,对于经济建设,我们必须具有坚强信心与最高热情。

二、经济建设的方针

我们经济建设的目标,是在于改善群众生活与巩固国防,以适合于抗战的要求。同时,应注意到特区是经济较为落后的区域,在必要与可能两方兼顾之下,我们应采取下列的方针:

(一)首先应着重于恢复并改善因战争破坏或激减了的农村经济。只有在农村生产力与农民购买力提高的基础上,才能使特区的全部经济生活繁荣起来,对技术农产品的种植——如棉花——尤应特加注意,以满足军事上和国防工业上的需要。

(二)在商品流通上,应广泛地发展合作事业,相对地提高农产品的价格,刺激农民提高与扩大农业生产的热忱,对于私商亦应积极加以保护并使其发展。

(三)在国防工业上所必需的石油、盐、煤、铁等主要出产,应用最大力量领导进行。

三、本年度最低度的建设方案

甲、建设事项与实施:

(一)农业:

1. 改良与扩大土地耕种,增加粮食出产。

A. 立即进行救济和农贷,帮助农民资金,以便购买与改良农具、耕牛、种子等。积极领导春耕运动,完成全部预定计划,继续领导夏耕与秋收运动。

B. 举办水利——开渠凿井,安置水车,利用人力、畜力灌溉。在本年内至少将洛河、安塞川、秀延水三个较大河流的沿岸和延安全县的水利事业,要做出初步的成绩。

C. 提倡施肥,使土质肥沃,增加收成。

D. 改良工作方法,深耕多耘。

E. 推行垦荒运动,保证本年内新开荒地占现有耕地面积十分之一至一点五。

F. 创办农事试验场——本年内至少在延安创办一处。

2. 牧畜——改良羊种。由政府规定繁殖奖励条例,在定边创造一模范牧场,保证本年内特区的牛、羊,有十分之二至三的增加。

3. 种棉——保证一年以内关中及陕北东地区各县最低限度种一万至二万坪棉花。

4. 普遍发动挖药材。

5. 造林、培植果园,对于沿河各县枣子,尤应特别注意生产。

6. 养蜂、养蚕、喂猪、喂鸡等——多多采取集资合营方式,筹设大规模的养蜂厂、养鸡场。

7. 冬季发动打猎运动。

8. 奖励一切农村副业的发展。

(二)工业:

矿产:

1. 石油矿:

A. 除完成永坪第四井外,再在延长永坪一带凿二至三个新井。

B.聘请地质学家勘探延长、中部及关中红石崖等地油苗。

C.购置一个新炼油锅与一架至二架打井机器。

2.煤矿——尽量开产安定、延长、延川各县及关中安子圳、桃源两处与其他地方煤矿。

3.盐产——修理盐场堡与烂泥池的盐田,组织盐户盐工,购置与改良工具,筹设盐业公司,大量产销,并恢复秀延、三皇峁等地原有的熬盐事业。

4.铁矿银矿——甘洛五区及关中衣食村两处铁矿与关中桃渠镇老爷岭之铅和银矿。

创设各种制造工厂:

1.在各中心县镇建立织布、毛巾、袜子及做鞋工厂,筹设延水县城丝厂。

2.在陕甘宁省或定边建立大规模毛织、皮革工厂各一个,恢复定边职业学校,各县亦尽量创办皮革工厂。

3.扩大甘谷驿纸厂二倍至三倍,恢复吴家坪纸厂,加强中央印刷厂的领导,使其业务有二倍至三倍的发展。

4.恢复吴堡、绥清一带的草帽工业,神府造碱工业。

5.发展各种食品工业及小手工业。

(三)商业贸易:

1.认真执行保护商业政策。

2.建立与恢复特区各县中心市镇的集市,扩大商品流通。

3.奖励出口。

4.加强贸易局的组织及工作,建立全国各大商埠及特区通商……的贸易采办机关。

(四)合作运动:

1.发展现有消费合作社的组织,每区最低成立一个保证在本年内全特区人口百分之五十加入合作社。

2.大量建立各种生产、贩卖及粮食合作社,在春荒时期,周济社员需用。

3.由合作社帮助银行,进行农村贷款,发展生产,并大量收买土产品出口。

4.普遍进行合作社民主运动,保证三个月内每区合作社都开社员大会一次,由负责人做工作报告,重新选举与健全领导机关。在这一民主运动基础上,使合作社得到彻底改造与进步。

（五）交通运输：

1. 修筑永坪——延长——延安线、延安——盐池——西峰镇线二条汽车路,最低购置载重汽车十辆,以利石油、食盐、粮食、皮毛、药材等大宗产品的运输。

2. 初步修筑川路,改良旧有运输工具,发展民运事业。

乙、财力、人力的准备：

（一）资金。最低筹集建设经费一百万元。其来源：

1. 银行贷款六十万元。

2. 向各地募集抗日建设债券二十万元。

3. 号召私人投资十万元。

4. 由政府筹拨建设基金十万元。

（二）人事准备与推行办法：

1. 发起一个经济建设运动,由整个党和政府力量领导群众来进行。

2. 较大工业由政府聘请专家,组织各种专门委员会从事建设设计。交建设厅负责执行。

3. 扩大加强各种劳动组织,很科学地调剂……用,以增强生产效能。

4. 吸收全体妇女参加到经济建设战线上来。

5. 利用兵工建设。

6. 举办公赈,吸收灾民、难民、残废人员以及……加生产。（完）

陕甘宁边特区
一九三七年四月三十日

一年半来国民经济工作的总结报告

一九三五年十一月至一九三七年五月

一、过去工作的成绩与教训

自一九三五年十一月苏维埃中央政府莅陕北后至现在止,在此一年半内,在党和中央经济委员会正确领导之下,以及各级国民经济部干部的积极努力,国民经济工作各方面取得了很大的成绩,兹分期约述如下:

(一)瓦窑堡时期(一九三五年十一月至一九三六年六月):

1. 建立了陕北省、陕甘省各县区的经济部组织,召开各省县经济部长联席会议两次,并开办了一期五十余人的训练班,创造了大批干部,树立了经济工作的基础。

2. 生产方面:

(1)由中央国民经济部直接经营的有:

A. 石油厂,八个月内共炼油二十四锅(每月三锅),出汽油一九二桶,甲油二,四〇〇桶,乙油一,九二〇桶,擦枪油四八桶,洋烛三,八四〇包,油墨七二〇斤,全供无线电台及机关部队点灯和印刷之用。

B. 炭厂,管理瓦市附近小豆池沟、长河峁子两处炭窑,保证了瓦市机关部队及红属群众的燃料。

C. 建立吴家坪纸厂一处,在四个月内共出纸约二千刀,部分的供给了机关及发行苏维埃票币的需要。

D. 创办纺织学校一处,招收女生六十人,培养了大批指导纺织干部。

E. 建立硝皮厂、肥皂厂各一处,出产了许多皮袄和肥皂。

(2)其他各县关于炭厂、手工业、食品工业等亦有大量的发展。

(3)在农业生产上,帮助土地部购置棉籽、犁铧,协同领导春耕夏耕等。

3. 商业贸易方面：

A. 建立了西北贸易总局及各地分局和采办处的组织。

B. 在此期间，贸易局共办进口货物约值十余万元，其中大部分是布蛋及军用器材，供给部队及机关人员冬衣、夏衣、日用及战争需要。

C. 发展了苏维埃出口贸易，特别是枣子、盐、药材、皮毛等物品，输出很多。

D. 由于正确执行了党所提出的新的经济商业政策，吸引大批白区商人到苏区来，恢复了苏区许多集市，使苏区经济较前相当繁荣起来。

4. 合作运动：建立了陕北、陕甘两省近二十县的县、区、乡消费合作社。这一时期，计成立县总社十四个，区分社和乡支社共一百二十四个，社员共约一万五千余人，股金一万余元。生产合作社方面，建立了绥德、清涧、延水等县的纺织合作社，共计县、区、乡纺织合作社五十个，社员三千余人，股金一千余元。系由政府发棉花给社员织布交回政府，解决了广大妇女的工作问题，改善了群众的生活。其他贩卖合作社、机关人员合作社都有很多的建立，特别是瓦市中央机关人员合作社与儿童贩卖合作社营业最大，成绩最优。

5. 帮助军事机关收买了大批的铜、铁、硝、磺等兵工材料。

（二）保安时期（一九三六年七月至十二月）：这一时期，主力红军西征，得到伟大胜利，占领了定、盐等许多较大城市。同时，为了争取友军，苏维埃中央政府由瓦窑堡移住保安，陕北省某些地区变成游击区域，原有许多工业如石油厂、炭厂、纸厂等，暂时陷于停顿，生产事业的重心放在开发盐池方面，合作运动及贸易工作，仍获有新的更大的成绩。兹分述于下：

1. 在合作运动方面，陕北东地区各县虽因变成游击区域，合作社工作暂时停顿，但在志丹、赤安、华池、新城及陕甘宁省各县区的合作社，都在这一时期全部建立起来。合作社新发展的社员有二万三千余人，股金约二万元，营业方面除直接向外区采买不计外，只在营业部办货约计五万元。这一时期，因为客观上某些困难，苏维埃金融在一些地方流通上发生阻滞，合作社对于流通苏票，供给群众布、日用品，改善他们的生活，以及收买农产品，调剂部队及机关人员生活方面，起了很大的作用。

2. 商业贸易较瓦窑堡时期更为活跃，贸易局在商人中的信仰更为提高，采办线索较前有数倍的扩大。六个月内，进口货值约在四十万元左右，充分解决了部队及机关人员的冬衣问题。由于正确执行商业政策，繁荣了定盐等较大城市，苏区出产品皮毛、药材等，由定边出口亦最多。

3. 对盐池作了初步的整顿，创办定边职业学校一处，做出了许多毛织品。

（三）延安时期（一九三七年一月至五月）：此一时期，值西安事变和平解决，国内政治形势已进入和平统一告成，积极准备抗战之新阶段，苏维埃中央政府由保安移住延安，中央国民经济部即将自己工作中心放在首先对于原有工业（如油矿）及陕北东地区合作社的恢复。贸易方面，在全国各大城市，建立大规模的采办机关，大量的廉价购买进货，并利用交通运输便利条件，加强出口贸易。同时，切实帮助土地部进行春耕运动，发展农业生产。兹将这一时期各项工作已得成绩条写如下：

1. 生产事业：

A. 首先恢复了永坪、延长石油厂的经营，添购机器，继续抽油，计开工到现在三个月共炼油六锅，出汽油四十八桶，甲油六百桶，乙油四百八十桶，擦枪油十二桶，洋烛九百六十包，油墨一百五十斤。除永坪抽油外，另外在延长旧井亦进行抽采，期增加产量，并拟最短期间在延长开凿新井一个。

B. 开发了延安府东川刘万家沟、朱家沟两处煤窑，经过了三个多月的工程，现已出炭，产额每天一万余斤，可以保证延市各机关部队及群众的燃料供给。此外，领导和帮助延长、延川等县开发了不少的炭矿。

C. 已派得力干部去盐池，领导群众部队大规模地进行打盐工作。

D. 创办了甘谷驿纸厂一处，已开工月余，每天可出纸数十刀，对于地方政府及小学校纸的供给上，给了很大的帮助。

E. 筹办了大规模的铅印厂一处，现已开工月余。

F. 建立织毛巾、做鞋工厂一处，工具及原料正在制购中。

G. 积极领导各地水利，进行农村建设，并已完成延安西区枣园水利工程，可灌田一千余亩。在帮助春耕方面，已由贸易局合作社买来犁铧数千页，廉价卖给群众。

H. 恢复和发展了各地许多手工业，特别是制造农具的木铁工业，在春耕中各县都已大量发展起来。

2. 合作运动：

A. 全部恢复了陕北十余县合作社的组织和营业，建立了关中各县合作社的组织，共计五个月内各合作社来营业部办货在二十万元以上，连保安时期计算在内，十一个月共有近三十万元的货物卖给社员，确实起了改善群众生活的巨大作用。截至现在止，共有社员七万六千余人，股金约七万元。其各县数目如下表：（接下页）

合作社、社员、股金统计表

省别	合作社名称及数目				社员	股金	元角	备考
	省总社	县总社	区分社	乡支社				
陕北省	陕北一	延安 〇	八	一〇	四,一九一	三,七〇七.六〇		
		延川 一	五	一二	三,四九七	一,九四五.八五		
		延水 一	五	一四	八,一〇八	一〇,七四五.四〇		
		延长 一	五	〇	二,八〇〇	三,八一八.七〇		
		安定 一	八	三九	六,六〇一	七,七〇一.六〇		
		子长 一	六	三七	七,二〇〇	六,〇八八.六〇		
		安塞 〇	五	〇	四,五二六	三,一二三.九〇		
		甘洛 〇	五	〇	一,二五〇	一,八七一.五〇		
		红宜 一	五	〇	一,一〇〇	九四〇.八〇		
		鄜县 〇	二	〇	八〇〇	六四〇.〇〇		
		新城 〇	五	〇	二,〇〇〇	一,五六一.〇〇		
		志丹 一	九	〇	八,〇六一	三,五四七.七〇		
		靖边 一	三	一一	二,一四〇	一,六五八.四〇		
		横山 一	八	〇	二,六八六	二,八〇八.四〇		
		清涧 一	六	三〇	三,二〇〇	四,〇〇〇.〇〇		
		绥德 一	五	二五	二,八〇〇	一,八六二.四〇		
陕甘宁省	一	赤安 一	五	〇	二,五一八	二,二六二.四〇		
		华池 一	六	〇	八四〇	七六六.五〇		
		定边 一	二	〇	九一〇	一,一一〇.〇〇		
		安边 一	三	〇	二,六三二	一,六〇二.三〇		
		盐池 一	三	〇	一,三五六	一,三〇〇.〇〇		
		环县 一	一	〇	八六一	五一三.二〇		
		铁边 一	二	〇	一,二四一	七五四.五〇		

续表

省别	合作社名称及数目				社员	股金 元 角		备考
	省总社	县总社	区分社	乡支社				
关中特区		新正 一	二	〇	一六三	一五四.五〇		
		淳耀 一	二	〇	二〇五	八九.五〇		
		中宜 一	一	〇	一〇一	一〇〇.四〇		
		赤水 一	二	〇	一八〇	一二一.一〇		
		宁县 〇	二	〇	一〇四	一四六.二〇		
机关及市合作社		中央军委红大 三			一,〇〇〇	七〇〇.〇〇		
		陕北省 一			八〇〇	六〇〇.〇〇		
		党校			二〇〇	二二〇.〇〇		
		延安学校 一			八四	一八〇.〇〇		
		安定市 一			九三一	三四〇.〇〇		
		蟠龙市 一			八〇四	四三三.〇〇		
		延安市 一			七一〇	四五九.八〇		
总计	二	三一	一二一	一七八	七六,五九一	六七,二五四.一五		

B.中央政府在政府新的整理金融政策之下,所有合作社的股金,现已照数由苏票变成××(原文不清),开始建立自己的独立营业,在组织上也有初步的整顿。

3.商业贸易方面。五个月来贸易局进口货值约二十余万元,出口亦有相当数字,以盐为大宗,皮毛、药材次之。由于金融上的整顿及商业政策的正确执行,各地商人大量运货到苏区出售,延安、定边、曲子、蟠龙等中心县镇以及所有苏区市镇,市面较前有数倍的繁荣;另一方面,由于合作社不断收买农产品关系,大大地提高了苏区土产品的价格,使今春各县绒毛普遍地以高价出售给商人,这对刺激农民牧畜热忱、增加苏区出产、改善群众生活上起了很大的作用。

总括一年半来经济工作的意义和成绩,主要地表现在下列两方面:

第一,对于一切必需工业(如石油、煤炭、纸等)的积极进行,以及发展苏维埃贸易与正确执行商业政策,生产和采办了一切必用品,保证了部队机关的需要,帮助了革命战争的发展和胜利;另一方面,在经济关系上也帮助了抗日统一战线的扩大和发展,特别对于油矿等国防工业尽力维持和发展,在抗战准备上更有绝大的意义。

第二,由于合作社普遍地发展,使苏区商品大量流通,农产品价格不断提高,刺激了农民生产热忱,增强了出口贸易。在这一基础上,大大地改善了群众生活,并造成了复兴农村的初步基础。

过去工作虽然做出以上许多成绩,但因战争以及财政等客观条件的影响和限制,同时更由于主观方面存在着许多弱点或错误,对于经济发展还未做到应有的程度,这主要表现在下列两点上,需要我们在今后工作中努力加以克服。

(1)调查统计及巡视工作不够,报告制度未很好地建立起来,各地经济情形不能很详细地反映到上级来,同时上级也未能多给下级去具体的指示来顺利地推动工作进行。

(2)教育工作不够,部分经济部工作人员对于经济政策不能深切了解,因之在执行上时常发生"左"或右的错误,这对经济发展上也发生了不少的阻碍。

二、今后工作计划

现在和平统一已告完成,使苏区经济建设得到了良好的条件,同时在积极准备抗战的意义上说,更增加了经济建设的重要性。我们为了创造苏区为抗日民主模范区域,彻底改善群众生活,发展国防工业,对于经济建设,应用最大的力量来进行,兹规定本年内经济建设计划如下:

1. 首先创造和教育大批经济工作的干部,中央经济部决定在最近期间召开各县经济部长联席会议一次,县对于区的经济科长及合作社主任的联席会议亦应按期召开,中央及省各办一期训练班。

2. 在本年内完成下列各项建设工作:

(1)农业:

A. 改良与扩大土地生产,增加粮食出产。

B. 繁殖畜牧,保证本年内牛、羊有十分之二一三的增加。

C. 种棉,保证一年内苏区种一万至二万斤棉花。

D. 普遍发动挖药材。

E. 造林培植果园。

F. 冬季发动打猎运动。

G. 奖励农村一切副业的发展。

(2)工业:

A. 发展石油矿。

B. 开采各县煤矿。

C. 整理与扩大盐产。

D. 采掘关中等地铁矿银矿。

E. 筹设毛织、皮革等工厂及织毛巾、做鞋袜工厂。

F. 扩大印刷厂与纸厂生产量。

G. 恢复吴,佳、绥、清等地草帽工业。

H. 发展各地食品工业及手工业。

(3)商业贸易:最短期间将苏区所有中心市镇集市一律建立或恢复起来,认真执行商业政策,加强贸易局的组织和工作。

(4)合作运动:

A. 扩大现有消费合作社组织,保证本年内全人口百分之五十加入合作社。

B. 普遍建立各种生产、贩卖及粮食合作社。

C. 由合作社大量收买农产品出口。

D. 普遍进行合作社民主运动,改选与健全领导机关。

(5)交通运输:

A. 修筑永坪——延长——延安线、延安——盐池——西峰镇线两条汽车路。

B. 修筑川路,改良旧有运输工具。发展民运事业。

中央国民经济部
一九三七年五月二十八日

陕北省国民经济部两个月工作报告

中央主席团同志：

兹将国民经济部从四月十号至六月十号以前的工作报告如下：

一、两月以来的工作情形

我们于六月十号检查了经济部两月以来的工作，认为一般地收到了相当的成绩，这表现在：

（一）用民主办法来改选合作社组织：

在子长、安定、安塞、延川等几个中心县份的区乡社的组织，都以民主制度的办法改选完善，以三人组织之（即主任一人，会计、采买各一人）。其他各县如靖边、志丹、延水、延长等县现时正在改选中。赶十日内保证改选完善。此外，关于几个边县如横山、清涧、甘洛、红宜、鄜县等，才初步开始进行改选，据报告不日亦可改选完毕。同时，在改选过程中，社员自动起来向合作社主任清算账项，结果审查出贪污浪费的现象很多，如安塞四、五区主任贪污大洋二百余元，子长三区主任贪污大洋十多元，安定东一、二区主任贪污大洋一百多元，靖边二区主任贪污大洋三十多元。这些贪污不良的分子，经过社员大会公审及开展斗争后，把贪污了的洋如数补赔，同时撤职，洗刷出合作社的组织以外，甚至安塞四区的主任因一时赔钱不出，找到赤卫军连长担保，后来该四区主任偷跑，众社员因斗争情绪过高，所以将担保主任的连长打了一顿，现正找寻主任中。总之，合作社经过了这次大的整理后，启发了无数社员们的积极性，他们对合作社的意义，有了相当的认识与了解，所以他们陆续不断地入股，这更使扩大了合作企业的许多便利。

（二）合作社的发展与营业工作的活跃：

1. 发展情形：

子长——新增加社员158人，股数348股，股金878.5元。

安塞——新增加社员734人,股数2 874股,股金1 741.5元。

延水——新增加社员1 931人,股数5 631股,股金1 714.5元。

延川——新增加社员3 861人,股数9 681股,股金2 496.6元。

新城——新增加社员270人,股数697股,股金207.3元。

安定——新增加社员990人,股数4 646股,股金1 799.5元。

靖边——新增加社员285人,股数573股,股金171.9元。

延长——新增加社员712人,股数722.7股,股金2 168.1元。

红宜——新增社员547人,股数781股,股金243.7元。三区恢复了旧社员698人,股数2 856股,股金273.7元。

甘洛——新增加社员136人,股数655股,股金614.5元。五个区恢复旧社员1 249人,股数490.9股,股金1 881元。

绥德——恢复旧社员549人,股数4 421股,股金1 326元。

蟠龙区——新增社员400人,股数、股金不清。

省机关合作社——新增加社员36人,股数84股,股金25.5元。

其他各县稍后几日再来报告不误。

以上各县共计社员9 929人,股数33 199股,股金11 081.7元,恢复旧有社员2 488人,股数12 186股,股金4 080.7元。

2. 营业的情形:

子长——每区都营业了两次,总共合计营业过5 022.5元货物,得到红利560.2元(其中最好的五区)。

安塞——每区各营业了两次,共营业过5 622.1元的货物,得到红利洋605.4元(其中最好的是二区)。

延水——每区各营业了两次,总共合计营业过11 114元的货物,得到红利洋1 112元。

延川——每区都营业了三次,总共合计洋数不清,得红利洋692.96元。

延长——每区营业一次,总共合计洋3 667元的货物,得到红利洋450元。

安定——各区都营业一次,总共合计营业过3 658元的货物,得到红利洋700元(其中最好的西二区)。

甘洛——各区都营业了两次,总共合计营业过3 267.4元的货物,得到红利洋505.2元(其中一区最好)。

蟠龙区——营业两次,总共合计营业过900元的货物,得红利洋60元。其次六乡支社——营业三次,总共合洋1 000元的货物,得红利150元。

其他各县的营业状况,不能深刻了解,现正在整理之中,未来报告。

省机关合作社——营业六次,共计营业过2 159.7元的货物(除供给了社员生活需要外,还给红属及少数群众卖了不少的需要品),得红利洋300元。

以上各县共计买货36 150.7元,红利大洋4 332.5元。

3. 土产收入情形:

子长——共收买到麦子二斗,麻子二斗,荞麦二斗,羊绒1 000斤,共作价洋1 500元。

安塞——共收买到小米六石七斗,甘草根320斤,共作价洋300元。

延水——共收买到土铁300斤,枣子100斤,共作价洋32元。

安定——共收买到羊绒1 000斤,羊毛800斤,共作价洋1 700元。

其他各县未报来,不能详知。

以上共作价洋3 532元。

(三)社员互相调剂粮食籽种情形:

安定——调剂粮食22.5石,籽种16.6石。

子长——调剂粮食64.56石。

其他各县据报告对秋田籽种的困难问题完全解决,但数目不详。

(四)社员互助红属土地情形:

子长——共计互助土地500垧。

安定——共计互助土地50垧。

延水——共计互助土地277垧。

其他各县正在彻底整理之中,尚未报来。

(五)调运队的组织情形:

安定——(中区南区)组织起11队,牲口69头,人39名。

子长——(三六区)组织起7队,牲口34头,人10名。

蟠龙区——组织起3队,牲口9斗,人3名。

调运队都已开始调运,有些已进行过两次,其他各县现时正在组织之间,不日亦可组织起来。

(六)小手工业方面:

延水——纺织合作社——清延区社员189人,黄河区——社员168人,中区——社员220人,永胜区——社员306人。

延川——纺织合作社——寺材区——社员15人。

此二县的纺织企业，还在发展组织之间，还未开始工作。

合作社染坊三处，私人染坊五处，共计工人24名，每天染布20余尺，营业很是活跃。

木铺二处，粉坊一处，共计工人10余名，每天器具和粉面大量能供给群众需用。

安定——（中区西一区）鞋袜合作社7组，社员36名，不日就可开始工作，以供给红军及工作人员鞋袜之用。

木工厂一处（挖杓做箩筐），工人五名，每天都能挖木杓和箩筐50余个，除供给当地群众外，还大量出口。

子长——三区私人建立硝皮工厂一处，工人三名，每天能造硝30多斤，都已向外出售。

安塞——四区三乡建立烧瓦盆工厂一处，工人五名，现已烧下瓦盆1 000个。

这些小手工业都已进行工作，营业非常活跃。

（七）工业近况：

延川——永坪炭厂二处，工人50名，每天出炭2 000斤，可以大量供给油厂之用。

安定——炭厂一处，工人20名。每天出炭1 000多斤，可以供给群众之用。

延长——一区发动私人集股开采炭窑一处，现已出产，产量多寡尚不清楚。

（八）农业生产事业：

子长——共植树15 040株（原定计划1 000株）。

安定——共植树11 172株（如梨、柳、桑、枣等），养蚕403家，养蜂一家。

延川——共植树24 072株（原定计划1 000株）。

（九）商业近况：

安塞——五区高桥建立集市一处。

子长——六区侯家河湾新建立集市一处。

志丹——恢复城内集市一个。

集市营业情况，除原有的集市外，新建立的几个集市都非常繁荣，商人来往经商者络绎不绝（其中最好的高桥集市）。

二、工作中的缺点

（一）领导与督促工作不够，如安定经济部在半月内对工作毫无成绩。

(二)对干部教育不够,如各县区分社会计主任有部分的有贪污浪费现象(安塞、靖边、安定等县)。

(三)干部对工作没有克服困难的精神,例如贸易局、省合作社同志对工作完全是被动的。

(四)组织调运队的工作不够,同时调运工作不能活跃起来。

(五)对东地区的纺织合作社领导不够,同时工作亦未很好地进行起来。

(六)收买土产工作各县一般地都太差迟。

(七)对社员的教育工作不够,如对目前政治形势和合作社的意义不了解。

(八)各县对报告制度还是不能按期进行,以致上下级关系不能密切地联系起来。

三、今后工作意见

(一)教育工作:

1. 加强培养教育干部工作,在最近(二十五日)开联席会议一次,以增进干部能力。

2. 与不能克服困难的同志开展思想斗争,使以后每个干部对工作有自动和单独性。

3. 省经部赶七月初间务必召开训练班一次,培养一批负担经济建设工作的干部。

(二)贸易工作:

1. 加强督促各县调运队的工作,使立即进行调运队的工作,以便改善苏区群众的生活。

2. 加强贸易支局的领导工作,以后中心应放在收买土产品。

(三)合作企业:

1. 继续加强组织东地区纺织合作社,并要求其充实它的实际工作内容。

2. 合作社对收买土产工作,应迅速加强起来,以充实营业而供给社员日用物品。

3. 合作社今后应把社员、股数、股金(赶六月三十日)彻底整理清楚。

4. 各县合作社,在六月内,一律翻印股票及货物分类新账,以免今后不再发生贪污浪费之弊。

5. 附注:

关于报告、巡视、检查、汇报各制度,仍应立即按期实行起来。

以上是简单的一些情形,如有不适当的地方,请来指示是盼。
 此　致
赤　礼！

陕北省苏维埃政府国民经济部(印)
一九三七年六月二十二日

边区政府的组织与建设(节录)

第一讲　为什么要有边区的建设

边区的疆域：

边区的四至,不是依据山川的天然疆界,也否说已是国家的边境,而且也不能有严格的划界,于是事实上已有了这特殊情形的边区。它的四至北靠长城,南抵清河,东进黄河,西至灵武,面积纵横均及千里,原属陕西、甘肃的北部,宁夏的东部,现分为陕北省、陕甘宁省、关中特区、神府特区,神府与陕北尚未联系。

边区人口未全统计,大概有一百五、六十万左右。农业因水利未修,耕种粗放,产不多,可是每人种地很多,丰收一年可以吃两年以上。药材为出口大宗。矿产出名的有延长石油、花马池的盐,煤到处皆产。边区经济大有发展的余地。

边区的特点：

现在边区有五十个县,许多是新划的。一、边区建立苏维埃有了六、七年。封建势力根本肃清；二、人民已得完全的民主；三、土地分配了,苛捐杂税取消了,人民生活逐渐改善；四、人民因实行管理政权,政治情绪很高；五、是全国最富于抗日准备的地方,且已站在抗日的前线。

经济建设：

群众没有饭吃,没有衣穿,而说这是模范,这固然是笑话。到处闹饥荒饿死人,一面却整顿市面,不许行人打赤膊,随地小便,说国家已有现代化了,同样也是羞死了。边区的经济建设,应脚踏实地在一定期内做出预期的成绩。

第一,我们有经济建设的优越条件：

一、高利重租,苛捐杂税,一切足以妨碍生产的封建剥削,根本铲除。以前三边地方平均每人每年捐税在二十元以上,清、绥、安、定一带,一垧地正赋收五角,附加却加到十元,利息普通百分之三十到百分之一百,这是农村破产的重要原因,现在都取消了,以后捐税,须经议会议决才能征收,利息现已规定不得超过百分之十五。

二、农民都分得土地,生产热忱增高。今年依据陕北七个县的报告,垦荒三万七千余垧,达原有耕地七分之一。妇女生产学习组、劳动互助社、犁牛互助社到处都在组织,这还是初停战时的现象。

三、有庞大未开垦的土地,足资畜牧的草原,能开浚的水利,待开发的矿产。

第二,目前经济建设的方针:

一、西北农村破产,怕比任何一省都厉害,现第一步要逐渐恢复原状,但同时应在力所能及之内,采用新的设置和技术。

二、为着使经济进步增速,而又不违反资本主义前途的原则,现时经济的组织应该是:1.合作社的经济——合作社是抵抗私人资本的群众经济组织,它是过渡到非资本主义前途的桥梁。2.小商品的经济——因受帝国主义经济的侵略,大部分小商品的生产者破产了,应给以特殊保护(如低利贷本、保障销场……),使其恢复并发展。3.私人资本主义经济——边区是营业极自由的地方,没有苛捐杂税,没有外货压迫,而石油业、煤铁业、盐池业、皮毛业、牧场、农场水利都大有发展的可能。我们欢迎资本家投资,并保障其能得利。4.国家资本主义的经济——国家应以极大力量来办理私人所不易举办的事,农业、工业、矿业甚至商业,都可以一部分国营。

第三,目前的计划应该怎样?

在边区内谈经济建设,已成为现在的重要一环。建设厅(即现在的国民经济部)应即着手制定具体的计划,大体的内容应如下:

一、农业。大量垦荒,新荒老荒不知道有若干,除发动现有农民加垦外,地主、豪绅回乡的,外籍士兵人员原在此落业的,外籍逃荒来的,皆给以足够土地,一经垦熟,即永为所有。实行农贷——缺乏籽种、耕牛、农具的,政府供款其他,或代为购买,其集股开渠、挖井、办农场的,政府除低利贷款外,还须派专门人员去帮助。开办农校及模范农场——办农业大学一所,学理与实习并重,凡暂时在边区不能实行的缓教,农校应与农民联为一片,并接受老农的经验。设模范农场一所或二所,农场做的,要使农民能够马上仿行,并帮助他们仿行。开水利——边区有很多能灌溉的地方,费几百元钱可溉田数百垧至千余垧,在目前大部分须由政府来办。粮食储备——边区虽常遭荒灾,但因地广人稀,收一年可食两年,近年因打仗,储粮吃空了。今后粮食生产必多,一面自应运些出口,但同时充实义仓,鼓励群众储粮,准备将来抗战,仍是必要的。此外,如改良农具,边区农具比东南落后,在不能机械化时,应学习东南匠人制造较进步的农具。施肥也同样应仿效东南的方法,使用粗放耕种渐进到集约耕种。

二、牧畜,改良畜种。过去农民无力择种,就是边区内较好的种,也听其自然。今后不仅在边区内选种,且应购入国外的良种。精制毛皮——开公司,以新科学方法硝皮洗毛,提高皮毛价值。繁殖畜产——这几年畜产数量减少很多,今后应保护母羊,改良畜舍。扑减畜病——各区乡订立畜产增加的比赛。

三、植林,避免荒灾,调和气候,供给器用,都需植林。边区不是不宜植林,而是砍伐太多,又不栽种。今后每年冬春之间应举行植树运动。设立苗圃,同时边区到处有煤,燃料应取给予煤,不许砍树(居民无力开煤窑的,政府贷给资本)。

四、矿业。全国闻名的延长石油,我们拾了以前资本家丢下的机器,费很少的钱,出产也还不错。花马池的盐稍加人工,则成精盐。煤矿、铁矿、银矿蕴藏不少,我们欢迎资本家来投资,大量开发。

五、工业。首先帮助手工业恢复生产,其次购进简单的机器,如织布机、纺纱机、硝皮洗毛机等。

六、合作社。边区的合作社,过去是起了很大作用,今后更应发展它的功能。其改进方法:(一)合作社须独立营业;(二)实行社内民主;(三)设生产合作社或消费合作社,附设生产部门;(四)加强各级合作社指导委员会的领导;(五)加强贸易局对合作社营业的帮助;(六)银行对合作社的低利贷金。

七、国营商业:过去贸易局主要是保障部队和机关的供给,今后贸易局任务在调剂盈虚,刺激生产,抑制商人的操纵,因此贸易局应有远大眼光,有整个计划。在经济中心如定边、西峰、延安……建立它在商业上的领导作用。当然,我们并不垄断,相反地对商人仍采取保育政策。

八、修路:通绥德、定边的汽车路须早完成,其他道途须尽可能做到能行大车。

为达到上述目的,边区政府:一、欢迎国内资本家及华侨资本家投资,给以优异的条件;二、欢迎技术人才,尽可能给以优待。

财政建设:

边区是受协省份贫瘠的地区,但我们相信,最近期内可以做到财政完全自给。其办法：

收入方面：一、国营企业（矿、工、商、水利等）的收入，将占重要部分或大部分；二、实行统一的累进税，富的多出，贫的少出或不出；三、群众自由报效。支出方面：一、减少消费的支出，增加建设的支出；二、不采取旧社会上下悬殊的俸给制；三、财政统一尽可能节省，严格执行审计制度，我们以前是这样办的，以后还是这样办。

农工问题：

苏维埃颁布的劳动法，雇农条例规定了八小时工作制，劳动合同、集体合同、最低工资等，依然有效；另一方面，社会保险（工人失业、疾病死亡等救济）、社会救济（老弱残废、凶灾、贫穷等救济，因革命受难者的救济，即现在互济会的事业）；租息的限制，息已有了规定，租还没有，既已允许田地出租，又不再没收地主土地，租额必须有个限制，像过去陕北的"打伙子""捧子""保租"，陕甘宁的"招伙子""死租""租牛"等封建办法，不能允许再存在，均须把它做得很好。

《新中华报》一九三七年六月十六日至二十九日

西北区经济部七、八两月的工作报告

中央经济部阅后并转

中央主席团：

兹将国民经济部从七月一日至八月二十五日以前的工作报告于下：

一、两个月以来的工作情形

我们于八月二十六日检查了经济部两个月以来的工作，认为一般地收到了相当的成绩，这表现在：

（一）用民主办法来改选今后合作社组织：西地各县（如子长、安塞、安定、志丹、靖边）的改选合作的组织，都按民主制度的办法改选完毕，以三人组织之（采买、会计各一人，主任一人）。东地各县大部分都以民主办法改选完善（红、鄜、甘、清等），正在改选过程中。但是在这改选期间，社员自动起来向合作社主任清算账项，结果检查出贪污的现象很多，如清涧黄岭区主任白向东贪污了白票100元，东杨区采买韦如山等三人贪污苏票410元三人均分之。这些不良的分子，经过社员大会公审及开展斗争，把所私吞了的票洋原数补起，同时撤职洗刷出合作社的组织以外。经这次大的整理后，启发了很多的社员群众的积极性，对于合作社的意义有了相当的了解，群众纷纷不断地来入股，真正给了扩大社员便利条件。

（二）合作社的发展与营业工作的活跃：

1. 发展情形：

子长：增加社员124人，股数559股，股金767.7元。

安塞：于茶坊镇新成立优红合作社一处，股金苏票350元（都是内务部的洋）。

安定：增加社员4名，股数10股，股金3元。

横山：增加社员522名，股数3 203股，股金960.1元。

延长:增加社员271名,股数13 578股,股金2 010元。

延水:增加社员191名,股数191股,股金170.5元。

清涧:增加社员283名,股数1 582股,股金465.6元。

其他各县等后几日报告不误。

以上各县,共社员3 834名,股数19 151股,股金3 776.9元。

2. 营业情形:

子长:二四区共买了三次货,合计1 032.8元的货物,得红利25.7元(其中最好的二区)。

安塞:一五区共买了一次货,合计800元的货物,得到红利80元(其中二区好)。

安定:南区、西三区共营业了一次,买货的本和红利不清,因没有报告。

靖边:各区都营业过一次,买货洋计1 000元,所得红利洋70元。

横山:各区买过货一次,同时又在当地收集了不少的土产品,随地销售,营业很活跃。

延长:各区的营业正在转变股金之间,因中央的经济的缺乏,贸易局货物的困难,所以货物上不能有相当的供给,只是合作社旧有的货营业,将能维持杂用,未得到一点红利。

延水:各区的营业很是活跃,合作社的成绩在群众中是很好的,买货洋与红利不清楚。

清涧:四个区和机关合作社,在三、四、五、六四个月中,共营业了四次,合计货洋7 985元,得红利1 893.6元。七、八两月因合作社发生贪污事件,各负责人都集中整理组织,所以未营业。

蟠龙区:共营业了二次,合计洋300元的货,得到红利洋80元。

省级机关合作社分食用两部,在八月内的营业不好,因分地区的关系,一部分工作人员完全走了东地区,每天的营业将能够费用。

省贸易局八月份生意很好的,共办到合计白票洋1 529元的货,又供给中央贸易局了3 176.27元的货物,得到红利洋130元(其他各县未有报告,不能清楚)。

(以上合计买货洋7 694.5元,红利洋385.7元)。

3. 收买土产情况:

子长:一二区收买到3 108.27元的农产品(白、黑羊毛等)。

安塞：二三区收买到甘草根1 200斤,合计洋60元之多。

安定：南区西三区收买到了200余元的农产品(羊毛、羊皮……)。

靖边：各区收买到羯羊100只,羊皮50多斤,羊毛1 000余斤,甘草根200余斤,合计洋1 000余元之谱。

横山县：各区的社员入股,大部是拿上粮食、皮毛等土产品入股,但是数目没有合计清楚。

延长县：三区收买到麦子三石,合计洋60元。

延水县：各区收买到粮食70石,大盐三石,蚕茧60斤,合计洋240元。

其他各县未有报告来,不能详知。

(以上共计价洋1 668.2元)

(三)调运队组织情形：

子长县：组织起8队,人24名(牲口65头)。

安定县：组织起10队,人32名(牲口78头)。

安塞县：组织起1大队中分11小组,人29名(牛、驴101头)。

靖边县：组织起8队,人10名(驴30头)。

延长县：组织起5队,人10名(牲口25头)。

各县所组织起的调运队,大部分都去盐池驮运食盐,少部分在当地调运物品及粮食,对于改善人民生活的调剂上起了伟大的作用。

(以上合计42队,人105名,牛、驴299头)。

(四)农业生产情形：

各县土地部对于夏耕夏收及秋收等工作非常负责,布置和督促领导。他们发动互助社、义务耕田队等劳动组织,对红属及工作人员的田苗都锄耘过二次,种麦的土地完全耕过,同时在雹灾期间和下雨农闲之中,做了许多的调剂籽种及发动开荒、修水利等工作。如子长县调剂荞麦籽3石5斗4升;安定县新开荒地187垧,修水地4垧。这是简单的情形,详细的情形土地部另作报告。

(五)工业建设情形：

安定县——各区合作社抽出股金洋200元,发动私人集股金100元,在中区栾家坪新开采炭厂1处,现时已经开始动工,同时,又发动了私人开办了毛织工厂3处,挂面铺1处。

子长县——一、三、六区发动私人建立起挂面铺8处,挖木杓工厂1处。

靖边县——青杨区合作社和县机关合作社,抽出股金洋200元,在集市上新建立起织毯工厂1处,毡坊1处,食品铺1处。

延长县——三、四、五区发动私人新建立起铁工厂1处(工人2名),毡坊2处(工人7名),药房1处,做鞋工厂1处(工人2名)。

延水县——发动私人新建立食品合作社1处,染坊二处,油坊1处。

各县所新建立这些小手工业,都已开始营业,每日的营业很是活跃,对于发展苏区的经济给了很顺利的条件。

(六)商业贸易情况:

安塞县——二区茶坊儿新建立集市1处。

横山县——青杨区、白狼区新建立集市2处。

各县经济部对于集市的领导很是加强,每逢集期时,经济部派最得力的干部在集市上宣传、讲演,使得友军区域的商人,都了解我们的商业政策,同时领导各合作社和友军区域的商人大量订立贸易关系,所以致使各区集市的商人络绎不绝地前来经商,集市非常繁荣。

(七)交通建设工作:

各县的交通建设工作非常加强,每到阴雨下毕以后,马上动员群众前去补修,所以大小道的运输交通很是便利。

二、工作缺点

(一)工作的领导不够,放弃了自己本身工作,完全做了其他工作。

(二)工作配备不够,忽视了本身的行政工作,完成了选举工作。

(三)合作企业的扩大工作不够。

(四)合作社建立生产部不够,只靠于商业。

(五)收买土产工作不够,使合作社的营业不能充实。

(六)农、工、商等建设工作未有扩大起来,使区的经济不能发展起来。

(七)调运队的工作不活跃,使苏区的人民生活不很好的改善。

(八)督促、巡视、检查、报告工作未有抓紧,使工作不能按期完成。

三、今后工作意见

(一)加强培养教育干部,使每个干部了解自己的任务和工作的重要,以后对执行工作有单独性和自动性。

(二)行政工作和选举工作以后要配备一起去进行。

(三)加强农业建设和畜牧工作,发动劳动组织,大量准备明年开荒,修水利及保护牛羊的繁殖。

(四)提高各区合作社负责人员警觉性,严防土匪,使以后土匪再不会抢劫合作社。

(五)扩大合作企业工作,仍应继续执行,赶九月底务要完成计划。

(六)合作社加强帮助各种建设工作,以扩大苏区的经济。

(七)各区合作社注意收买土产工作,以充实合作社的营业发展。

(八)县应加强调运队的工作,使大量去盐池运盐,以解决苏区人民食盐困难问题。

(九)加强交通工作,发动群众大量修补道路,以便冬天交通运输便利。

(十)巡视、检查、督促、报告工作仍应继续执行,使以后工作都能按时完成。

以上是一些简单的情形,如有不适当的地方,请来指示为盼。

致 以
赤 礼

西北区经济部
一九三七年八月二十八日启

国民经济部工作报告

一九三七年一月至八月

一、工作成绩

（一）矿、工业生产：

1. 矿产：

A. 石油矿——自一月起至八月止，共出原油五万五千斤，炼油七锅，共产汽油五十六桶，灯油一千四百桶（甲油八百四十桶、乙油五百六十桶），擦枪油十四桶，机器油十四桶，洋烛一千二百六十包。以上产品，共值洋九千八百九十点八元（连七月份结存物品共计在内）。永坪、延长两油厂共支洋一万四千六百二十七点八五元（内有四千二百九十一点三五元系买粮用，此粮已吃过二千余元的，尚存二千二百元的）。收支相抵，实亏洋二千五百余元（参看生产管理局所制生产费支出表及延长油厂结存表）。

B. 炭矿：

（1）刘万家沟（延安东川，离城十五里）系本部经营，投入生产资本一千零八十五点一二元，工人十三名，六月十八日开始产炭，因窑未修好，初期每天只能出数百斤，后增至每日产炭五千余斤，截至八月二十一日止，共出大小炭十万零三千六百八十斤，出售三万余斤，现存七万余斤（价格大炭大秤每百斤四角、小炭三角）。

（2）朱家沟（延安东川，离城二十里）资本系群众集十股，每股三十元，另外由本部帮助八十三元，共资本三百八十三元，工人八名，每日产炭三千余斤。

（3）白家牙（延安东一区）系群众集股经营，本部帮助三十元，工人十余名，每日约产炭四千余斤。

（4）延长金沙区炭窑，系群众集股一百元，供给部帮助八十元，本部帮助五十元，共资本二百三十元，工人十四名，每日出炭五千余斤。

(5)延川徐家岔炭窑,系六家群众合出劳力经营,本部帮助二百元,每日可产炭六千斤,此炭厂可供给永坪油厂及延川县机关、团体与群众的需要。

(6)关中安子圳煤矿,由商人、群众集股,已开始开采。

(7)安定、延川、延长另外还有许多小炭窑。

合计本年八个月内生产开支(连春耕补助费及修水利等在内)一万八千六百余元。

2.盐产:在四月份,本部即派得力干部前去定边盐池领导打盐,发动群众及商人集股三千余元,组织打盐合作社。各机关部队亦自行打捞,现已打盐三万驮(以驴驮计),每驮以二百斤计,共六百万斤,已通知各级经济部大量动员群众去驮。

3.工业:

A.印刷厂——四月份由西安运来机器一台,开始印《解放报》,六月初由沪又购大批机器运回,才大量印刷。至现在止,共印《解放报》十五期、书三种(《中国问题指南》《列宁主义概论》《选举须知》)。石印部为教育部印了许多课本,营业收入一千三百余元,开支三千五百余元,该厂共分排字、机器、铸字、装订、石印等五部,工人及工作人员共七十余名。

B.纸厂——在甘谷驿,系群众集股经营,共股金二百七十七元余。自三月十日起至八月底止,共产纸一千五百刀,每刀值洋四角,共值六百元,合计资本及营业收入共八百七十七元余,原料、工资、伙食、草料等费共开支九百零三元余,亏本二十六元多。

C.磁厂——在桥沟门,系群众集股经营,十一人共集十股,每股十五元,本部帮助四十元,共资本一百五十元(总数不对——编者)。现已烧了七窑,每窑产品约值洋五十元(最少一大窑可卖二百元)。

D.陕甘宁省缝衣工厂一处,工人五名。

E.其他延水、延川等县有许多染坊等小手工业。

(二)农业生产:

1.领导春耕夏耕:根据陕北、陕甘宁两省土地部报告,今年春耕获得了如下的成绩:

A.建立与发展了广泛的劳动组织。陕北省子长、安塞、安定、志丹、延川、延水、延长、延安、靖边、新城等十县及蟠龙区建立劳动互助社,妇女学习小组,共约七千余组,包括五万七千人,义务耕田队六百余队,参加人数共一万六千余人。陕甘宁省各县同样地建立起了广泛的劳动组织,并在春耕运动中创造了模范乡村十三个,劳动英雄五十六个(内有妇女十七名、儿童一名、老头三名),以及许多模范的红属与工作人员家属,并有数百吸烟而不劳动的都戒除了嗜好,自动参加生产。

B. 扩大了播种面积,增加收成。陕北早粮、瓜菜较去年多种一倍,耕地面积超过去年三分之一(安定、延川最好,给予奖旗)。陕甘宁全省给没有土地的群众分地有六千七百七十多亩,尚有许多县采取补充方式,全省种的早粮十九万六千七百一十垧,比去年多种了二成多,肥料较去年增加十分之二以上,彻底完成了春耕三大口号。

C. 开荒。陕北十余县共开荒地四万五千余亩,陕甘宁开荒地一万三千九百二十五亩。

D. 水利。陕北子长、延长、延安(即枣园水利,系本部出资领导建修的,现又被水冲了)等县共修水地五百五十余亩。

E. 调剂食粮、种籽。陕北安定、子长两县及蟠龙区调剂种籽、食粮一百零五石余,陕甘宁各县亦进行了调剂。

F. 帮助群众购买农具、耕牛。本部拨发陕甘宁春耕补助费一千元,陕北六千四百元。贸易总局购买来,经过合作社廉价卖给群众的犁铧有三千二百余页,陕北省帮助群众共买进牛、驴一千五百余头,陕甘宁在春耕中为群众购铧二千余页,又各县组织犁牛站,调剂耕牛。

G. 种棉:陕北延长、红宜两县共种二千余亩。

H. 植树:陕北十余县共种十四万余株。

关于夏耕布置,提出以下三个中心任务:(1)不荒芜一亩耕地;(2)保证山地锄草二次,川地锄草三次;(3)按时收割,增加粮食收成。至于具体进行情形尚未接报告,不能详知。

2. 举办土地登记:陕北子长、安塞、安定、延长、延川、延水等县已完成。延安全县六千余户,亦快要完竣,陕甘宁正在开始进行。

3. 筹办农场——甘谷驿边区模范农场正在加紧筹备中。

(三)合作运动与贸易:

1. 合作社工作:

A. 组织的发展与整顿:中央初移到延安后,本部即着手于陕北东地区合作社的恢复,经过半年多的努力,陕北合作社完全恢复,并有很大的发展。其他陕甘宁、关中、神府合作社亦有新的发展与建立,创立了延安市群众消费合作社与妇女学习商店,刷新了中央机关人员合作社的内容,进行了合作社的民主运动,部分县的合作社(安定、延川、延水等)都开过社员大会,重新选出负责人员。驱逐了某些贪污舞弊、消极怠工的分子(如安塞)。截至现在止,共有县总社三个、省、市及机关合作社十六个,区分社一百六十个,乡支社六十四个,社员七万零五百六十八名(神府不计在内),股金九万五千八百余元。

B. 发展了生产合作社:在定、盐组织起大规模的打盐合作社。某些县、区的合作社,亦开始建立生产部门(如延安中区、南区及延川)。

C. 转变股金,开始建立独立营业:以前股金都是苏票,现已有六万一千余元转变成法币,余三万余元亦正在继续调换。半年多来,合作社在国家银行营业部及贸易局共办了二十八万余元的货。自股金转变以后,合作社开始了自己的独立营业,社员买到便宜货非常满意,更提高了对合作社的信仰。

2. 贸易局工作:七个月共计进出营业四十余万元,纯利一万四千余元,大批地供给了合作社的货物。

(四)组织动员方面:陕北、陕甘宁在六、七两月份分别举行过各县经济部长联席会议,总结过去工作后,对全省新的工作有一整个的布置与推动。

二、过去工作的意义与教训

总括上列工作成绩,有以下几点重要政治意义:

1. 由于党的正确领导与干部积极努力,虽在困难的条件之下(如财政),对于边区各项主要出产,特别是有关国防的工业,能够坚定地维持与发展(石油矿、盐业、炭矿等),这给抗战直接后方的西北国防建设奠定了一个基础。

2. 举行土地登记,巩固土地革命利益在农民手中,发展农业建设,增加粮食出产,提高了群众抗日热情,从经济上、物质上巩固了,帮助了抗日的后方与前方。

3. 合作运动的猛烈发展,使合作社真正成了边区广大群众的经济组织,这在今后抗战经济动员上将要起绝大的作用,尤其政府为了保障群众利益,虽在财政困难情形之下,把所有合作社苏票股金不折不扣地调变成法币,这使合作社能够建立自己独立营业,改善群众生活,大大地提高了党及苏维埃信仰,使我们能够更顺利地争取与团结广大群众在抗战口号的周围。

半年来,经济工作虽然创造了具有很大意义的成绩,但仍存在着下列的弱点:

1. 经济建设经过苏区党代表大会,规定为边区中心工作之一,但因深入的政治动员工作做得不够,所以除农业外,其他生产直到现在尚未成为最广泛的群众运动,未能最高度地将群众对于经济建设的创造性发扬起来,只是各级经济机关独自在那里去进行。

2. 调查统计工作不够。各级经济部关系不甚密切,报告、巡视制度未切实建立起来,各地经济状况未能尽量反映到上级经济机关,以致对边区经济情形不能详细了解,使工作感到没有真切的依据,不能具体化。

3. 对干部教育不够,未能提高警觉性,及早防范可能发生的一切损失,以至屡次发生合作社货款被匪抢(靖边、延水永胜区、延川禹居区)、贼偷(延安市群众合作社)及工作人员贪污等现象(清涧),使群众利益、经济建设受到损害与阻碍。

这些弱点,在今后工作中务须彻底纠正过来。

边区经济部四个月(九、十、十一、十二)工作计划

在目前全国性的抗战发动以后,加紧经济建设,增加边区生产,保证抗战物资供给,增加抗战财政收入与改善抗日人民的生活,成为争取抗战胜利的重要条件之一。根据这一新的形势,我们经济建设应有下列几个原则:

一、建立调剂经济制度,要有严格的计划性与统制性。

二、对关系抗战供给及军事工业必需的食粮、皮毛、石油、盐、铁、煤等,应以全力计划生产、制造或储藏。

三、估计到抗战中财政困难状况,切实建立经济核算制度与注意生产合理化,节省生产上的一切浪费。

四、扩大与加强各种劳动组织,合理地支配劳动力的使用,提高劳动效能。

根据上列原则,规定本部今后四个月工作如下:

(一)建立调查统计工作:为了彻底了解边区抗战资源的状况,并使经济建设有所依据,能够具体进行起见,这一工作是非常必要的,其办法:

1. 加强国民经济部调查统计科工作,制定各种调查表册,责成巡视员及发动下级组织去进行。

2. 调查项目:主要的为人口、土地、牲畜、粮食、食盐储销状况、矿藏、水利、森林、工业、农业、副产、贸易(进出口情形、集市)等。

3. 在年内保证将陕北、陕甘宁二省调查完竣。

（二）农业建设：

1.领导秋收运动，保证"及时收获，不损耗一颗粮食"口号的完成，并加强秋耕的领导。

2.继续进行土地登记，限四个月内将边区分配过的土地登记完竣，这一工作，应与秋收运动联系起来进行。

3.完成甘谷驿农场下列准备工作：A.购集农作物种籽及树种、畜种。B.修理房舍，制备农具，垦好场地。

陕甘宁省亦限年内筹备好一个农场。

各级经济部提倡改良农具与发动群众利用肥料。

4.水利：在年内，利用冬闲时间，动员群众力量，建修甘谷驿附近康家坪、关中马栏川、陕甘宁曲子、麻岭、悦乐、元城等川水利。

5.发展牧畜：

（1）陕甘宁分区在定边筹办一牧畜场，做改良与发展边区牧畜的榜样，以资推广。

（2）防病：由国民经济部编印防病常识小册子，散发农民。

（3）政府重申禁宰母羊命令。

（4）群众集股，政府代为购买优种羊子，实行交配，改良羊种。

6.森林：

（1）调查原有林况及创办新林地址。在年内把甘洛、华池及关中各县调查完竣。

（2）由政府出示保护森林。

7.发展各项农村副业——特别注意剪售秋毛，改良酿蜜，并在冬季发动一个打猎运动。

（三）建立义仓，储藏粮食：为了保证抗战给养与防荒，在秋收后，全边区应大规模地进行储粮运动，每县至少建立一个义仓，宣传群众将多余粮食储藏起来，由群众自己推举可靠人员组织委员会负责保管，这一工作，各级经济部应协同粮食局立即开始准备进行。

（四）矿业：

1.石油厂：

A.增加原油产量——继续打成永坪第四井，再在延长河南张家园子打一新井，采油方面，除继续抽永坪第一井油外，再在延长烟雾沟井用人工抽油，东厂门外之井用机器抽油。

B. 改善炼油技术与工厂管理。

2. 炭矿：

A. 增加原有炭矿产量二倍至三倍。

B. 开采安定栾家坪及关中安子㧟炭矿。

3. 铁矿：调查、化验甘洛五区及关中衣食村两处的铁矿，并筹划开采。

（五）盐业：

1. 大量发动群众去盐池驮运，合作社驮来的盐，应储藏起一部分，以备临时需用。

2. 建修烂泥池新盐坝。

（六）工业：

1. 至少建立硝皮厂三处（边区政府、陕甘宁、陕北各一处），收买羊皮硝制，供给部队皮衣，为完成三千件皮大衣而斗争。

2. 领导延安附近各地（特别是南区）烧木炭工作，保证延市部队机关群众木炭需用。

3. 秋毛下来后，广泛地发动群众建立毡坊制毡，神府分区创办纺织工厂一处。

4. 扩大与改良原有工厂生产：增加印刷厂及妇女学习商店及甘谷驿纸厂的生产二倍至三倍。

5. 提倡其他各种需用手工业。

（七）合作运动及贸易：

1. 合作社：

A. 中心工作是整顿与巩固合作社，按期开社员大会，实行民主，由群众中选举好的负责人员，举行全边区合作社总登记一次，发给社员股票。在四个月内，至少把陕北、陕甘宁登记完，并在年内发展社员十分之二。

B. 广泛地发展生产合作社，利用现有消费合作社股金作为资本。

C. 收集土产品（盐、秋毛、药材等），出口换货，继续调换苏票股金，发展营业，保证社员冬衣布匹的供给。

D. 加强经济部及合作社人员教育，提高警觉性，对于货款妥为保管，务使不再发生任何损失，各分区分别开办一个短期会计训练班，将合作社会计人员训练一次。

2.商业贸易方面：

A.建立起贸易统计,经常了解各地商情及苏区内市场的变动。

B.在定边及黄河岸各建立一贸易分局(黄河岸的陕北省分局移去就行了),发展出口贸易。总局应与之发生密切关系,改善运输问题,切实保证后方部队及机关冬衣材料与必需品的采办(布匹、棉花、纸张等),并改善采办方法,压低货价,起调剂市场作用,抵制私货。

(八)交通:在冬闲时期,东分区动员群众将永坪——延长——延安的汽车路修好。陕甘宁发动群众,开始修盐池到西峰镇的大路,第一步先利用大车运盐。

(九)健全组织。教育干部与广泛深入地动员,这是完成工作计划的先决条件。

1.健全各级经济部组织。县第二科至少二人,边区经济部应即充实土地建设局与生产管理局的人员,并多聘请专门技师,分别计划进行各项建设。

2.各分区应定期召集县第二科科长会议,检查工作,并改善一切进行方法。

3.把经济建设要作为全党的任务,应广泛地动员群众来做,才能收到实际效果。因此,建议党发布关于抗战经济建设的专门指示,发动全党领导政府及群众热烈地去进行。(完)

国民经济部

一九三七年八月三十日

陕甘宁省临时苏维埃政府
给中央办事处的工作报告

一九三七年九月

中央办事处：

关于陕甘宁的全部情形，至今还不能了解到我们预定的目的。过去长时间地未向中府报告，主要的是对一切没有得到彻底的了解，这一点希为指示。只将就近了解尽其程度分别报告于下。

一、粮食问题

过去庆环一带的粮，大部分是部队筹的。在收集的数目字、名称上不但弄不清，即在开支上同样是弄不清。更加有的地方发展的粮有团匪的扰乱，而不能收集起以致失掉。在八月份的筹粮中，我们的缺点是：侵犯了富农、中农的利益；在保管方面，如庆阳之本钵一处，据报告七月份存八百余石，除拨给红校三科一百七十余石外，其余尽被人偷走了；在支付上没有什么统一的预计算，因之，致成了个别地方对粮食的浪费；因运输的问题，部分的粮也丢了，有的被敌人弄去。根据这些错误与缺点及中粮部的指示，我们布置了九、十月的食粮工作。

（一）主要地发动群众斗争，收集真正的豪绅地主的粮。数量之多少，应当以群众斗争为准绳，并坚决克服过去因没有粮而侵犯富农的错误。在打土豪的过程中，对粮食以三分之二在给群众详细解释之下归苏维埃，以三分之一归群众，并在此时注意解决以前打错的群众的困难，使群众了解苏维埃是分清白的。

（二）在保存方面：准备建立仓库和粮站，从庆阳到洪德城建为粮站线。无论如何要保证收集起之粮，再不失掉一粒、浪费一粒。

（三）关于粮食的预计算，以前建立者是个别的，而不是统一的。我们已决定保证在九月份要完全实现，并执行粮证。若无预算书的不发粮，无计算书者下月同样不支。

（四）运输问题：运输在八月份虽计划每县最低限度建立三十头驴子的运输队，但结果全部实现者没有。在九月上半月，省扩大四十头，环县二十头，豫旺二十头，庆阳四十头，队员已布置，除各县自行负责外，并由各个工人负责扩大，省委省苏共同还有决定。

（五）九月份这里粮成第一位的紧张问题，故在有希望筹粮的地方——庆阳派去一粮食部副部长，组织一工作团，以粮为中心去突击粮食。

（六）九、十两月份粮食收集数目的布置：根据中粮部的指示与每个地方的特殊情形，定边、盐池五千石，赤安三千六百石，安边三千六百石，庆阳三千二百石，环县二千七百石，豫旺七百石。华池自不列入计划，一万六千石归前方部队。

我们集中力量，为完成中府粮部指示的数目而奋斗。此外，有省委省苏关于扩大运输队之共同决定和筹粮计划各寄上一份。

二、教育工作

第一，关于教育在旧的基础上是很薄弱的，许多的地方就没有学校。有的地方有，在我们的部队到时，差不多学生、教员尽数跑走了，只有定、盐两县尚有少部分的学生、教员没有跑。自王志习同志去整顿后，再在毛泽民同志帮助与领导之下，才建立了教育工作，恢复了原有的学校的一部分，但大部分的学生、教员还没有回来，因之在内容上还不大充实。其他各县的教育委员会都还不健全，至于区乡的教育委员没有的占多数，以致全省教育工作，除定盐两县已开始外，其他均未开始进行。第二，陕甘宁社会情形复杂，文化落后，封建势力浓厚，一切风俗习惯都带有极浓厚的封建色调。根据这些，对这里的初步教育工作是这样计划的：

（一）首先抓紧定盐两县旧有教育为基础，争取教职员、学生回家。协同经济部整理定边原有的职业学校和教部单独恢复初级和高级学校，使之扩大与内容充实，设备完善，使之真正成为赤色学校，成为生产与教育并进的学校，并在可能范围内建立区乡的列小校，已由教部派人前去。

（二）新文字工作：因教者缺乏，首先由教部负责在省一级的各列宁室进行。

（三）按此地情形，社会教育当重于学校教育，故向中教部已要求过，关于陕甘宁新剧团之建立问题。

（四）豫旺和豫旺堡二县已派人前去建立初步的教育工作。

（五）在九月份在庆阳、环县所属地，除把原有的小学校恢复起来外，并建立新的列宁小学校。

（六）督促各列宁室的工作。

三、土地问题

（一）在主力红军西征中赤化了的地区，红军部队的进行地方工作，没详细调查彻底了解当地情形，以为有地二百亩，雇长工二名，羊二百只，牛驴各三四头，即进行收没，以致侵犯了富农甚至中农利益。如庆阳之曲子区没收有三十多家是富农和少数中农，我们严格纠正并已进行赔偿了。其办法是发动群众斗争，在执行新的政策之下去打土豪，没收的用具、粮食、牲口，除一部分在给群众详细解释之下归苏维埃外，其余归打错了的和旁的困难的中、富农，以解决他们的困难，使群众了解苏维埃策略的正确。

（二）对分配土地，在华池老的苏区彻底平均分配，赤安有可能平均分配。此外，地区的土地群众斗争，还不以土地为中心，因之还不能平均，不过我们用各种方法去发动群众的土地斗争，广泛地宣传解释，尽可能要做到平均分配。首先是抓紧一个地方来进行，要推广到各个区乡去。在过去执行的过程中，有下面的缺点：一是在纠正以前错打土豪的现象不快，宣传工作没有广泛地、平衡地开展与深入；二是领导群众斗争还没有开展到预定的目的，更对中心口号没有溶解到当地各个地方的特殊环境中。据此决定今后工作：(1)坚决执行新的土地政策，工作深入到下层去，广泛地开展宣传工作，发动群众斗争。(2)在九月份把赤化了的县份的土地，做到大部的平均分配。(3)动员群众，武装保护秋收，加紧从此口号中扩大游击队，组织赤少队，消灭团匪。

四、行政区域的划分：

（一）全省行政区域已划分清楚，除过各县区和少数乡都遵照中内务部指示，以中心地名为名称，其余一小部分乡名尚在进行改名称中，各县区乡数目、名称另表。

（二）九月份除把赤安、庆阳、环县行政区域按照新的规定划分清楚，每二十里划为一乡，或遇特殊情形一村组织一村政府，直属区政府领导，这是因陕甘宁地大人稀要取得工作上的便利而为此。

（三）对已赤化的地区间还未进行赤化工作的地区，如盐池与豫旺之间，定边与盐池之间，定边、豫旺之间，庆阳、豫旺之间，安边、定边之间的地区，当跟着赤化工作同时进行划分行政区域后当得报。

五、交通建设之工作

（一）全省邮线的布置：省设分局，并在赤安、定边各设分局一，分站共二十一处，邮线共分为三大干线：(1)东线从省经赤安而达中央，共分八站，全线共路四百九十中里；(2)西线由省至豫旺，共分三站，全线路长一百八十中里；(3)北线从省局经安边而至盐池，共五站，全线路长三百一十余里。此外，有四支线：(1)东线支线，一由元韩镇至华池，共二站，一百四十里，一由吴起至安边，一百七十里；(2)南支线由省局至庆阳，二站，一百二十里；(3)西线支线，一由豫旺至豫旺堡，一站，六十中里。

（二）已建立的邮局及站和数目：(1)东干线——分局一，分站十一处，已完全建立好，前虽被匪切断；现已恢复起来了；(2)南干线——分站三处，都建立好了。

（三）已着手建立的：(1)北线——因省局缺乏工人和干部，虽经常向工会要求提拔工人，结果也没有提拔得来。因之关于此线的往日由兵站代递传送，现已派人去建立邮站，在一周内保证通邮；(2)豫旺的县革委会才建立，以前由前方指示领导办，至以后来往文件还是由兵站传送，但已派人去建立，在一周内即可通邮。

六、财政问题

（一）收入方面在七、八两月中，共收入三五〇〇元，支出方面七月份约三四八二元，八月份五五三八元，总共约九〇二〇元，八月底尚存八〇五三元。在这里要说的是在收入数目是正确的，支出数有部分是按预算统计的，有一部分是预算未做来估计的，有些各县用了未有报销。

（二）金融方面：(1)原从中央带来现金二〇〇〇元，七月份收现金一五〇〇元，至九月十二日止共支出现洋三五三〇元，实有现金四五元；(2)这里红大三科后方部等机关武装部队、省级机关等约四千人之谱，每天需要三百余元之支出，苏票不能流通，现金实感困难。这一问题的解决，是任务大部分放在合作社上面。

（三）策略方面：在八月份以后所打的土豪，是站在群众路线进行的。在以前红军部队过时，个别的连打土豪不注意群众斗争，而自己去打，结果打错的不少，已经进行赔偿。

（四）合作运动：庆、环、定、盐、华、赤、安这七个县之消费合作社省总社建立了，在八月份初步地开始了营业工作，但因现金的出入不符，致感到买货困难，而经常没有货卖（定盐在外），发动群众驮苏区货换白区货回来的很少，因为自移到此地集中力量是在争取群众回家中。

（五）根据上述布置九、十两月的工作：
（1）筹款三〇〇〇〇元——定边——一〇〇〇〇元，盐池——四〇〇〇元，庆阳——三〇〇〇元，环县——三〇〇〇元，安边——三〇〇〇元，赤安——二〇〇〇元，华池——五〇〇元，豫旺——二〇〇〇元，新发展之县——二五〇〇元。(2)经济方面：商业税、农业税正在计划中；七个县的合作社健全其组织与工作，并要每个县建立到一至二个的区合作社；建立皮衣工厂，并组织运输队去驮盐到白区换货回来，多方收集苏区生产和发动群众挖甘革运往白区。（3）支出：九月份行政保卫费、党津贴、团津贴、省工会教育、内务游击队各开支计九五四元，衣服费七四〇〇元，十月经常费九五〇〇元，临时买粮等约三六〇〇元。(4)策略方面：坚决执行新的土地政策与经济策略，保证不打错一个土豪和商店及小商人。主要筹款方面：①发动群众斗争，经群众路线来没收封建剥削；②从解决群众困难问题中，发动群众斗争来筹款。（5）坚决执行财政统一政策与提款问题。

七、总的执行策略问题

（一）在过去执行的政策上，个别同志没按照当地客观条件去运用，以致在工作中发生不少的缺点，有时把在陕北的办法、经验换汤不换药地搬来这儿。如开始组织赤少队，致群众以为红军要我们当红军等恐慌与疑问，部分地发生了赤化工作进行得迟慢现象。

（二）今后要保卫把新的策略溶解到客观的环境中。如这里群众怕赤少队的名称，我们暂不叫赤少队，利用群众有旧的干支队的组织，一面叫赤色干支队的名称保卫苏区消灭民团，一面开展与加强群众斗争，那时只把赤色干支队名称改为赤少队，这一工作在我们执行之下，已得到了大部分的成绩，少数地方已转到赤少队名称，尚无问题发生，这是一。第二，现在群众大部分都回来苏区了，尽量地利用各种方法来发动群众斗争，以加深群众斗争来巩固他们的斗争扩大干支队，保卫苏区，消灭民团，从斗争中来扩大游击队，避免招兵买马或号召办法发动他们的斗争，来教育他们，来巩固他们的斗争。

八、争取哥老会：在坚决执行党的政策之下，不但得到了哥老会的人的拥护，群众也拥护这一主张。在河连湾、曲子等处建立了招待处，并都召集过大会，一致地通过了抗日救国的十大纲领（另寄一份）。在初开始，他们不了解苏维埃对他们主张,因之不约而同地感到害怕。现在为了害怕的人都是现为团匪头子的等人物,和小部分在欺骗宣传之下前后不定的徘徊着,大部分已到我们手中了,连边区、白区都有了我们的力量在发展着。首先是拉倒了国民党在西平镇立的中华茶社的台,以至于关了门。现在我在训练他们,使每一个哥老会都团结在苏维埃的周围,以至于变成了真正一丝不疑的苏维埃的工作人员。

九、游击战争问题:陕甘宁苏区大部分是红军打开的,而不是群众暴动斗争得来的,故当地干部存在着巩固苏区必须大部队这一种观念,不了解游击队的重要性,因之造成了空前未有之严重现象。环县之洪德城、环县区、黑塌岔区三个游击队,华池之警卫连,赤安之游击队,庆阳之城子区游击队,一部分豫旺堡、甜水堡之游击队之叛变,摧毁了区乡革委会,杀掉了好多的工作人员,损失了一一〇〇〇余元,财政抢掠人民致使失掉了百余支武装这种事态。其来源:

(一)扩大的方式——根本就把游击战争没摆在巩固苏区必须之中心点,因之在扩大的过程中是犯了"招兵买马"式的错误。

(二)没有弄清楚当地的农村情形,在红军部队豪绅地主过去当过民团头子的大部分,号召农民以欺骗威吓等手段,来领导群众做反革命事情。

(三)既招好游击队,没注意到从斗争中去教育他,连一般的教育都薄弱得很多,更加官僚式的领导。照着以上的缺点,九月份我们采取:(1)从斗争中一面扩大新的游击队,一面在斗争的过程中,巩固他们的斗争和加强政治教育;(2)克服地方干部认为巩固苏区只有大部队才靠得住的错误观念与教育他们使之了解游击队之重要性;(3)注意了游击队中之指点员密布工作,开展洗刷的斗争。在执行半月中,得到了判事不再扩大的成效。

十、肃反工作

过去的肃反工作,在政治力量上没达到应有的程度,在新策略的运用上,没有灵活地去运用,更犯了把旁的地方的经验拿来这儿用,不能把当地的情形溶解到我们新的策略中去,结果造成了十三名政治犯一夜跑光和保卫队的三三两两的投降敌等严重现象,更加在实在工作上做得不够。现在转变了肃反工作,另在布置中间。

十一、干部方面

(一)区乡县的都有,省除过检查局、劳动部还没有建立,裁判部由内务部长兼任外,其他的部门都建立了,我们现从斗争中提拔积极勇敢的人来做工作,一面教育和洗刷现有的干部。

（二）新的形势开展到我们面前，干部是感到了供不应求，按理是不应向上级请求干部的，上级应从下级提的，但是此地群众斗争性薄弱得很，提拔不易，故请派一批县的干部来到新的区域工作。以上所报告的请分别详为指示为盼、为望！

　　此　致
布　礼

　　　　　　　　　　　陕甘宁省临时苏维埃政府　主　席　　马锡五
　　　　　　　　　　　　　　　　　　　　　　　副主席　　朱开铨

二、陕甘宁根据地的农业

中华苏维埃人民共和国
中央政府驻西北办事处命令
（第三号）

为春耕运动

春天快到了，立即动员群众，热烈地进行春耕，是目前各级苏维埃战斗任务。这个任务的完成，对于巩固与扩大抗日根据地，战胜日本及汉奸卖国贼，有着极端重要的意义。

大家都知道，国民党军阀统治的时候，陕北农村经济的破产，是达到了极点。农民受军阀官僚豪绅地主的残酷剥削，更是穷困得无法生存，每年辛辛苦苦种出来的粮食，大部分为剥削者夺取殆尽。可是现在不同了，地主阶级已被打倒，土地已经分配了，苏维埃政府更积极地帮助农民耕种已经分得的土地。为胜利地进行春耕运动，必须向广大的农民群众解释：

（一）谁分得的土地就是谁的，他完全有出租或请长工或自己耕种的权利，任何人不得干涉。同时，土地更不得年年要重新分配。

（二）农民耕种自己的土地所得的粮食，一升一斗一石，都是他们自己的。他们现在已经是为着自己生活的改善、为着革命的胜利而劳动了。

（三）苏维埃政府主张反对封建剥削者，绝不是反对所有富裕的人，苏维埃奖励农村经济发展，使大家都有饭吃、有衣穿，富裕起来，不是要农村经济凋零，大家挨冻受饿，穷困不堪。

对以上几点广泛和有力的宣传解释，无疑地可以把群众的生产的兴趣和劳动热忱空前地提高起来，保证春耕运动的胜利。

今年春耕的基本口号，依据目前的陕甘苏区的状况，应该是：(1)不荒芜一亩耕地；(2)多耕多锄，增加收成；(3)多种早粮，防止夏荒；(4)增加棉花，穿便宜衣。这是今年春耕的目标。各级苏维埃政府应该用一切力量，发动和领导农民群众,为完全地达到这个目的而斗争。

中央政府西北办事处为保障春耕的胜利,特决定:

(一)责成各级苏维埃政府主席团及土地部,切实领导春耕运动,并在区乡两级组织春耕委员会负责计划督促检查领导各该区乡之春耕工作。各级苏维埃直至乡代表会议,必须专门讨论春耕工作,并定出具体计划实施之。

(二)责成中央土地部颁布春耕训令及帮助下级苏维埃解决春耕中的困难问题。

(三)责成中央土地部立即调剂苏区现有耕牛,得抽调有多余耕牛区域之公牛,补助不足之地区。

(四)责成国民经济部在春耕开始前制造及进口铧(犁头)至少三千张。

(五)责成苏维埃中央银行西北分行开始进行农民贷款,利息至多不能超过年利五厘,款项总数目由银行商酌情形确定之。

中央政府西北办事处

主　席　博　古

一九三六年一月二十四日

中华苏维埃人民共和国中央政府驻西北办事处土地部训令

为颁发土地证

（一）为着确定土地所有权，使农民安心耕种自己的土地，努力发展农业生产，特颁发土地证。

（二）凡已经分配过土地的地区，土地问题一般已经得到了适当的解决，而大多数群众满意者，得颁发土地证。

（三）凡没有分配过土地或土地问题没有得到切实解决，而大多数群众亦不满意，甚至要求重分的地区，不得颁发土地证。

（四）颁发土地证，必须与查田运动联系起来。凡土地斗争没有深入，查田运动没有开展，或查出成分与土地没有最后解决的地区，暂行停发土地证。

（五）土地登记，按照土地分配后，以每家所有土地为标准，填写在每家土地证上。如某家的土地未登在土地证以内部分的土地，即无权管理。

（六）登记土地时，须将土地质量数量（即水地川地上中下荒各多少）填写清楚，不得含糊或隐瞒。

（七）颁发土地证，登记土地，要从工作先进而土地问题解决得比较好的县区乡村，先着手进行。

（八）登记土地，要发动群众斗争，不是专在房子里填写，要开村群众大会，宣布颁发土地证的意义，并选举三个土地登记员，在乡苏领导之下，进行土地登记工作。

（九）经登记了土地，其土地所有者，完全有出卖出租或雇长工耕种之权（过去有些地方对无法耕种而荒掉土地的群众，要编入生产队的办法是错误的），任何人不得干涉。

(十)土地证末尾乡苏主席及土地登记员,应负责签名盖章,证明确实。
此令

　　　　　　　　　　　　　　西北办事处土地部部长　王观澜
　　　　　　　　　　　　　　一九三六年一月二十五日

中华苏维埃人民共和国中央政府驻西北办事处土地部训令

为春耕运动

甲、春天快到了,领导群众进行春耕,完成春耕中的一定任务,是目前土地部的中心工作。今年春耕的具体要求是:

一、不荒芜掉一浔耕地。要不荒芜一浔耕地,首先就要将没收豪绅地主尚未分配的土地及过去留的苏维埃公地、普通公地、剩余土地等,立即分配给有劳动力而分地不足的群众。红军公田留得太多的地方(一般可以留二人一五人的土地),亦可以拿出一部分分配。其次是积极提高群众劳动热忱,耕种土地,绝对不许禁止出租或请长工耕种的自由。第三,红属的土地及红军公地,要动员群众首先帮他耕种好。第四,不荒芜土地,还要解决耕牛、农具、种籽等困难。

二、增加收成。增加收成,第一,要适时播种,多耕多锄。第二,要有充足肥粪。第三,要有良好籽种。最后,水利的振兴,害虫的消灭,也是增加收成的主要条件。

三、多种杂粮瓜菜。今年的夏荒问题,很明显的是严重的摆在我们面前。要解决这个问题,不使大家饿肚子,只有多种春麦、大麦、莞豆、蔓菁、南瓜、萝卜、白菜等,来补足今年粮食的不足。

四、多种棉花。要不穿贵衣、买贵布,只有多种棉花。今年那些老种棉花的区域,绥德、清涧、延川、延水、延长、宜川等县,应该多多地种起来。那些过去没有种过的区域,可以首先选择一两个适合种棉的区乡(如阳地、沙地等),发动群众栽种,普遍提倡是不适当的。

乙、要具体地实现以上四个要求,切实解决劳动力不足问题,是最重要的关键。如果劳动力问题不能解决,那以上四个要求就无法实现。具体解决的办法:

一、将春耕的重要意义,严重地提到每个劳动群众的面前,最高度地提高他们的劳动热忱,到生产战线上来。

二、广泛地动员妇女、儿童、老汉参加生产,各依其能力,进行生产上主要的或辅助的劳动。如大脚或年青的妇女,发动她们组织生产学习组,学习锄草以至农事上的主要劳动;小脚妇女、儿童、老汉等发动他们帮助锄草或拾粪等辅助劳动。

三、组织劳动互助社,实行劳动力调剂,也是一个好办法。但这一办法,要从工作先进区乡首先着手开始。要做广大宣传,使群众自愿地加入,不能有任何强迫命令的方式。

丙、各级土地部(或科)在领导春耕方面,要用最大力量,采取各种活泼的方式,来解决劳动力的不足。其次是耕牛、农具、籽种等问题,亦须切实注意。未调查清楚的地方,应立即调查清楚,缺乏与多余的地方,应有适当的调剂。如延安、延川、延水、延长、安塞等县许多公牛一部分应该分配给耕牛不足的群众,一部分应送交上级土地部,分配给耕牛缺乏的县份(如绥德、清涧、米西、秀延一些地方)。农具应即发动群众添置,尤其是犁头(铧),各级土地部应协同国民经济部发动群众合股购买,或找铁匠自铸。如确实本地无办法时,应立即报告上级。如有群众非常缺乏购买耕牛、农具等资金,土地部人员应负责告诉农民向国家银行暂借,或组织借贷所等方法解决,使其不致因无资金而荒芜了土地。籽种要动员群众互相调换好的,边区缺乏的地方,发动附近的中心区群众帮助,同时当地苏维埃亦应注意帮助他们解决。

丁、以上这些具体问题的解决,主要依靠于土地部的领导。各级土地部(或科)在接到本训令及中央政府西北办事处春耕运动命令后,应立即按照本地具体情形,进行具体的讨论,做出具体的决定,深入到群众中去,动员广大群众,为着今年春耕运动中的四大要求而斗争,发动自下而上的增加收成的革命竞赛(如家与家比、村与村比、乡与乡比等),更是激发广大群众劳动热忱的最好方法。这个方法,应广泛地采用。同时,首先集中力量,在某个区乡创造活的模范例子,也是推动工作前进的好方法。区土地科长、乡土委会主任应参加区乡春耕委员会,经常负责计划督促检查春耕工作,使春耕运动真正成为广大群众的运动。

中央政府西北办事处土地部(印)
部　长　王观澜
一九三六年一月二十六日

中央粮食部通知(第十四号)

查各机关部队及群众团体对于粮食预决算制度的执行,虽经我们不断地催促,但仍未引起各级负责同志加以严重的注意,致使粮食的供给不能通盘筹算,实妨碍着粮食工作。现我们特再将编制粮食预决算的手续,重新规定,此后必须遵照执行,如再有不按时编制粮食预决算或编制不合手续的,各地粮食仓库得拒绝发给粮食。

一、粮食预算要按月编制。凡人员、驴马、天数及每天每人(或每马)规定的粮料数量,均应逐项说明。以县一级起(红军由总供给部规定)按级汇送,各个系统最高机关审查(党团的送西北中央局,政府的送省苏粮食部,保卫局的送西北保卫局,地方武装送省军事部,红军部队机关送总供给部,群众团体送西北总工会,邮政局送内务部)。限于上月二十号以前全部交到中央粮食部(如五月份的预算要在四月二十号以前交到)。经过中央粮食部的复核批准通知,各个系统最高机关才能按照中央粮食部批核的数量,填写领粮证寄发,再持领粮证向各地粮食部拨领粮食。凡没有预算或预算未经中央粮食部核批的,不得填发粮证。没有领粮证的,粮库即不发粮。

二、粮食决算要按月编制。凡人员、驴马,一月内总共吃了多少天数,均应逐项说明。这一月中在仓库实际领到多少粮食,实际吃了多少粮食,还剩余多少粮食,均应填明,以便下月扣除,要写实数并说明(凡未经预算的项目,不得在决算内将剩余的粮食报销),即将粮食收付账簿连同粮食决算书同样地汇送到各个系统最高机关审查,限于下月十五号以前,将决算书交到中央粮食部(如四月份的决算要在五月十五号以前交到),复核批准报销(粮食账簿留在各个系统的最高机关,以备必要时中央粮食部得调取来查对)。倘中央粮食部查没有上月份的粮食决算送到或有决算而不准报销的,即不再批准下月份的粮食预算(如没有三月份以前的决算,即不批准五月份的预算)。

三、粮食预算书过时送中央粮食部的,已过去时日的粮食,不再批核补发。中央粮食部只以收到预算的日期算起,已吃过的粮食,应自己负责。

四、临时需用的粮食,得编制临时的粮食预算。

五、在各县支领粮食,要经过各县的粮食部指定仓库分拨。县粮食部必须得到省粮食部或中央粮食部的通知,根据批准的数量,核对领粮证发粮(但红军行动的部队是例外,有领粮证即可发粮)。

六、凡来往人员,必须有米票才准发粮。凡无领粮证又无米票,无论是何人,仓库均不能任意将粮食发给。

各机关部队及群众团体,如再不遵照以上的规定按时编制粮食预决算的,即不能向仓库领取粮食。倘仓库不遵照以上规定的手续发粮,所发出的粮食,我们不能承认此项支出。特此通知。

再:凡预决算必须经过各该机关部队最高首长的签字盖章才发生效力。

附注:五月份的预算和三月份以前的决算,特宽限于四月三十日以前全部送到中央粮食部,不得迟误。

中央政府驻西北办事处

粮食部部长　邓　发

一九三六年四月十七日

中央政府西北办事处命令

关于节省粮食

因为红军回师、部队扩大和工作发展,加以陕甘苏区内产粮不多,白军在边区的烧掠,因此目前粮食之筹集与供给,感到非常困难。

为着争取抗日战争的胜利和革命工作顺利地进行,必须保障红军部队和机关的给养,除发动苏区广大的群众帮助苏维埃政府筹集粮食外,各部队和机关必须进行反对浪费粮食和节省粮食的运动。

从六月份起重新规定:

(一)各红军后方机关、党政机关、群众团体每天每人一斤。

(二)红军后方部队、地方部队、红军学校、党校、各工厂每天每人一斤四两。

(三)各后方医院伤病员每天每人一斤。

必须将此命令在各部队机关中妥为解释,并严格执行。

中华苏维埃人民共和国

西北办事处主席　博　古

一九三六年五月二十一日

中央粮食部通知(第十七号)

关于进行节省粮食问题

目前因粮食供给的浩繁,政府原存的粮食已渐感缺乏,为要解决在最近三个月青黄不接期间的困难。中央政府已下命令实行节省,使红军部队及政府机关的粮食仍得到充裕的供给。因此我们决定自六月份起,客饭的预算,一律不再批发,工作人员即照规定的数量开支。马料应尽可能地自行酌减,在进行粮食的节省运动中,必须与反贪污浪费的工作联系起来,各机关部队应召集各种会议,切实具体地讨论,随时将节省的情形及成绩给我们通信,以便送交红中发表。特此通知。

部 长 凯 丰

一九三六年五月二十四日

陕北省委、省苏维埃政府
关于紧急动员收集粮食的决定

目前,粮食问题处在一个非常困难的前面。因为红军回师、部队扩大和工作发展,更增粮食的需要,加以陕甘产粮不多,白军在边区的烧掠,更增加粮食的困难。

为着抗日、讨伐卖国贼的战争胜利,必须保障红军的粮食。因此,党和政府紧急动员起来,帮助解决目前的粮食困难,即是争取抗日战争胜利的保障。列宁在俄国国内战争时说:"为粮食的斗争,就是为社会主义的斗争。"只有顺利地解决目前粮食困难,才能使红军顺利地行动,使革命工作顺利地发展。

解决目前粮食困难,不是一个次要的或者技术的问题,而是一个主要的政治任务。因此,必须要有广大的群众动员和组织工作。

进行这个收集粮食的动员口号,就是:庆祝红军东征胜利;欢迎红军回师;节省粮食慰劳红军;借给苏维埃,卖给苏维埃;多帮助一粒粮食,就是多增加一份革命力量;浪费一粒公粮,就是革命的罪人;反对浪费粮食,进行节省粮食。

解决粮食的方法,就是向群众借粮买粮,发动群众送粮慰劳红军。在各机关部队进行节省运动,反对浪费粮食。

向群众借二千石、买二千五百石粮,在借粮中,包括借互济会的存粮、借义仓粮、向群众借粮。在借粮中,必须经过群众讨论、开会。发动群众的积极性,由群众自愿提出数目。在买粮中,也必须经过群众,在乡村中收买,不得在市场上收买。借粮、买粮计划在六月底以前完成。

在节省运动中,必须向群众解释清楚,由他们自动地提出,准备在必要时还可继续节省。

必须把收集粮食的运动与扩红突击密切联系起来,在扩红突击中来进行收集粮食,各突击队同时须进行收集粮食的工作,在乡区县各级检查扩红工作中,同时必须检查收集粮食的工作。

在收集粮食运动中,检查和建立各级粮食部工作,责成各级粮食部彻底清查现有的粮食,建立确切的核算,同时清查互济会的存粮。

各级党部和政府接到此决定后,立即讨论动员,并具体执行。

中共陕北省委
陕北省苏维埃政府
一九三六年五月廿四日

中央粮食部通知

关于粮食预算决算与米票的使用法

（一）从七月份起，粮食预算决算照下列的规定进行：

1. 省、县、区属省指挥之地方武装，游击队部队由各省粮食部直接批准预算决算。

2. 中央各级机关部队受军委指挥之地方部队由中央粮食部直接批准。

3. 属省粮食部批准之各级机关部队粮食预算决算，均须填写三份，一次寄给省粮食部，由省粮食部批准后，一份寄中央粮食部，一份存省粮食部，一份发还原机关部队。

4. 属中央粮食部批准之各机关部队须填二份，一次寄中央粮食部，一份存中粮部，一份发还原机关。

（二）造送预算决算之期限，照以前规定不变。

（三）每月十五日以前，各省须将该省该月之预算与上月之决算寄中央粮食部。

（四）为便利工作与正确之预算决算制度，仍使用米票制度，但米票的使用须有下面的下限：

1. 米票只限于机关部队内部使用。

2. 米票不得向群众使用，在路上粮食照中央财政部规定之路费领取。

3. 须由机关部队具条证明，米票可向各仓库粮站兑粮。

4. 在新苏区内可不使米票，仍用客饭制。

部　长　凯　丰

一九三六年（编者）七月十日

关于收集新粮食的计划

（一）夏收已经开始，秋收快要接近，各地党、政府、部队，必须动员收集新粮的运动，为保障群众的粮食和红军的给养，收集新粮的工作，应当成为一个严重的任务，应使苏区群众全年劳动的结果，全部收归己有。在武装保护夏收和秋收，保障群众的粮食、保障红军的粮食的口号之下，动员群众、地方武装、红军部队，进行实际的保护夏收和秋收，收集新的粮食，打击团匪白军扰乱和抢粮。

（二）在今年夏收和秋收中，应当收集一批新粮，供给红军与各机关。

在陕北省地区内的安塞、子长，各筹二千担谷，其他各县的计划，由陕北省委、省苏自定。陕北的筹粮，由红军公地与向群众购买的方法中筹集。在夏收和秋收中，首先应将红军公地之粮收集，如尚不足数，则可由春耕放款之收回款项，向群众购买。除安塞、子长二县外，其他各县所收集之粮食，暂不集中，由群众分散保管，但须登记清楚，交省粮部保存。今年上期在陕北省地区所借群众及义仓之粮，在收集新粮时，以春耕放款作抵购买粮食，全数还清群众和义仓。

在陕甘宁省地区筹三万三千担谷，包括在甘肃、宁夏地区内筹二万五千担，在三边地区内五千担。赤安、志丹地区内各一千五百担。在陕甘宁省地区之筹粮，则主要的由没收豪绅地主所种之地上的粮食，并得募捐抗日粮食和购买一部分。对于没收豪绅地主之粮，照下列办法处置：1. 准备作战需囤积粮食之区域，则三分之二归公，三分之一分群众。2. 不需囤积粮食之区域，但政权已开始建立，并可能巩固，则三分之一归公，三分之二分群众。3. 在红军打下之地区，政权尚未建立，一时不能巩固，则全部交群众处置。

准备囤积粮食之区，由军委和中粮部另行通知。陕甘宁需购买粮食之区，由中粮部另行规定。

陕甘工作委员会地区自给，自行计划。

（三）所收集之新粮，一定要妥为保存，不得遗散。找寻乡村中忠实的群众或同志,将粮食埋藏或放在安全的地方,总要不使敌人抢去。

在准备囤积粮食之区域,则须在适当地域内所收集之粮食,动员群众运送,集中在指定的仓库或粮站。

(四)各级党、政府、部队接到这一计划,立即讨论动员,在群众中解释,定出自己的具体的筹粮计划。

陕北省地区内收集粮食之任务,完全由陕北省委和省苏负责完成。

陕甘宁省地区内收集粮食之任务,则分为:1. 在宁夏和甘肃地区,由省委、省苏协同前方部队共同完成之。2. 三边地区由三边特委完成之。3. 在赤安、志丹由中央直属完成之。

责成中粮部定出更具体的计划,分别给陕北省、陕甘宁各省指示,立即开始进行收集粮食的准备工作,仓库粮站之建立、购买手续之规定、运输之调剂等项工作。

中央政府西北办事处
中共中央局
西北革命军事委员会
一九三六年(编者)八月一日

中共陕甘宁省委
陕甘宁省苏维埃政府 通知

三边特委赤安中心县委并各县委、各区委华池苏维埃政府、各县区革命委员会：

（一）党中央及中苏西北办事处及西北军委的八月一日的收集粮食计划，规定陕甘宁省筹集粗粮（一切麦、豆、糜、谷、玉米均可）三万三千石，以保证红军给养。内除一万六千石由前方军团自行负责外，省委、省苏共同决定各县应筹数目分配于下：

定边、盐池5 000石，赤安、安边3 600石，庆阳3 200石，环县2 700石，预望700石。

（二）筹集粮的领导，定、盐由三边特委负责，赤安、安边由赤安中心县委会同总供给部负责。庆、环、预由省苏粮食部负责，前方另由省委与野战政治部商决进行。

（三）华池自给，不列入计划，由县委、县苏自行计划。

（四）粮食的筹集，主要是从没收土豪地主中完成。我们估计到：甲、在陕甘宁苏区中，还有广大区域未进行赤化工作。如：盐池、预望之间，定边、盐池之间，庆阳、预望之间，及安边、定边之间，这些区域都有多量的土豪粮食可以没收。乙、在红军经过及已进行赤化之区域，但因为斗争还未积极开展起来，有继续没收土豪及发现未挖的土豪粮食窖之完全可能。丙、土豪秋苗除已经分配者，由群众自收之外，各县尚有土豪秋苗未经分配的，现应收集，以一部分归苏维埃，一大部分仍分配给群众，但比例成数，应多应少，由各县区按照当地群众生活状况，自行决定。丁、今年收成很好，在某些工作深入的地区内，对小地主、富农如有粮食收集甚多的，可以对他们进行募捐抗日粮食，但要取得被募人的深切了解和同意，不能丝毫勉强。戊、中农以下不得进行募捐。己、募捐收条由省苏粮食部统发，各县区不得私制。庚、在陕甘宁区域中，尚需收买一部分粮食，由省苏粮食部自行负责购进，或委托某一县区革命委员会代为购进，手续、数目另行计划。

（五）粮食运输。粮食收集后，应即设法运输（特别是边区）。县及时动员群众牲口，可酌量给钱雇请。各县运输队应从收集区乡机关的牲口来扩大。

（六）粮食收集后，妥为保存，反对一切贪污浪费、蒙蔽盗窃现象。兹规定：甲、收集期中，五天区向县呈报一次数目，十天县向省呈报一次数目，省对县、县对区，即按呈报数目来计算县区筹粮是否达到任务。乙、收集到的粮食，边区或有匪骚扰区域，应随时运送到县指定的存粮食地址，取得收条。丙、非边区及并无匪骚扰之区，粮食收集到手，应由区革命委员会自行保存，或指定乡革委保存，但必须有负责保存之人。如以后有数量短缺时，归该负责人赔偿。

（七）实行粮食统一：甲、各县区乡保存之粮食，乡必须有区革委之发条，区必须有县革委之发条，才能发粮，并须取得支用机关之收条。区县的发条，要革委及革委主席、粮委主任的公私印鉴。乙、县区乡保管的粮食，凡有省粮食部的正式粮票，皆可发粮。丙、存粮如支用完时，其收进之发条或粮票的总计数目，应与原存数目相同。丁、不论机关、个人，如无县区的发条或省苏的粮票，各县区乡概不得支给他们粮食。戊、排以上的红军部队，在行动中，应有团级首长的证明文件，通知县区革委，可向县区乡借支粮食。己、陕甘宁各级党、团、工会、政府、肃反委员会及各住在机关，应按月按级造报粮食预算，统由省苏粮食部发给粮票，然后向本县区支用粮食。

（八）以上办法，由省苏分别通知各县、区，在九、十两月份中继续实行。

（九）筹粮数目，在十一月十五日完成。

这次的筹粮，在陕甘宁是一个严重的任务，各级党及各级革委必须首先在自己的会上讨论，定出具体计划，进行县区乡的大的动员，使每个党团员、政府每个工作人员都注意到筹粮工作。注意从发动群众中，注意粮食的收集，分配优越的工作力量到下面去工作，帮助区乡进行筹粮工作，首先要使区乡明了这个工作对于革命战争的重要性，更加深入开展群众斗争，来完成筹粮任务。筹粮工作的着重问题，除了努力进行收集之外，还要：1.负责保管，不使有一粒的损失。2.统一支用，不使有一粒的浪费，才能使全部粮食都贡献到革命的战争上。因此，（六）、（七）两项的手续规定，必须引起县区乡各级革委的注意，严格地执行。

中共陕甘宁省委（印）

陕甘宁省苏维埃政府（印）

一九三六年九月十日

中共陕甘宁省委、陕甘宁省苏维埃政府联合决定

为扩大运输队收集粮食保证红军给养

自主力红军西征以来,在陕甘宁扩大了纵横数百里苏区。同时,抗日的统一战线日益开展。全国的主力红军将大会合于西北,主观与客观均造成西北大联合的有利条件。因此,党中央及中苏西北办事处及西北军委八月一日的收集粮食计划规定陕甘宁收集粗粮三万三千石,以保证红军给养。为要彻底完成这一任务,除对筹粮办法、支付、保管等手续及分配筹粮数目另有指示外,而对收集中运输队之扩大,省委、省苏有如下的决定:

(一)县一级——A.县党委及县政府只准各留骡子二匹。B.工会、团、保卫局只准各留骡一匹。C.军事部只准留骡二匹。

(二)区一级——只准留驴一头。

除照上列数留出外,其余马送省军事部扩大骑兵,骡或驴一律编为县运输队,归县粮部指挥,不得有任何机关故意多存牲口而妨碍粮食运输。

在此决定发到之日,望各级党、团、政府、军事部、保卫局、工会立即遵此决定执行。各县委、县苏革委会将执行情形报告省委、省苏。

中共陕甘宁省委(印)
陕甘宁省苏维埃政府(印)
一九三六年九月十二日

三、陕甘宁根据地的工业交通

中华苏维埃西北邮政管理局暂行章程

（一）为适应革命战争的开展,便利军事交通及工农群众的通信,以灵通各区域与各战线的革命的消息的传递为宗旨,特设中华苏维埃西北邮政管理局。

（二）邮政递送暂分普通信件与特别快递两种。唯特别快信系适应目前革命战争的需要,而在军事交通线上的特别设立,仅限在军事急需上的信函的传递,非关军事传递的信函,概为普通信件。

（三）邮递时间,暂定为每日上午六时,如有特别快信,则临时递送,不分昼夜地送达。星期日与各革命纪念日普通信停班休假。为不使有碍战争消息传递,特别快班仍照常工作。

（四）发邮手续及邮资规定：

1. 普通信件须贴邮票两分。

2. 特别快递每函须贴足邮票捌分。

3. 红军家信免贴邮票,只须由红军政治部或当地苏维埃签盖"红军信免贴票"等字样的戳记,即可递送,以示优待。

4. 新闻报纸类每半斤内须贴邮票半分、斤半外贴一分,两斤半内贴分半,以下每增加斤半则仅增加邮票半分,以推广各类革命新闻报纸深入群众中间的阅读。

5. 寄发白色区域的信件,贴足白区邮票,可代转寄。

（五）在未办汇兑以前,暂不寄递银钱。如执意要寄银钱,致有遗失,邮局不负保险之责。

（六）除了红军寄信家属,家属寄信红军,可以盖免费戳记外,其他通信一律照以上规定贴足邮票。如果查出有盖免费戳记非红军家属者,邮局得向发件人加倍罚资。

（七）任何机关、任何人寄件（除受政府优待之红军家属处）,必须照章贴足邮票。没有贴足邮票之信件，邮局得照章向收件人收欠资邮费。如故意不贴足邮票或故意不给欠资的，该处邮局可报告当地苏维埃政府查明追究。

（八）非军事急需的特别快送的信函，不得诈称军事急信。非在规定的临时军事交通线上，暂不收与不递送特别快信。

（九）暂定临时交通特别快递班干线如下：

1. 瓦窑堡——安塞——陕甘省苏——产中——
2. 瓦窑堡——赤源——靖边——
3. 瓦窑堡——秀延——米西——神府——
4. 瓦窑堡——永坪——清涧县苏——绥德县苏——吴堡县苏——
5. 永坪——延长——

（十）本暂行章程自公布之日起实行，必要时得中（中华苏维埃政府）苏政府西北办事处内务部同意随时修改之。

西北邮政管理局颁发
一九三五年十二月一日

中华苏维埃人民共和国临时中央政府西北办事处内务部训令

关于邮政交通建设问题

一、红军胜利,苏区扩大,邮政交通的建设,以便利军事交通、苏区工农群众通信及灵通各方革命消息的传递,成为目前刻不容缓的工作。

二、各省县及各特区苏维埃,应即在规定的各临时军事交通线(见邮局暂行章程)上建立起邮政交通干线,开始邮递工作。在干线以外的县与县、区与区之间的各支线,当在干线邮政交通建立完好后,再行第二步建立。

三、邮政交通干线,暂定为四十至五十里设立一邮站,每日递送普通信两班,特别快信一班。在各支线,暂定为七十到九十里设一邮站,每日每站递普通信一班。

四、邮政管理局的组织,根据目前实际工作的需要,在各省及特区暂只设局长一人,在局长下设一文书兼会计,管理本局来往书信和报告等文件,及出售邮票和本局之员工工资、生活等款项的会计。其余的递信员及必要的职员由局长直接兼管。不另设科来管理,县及邮政交叉干站设分局,组织亦如之;县以下的各邮站,组织邮政代办处,设主任一人,管理邮工及一切工作。

五、在各邮局支分局自己所向之每一条邮线,任用递信员二人轮流向自己所担任的路线和邮站送信。在各邮站邮政代办处每一处用递信员二人,专任轮流接班送信。在干线的邮局和邮分局,均须有必要特快递信员一人或数人,任特快递信工作。在没有特快信递送时,得在局长指导下,临时担任普通递信或其他工作。

六、为保证邮政交通的时间确实和迅速,不致有任何迟滞交通消息等等事情发生。邮局员工必须确保为革命分子而有苏维埃或工会正式介绍,始得任用,以防阶级异己分子的混入,破坏邮政交通。

七、各邮局及邮站递信员日常生活,按红军战士生活一样发给,并另外暂行每月津贴一元,以资补助。

八、为加强赤色邮政交通事业的管理和领导,在各邮局之上,即在各省县及特区苏维埃内务部之下,组织一邮政管理委员会,经常检查和讨论邮政交通工作,领导和提高邮政员工工作的积极性、创造性,指导和发展邮政交通事业完全适应革命战争的开展与苏区的扩大,保障战争的前后方通信联络的确实和迅速。

以上这些,是为保障革命战争的军事交通联络及亲密党与苏维埃上下级指导关系,以及战争的军事交通联络及灵通革命消息传递的极重要交通工作,望各接到此训令,立即遵照执行为要!此令。

部　长　蔡树藩
副部长　聂鸿均
一九三五年十二月三日

中华苏维埃人民共和国中央政府驻西北办事处内务部训令

令邮政总分局

近查邮政局送到信件，有的误了日子，如套通的信，十天才到；清涧的信，五、六天才到瓦窑堡等。违反了邮递迅速、按时送到的规定，又有的信口已拆开，侵犯了书信秘密的自由。为什么有这错误？

第一，是各局、站负责人及邮工没有守时的习惯。如甲站上午六时开班的，不能于下午二时以前到达乙站，于是乙站下午二时的班就停开了。或甲站下午二时的班不能于夜间到达乙站，于是乙站上午六时的班又停开了。又或甲站邮差确按时到了，而乙站值班的邮差病了，应开的班也就停了。这是贻误时间的主要缘故。今后规定，邮差送信不得在路上延慢，不论晴雨，一点钟要走十里。如某站路蛮，有七八十里远的，上午的班可提早一点钟，即上午五时开，下午的班，无论如何要在当夜送到。至邮差缺班，应临时雇人递送（工资作正开支）。各站须物色几个随时可以雇用的人。同时，各局、站负责人应注意邮差的生活改善，保障邮差健康，不生病。

至于各站转递信件，不得遗落。信件到达后，应立时送达收信人，也是亟须注意的。

第二，书信自由，是每个苏维埃公民的权利。拆阅私信，决然不可。拆阅公信，甚至泄露重要事件，关系尤大，这是犯法的行为，无论是自拆或任人偷拆，各局、站长应负直接责任。应该特别警觉，不得再有此事发生。

各局、站接到此训令，须开会将这训令详细解释，指出过去的错误，规定以后纠正的办法。各站长不识字的，分局须派人去传达。同时，总局的巡视员应负责传达。务养成邮局守时守法的习惯，如再有上项事情发生，必须查出予以处分。

部　长　谢觉哉
一九三六年四月十五日

中央国民经济部
整顿发展陕北石油矿计划

查延长等地石油，为我国重要出产之一，亦为国防所必需。自清末以来，迭经政府筹资集工，开采制炼，虽经种种关系，尚无极显著之成绩，不能与欧美相比。然而，在许多特殊情况之下，得有相当收获，事极明显。据陇海铁路陕西实业考察团报告，只延长油井，在民国十七年以前，产量最多时期，每年计达六十四万余斤。民国十八年由包监督计划开凿之第一号新井，每昼夜可出原油二万余斤。其后，永坪新拆之第一井，原每天出油亦至四五千斤。可见其原油之储藏量。又据考察团报告，中部、鄜州、宜君、延安一带，油苗亦所在皆是，徒以未曾切实勘探，使大量蕴藏，迄未开采应用，弃货于地，良为可惜。前年冬，苏维埃中央政府莅陕北后，对延长油矿即尽力经营，完成永坪以前未竣工之第三号油井，并继续打第四井，已至百四十尺之深度，因战争关系停止。在此期间，经营方法系将永坪所出之原油，用牲口运至延长炼油厂制炼，每月平均最低炼油三锅（每锅装油七千二百斤）。旋以永、延等地交友军一一七师等进驻，油厂工作暂告停顿。现因友军已让防，由一月份起，即开始重新整顿，并已出油。但过去外省之技术工人，有大部分已走，只留少数外地工人与本地工人。机器方面亦略有损失，工程进行极感困难。际兹日寇猖獗，国难吃紧，又值西安事变。可望和平解决，全国统一，可望初步告成之际，正宜迅速整顿国防，完成一切抗日准备，发展油矿实为切要工作。除就现有之基础，积极着手整顿与工作外，特拟定本年度之最低建设方案，求于本年度完成之。

甲、起业经济费总计一十二万元。

一、打井：

1. 迅速完成永坪第四井，继打第五井，并在延长南面山上再打一、二新井。
2. 在中部、宜君、延安一带，采凿新井，连延长的在内，预计在今年十个月内,共凿成十个新井,每井需要工费四千元,十个井共计四万元。

二、建造房屋:延安、中部、宜君三地房屋用具设备费约一万元。

三、购办机器:

1. 打井机器——除集中延长、永坪现有打井机器来用以外,至少还需另外添置两架(美国的),共需费约二万元。

2. 炼油锅——延长第一、二号锅太老,已难持久,应再添置两个锅,共需费约一万元。

四、修路:永坪原油运输,过去利用牲畜驮运,但今后油的产量必增加,仅用牲口去驮,即不能解决,应将永坪至延长之间(计一百六十里)的汽车路修成,用汽车运永坪原油至延长制炼,修路经费最低需款一万元。

五、购置汽车(二部或三部)约需洋八千元。

六、聘请油厂技师及地质专家:最低限度聘请十人,并在三月内把延长油厂过去已走的技术工人全部找回,路费及薪资(技术工人之工资,计算在打井计划内不计外)需款约一万元。

七、职工教育、娱乐、医院等设备费五千元。

八、预备费约七千元。

乙、营业收支:

一、支出总计一十一万元(以十一个月计算)。

1. 月支工资约五千元。

2. 月支伙食费约二千元。

3. 月支燃料等费约二千元。

4. 月支工人教育、劳动、保险以及医药设备费约四百元。

5. 月支其他等费约一千六百元。

二、收入总计二十二万五千八百一十五元。

依照打井之计划完成。开矿虽不能百发百中,而只以最低限度估计,十井平均起来,只要有一、二井能如永坪第一井之产量(过去每天产油五千斤),则可产原油一百五十万斤,以每锅七千二百斤计,共炼二百二十九锅,每锅计炼挥发油三十斤,汽油一千四百斤,头等油一千三百斤,二等油一千五百斤。共计得挥发油六千八百七十斤,约价三千七百六十四元;汽油三十二万零六百斤,约价八万九千七百六十八元;头等油二十九万七千七百斤,约价五万七千二百五十元;二等油三十四万三千五百斤,约价三万九千六百三十二元。总值一十九万零四百一十五元。其他副产品如石蜡(洋烛)约产五万四千九百六十包,油墨一万五千磅,凡士林二万磅,火柴原料二万磅,约值三万五千四百元。另外,可产柏油三十万斤,尚不计价。则本年除经费之支付外,尚有余利一十一万五千八百一十五元,就本部去年六个月之试办,内有两个月,每月已出六锅油(余二、三锅不等),并且开始时尚继旧法,每锅经提汽油一百二十斤,余均为甲、乙油。可是照油质应提出汽油一千四百斤,甲油才能适合灯油用。几月后才开始改正,已吃亏不小,以及采炼方法之改善等,均有相当进步。结果,在这样小规模之开采中,尚能获利将近万元,可见确有开采之价值,虽然目前限于财力、物力及人才,暂做此本年小规模之计划,倘能大量投资,则今后发展前途当有无限之希望也。

中央国民经济部(印)

一九三七年二月四日

边区通讯站的工作略况

中华苏维埃西北邮政管理局，是边区通讯站的前身。

远在一九三五年，中央及中央红军还未到达陕甘宁以前，就是说在陕北苏维埃开辟时代，由于国内战争之残酷性，由于赤白两区界限对立，两个政权严重对垒时代，苏维埃区域遭受着严密的封锁。当时，因工作紧张，各方面军政党民众等等工作的联系上，需要着通讯工作，然而当时这一工作，完全依靠着群众。广大群众拥护着革命，拥护着革命战争。他们有组织地、有条理地担负了通讯的工作。每一个乡政府，都把这一工作当作自己工作的一部分。有些重要急件，插上鸡毛，连夜由群众递送。这时，是在战争环境中，通讯也带着军事性质的。

迨一九三五年二万五千里长征的中央红军到达了西北，红军扩大了，政权巩固了，中华苏维埃西北办事处成立了，尤其是十年内战的传统经验以及中央的领导，中华苏维埃西北邮政管理局也成立了，它是在中华苏维埃西北办事处内务部领导之下的独立组织，它的通讯范围，为当时苏区及一些游击区域，当时一切工作方式，都采取了中华邮政的经验，但因为苏区范围还不大，一切手续都很简单敏捷。

及一九三六年"双十二"事变以后，国内和平成立，苏区改为特区以后，中华苏维埃西北邮政管理局亦改为陕甘宁特区邮政局，一切工作都承袭了过去的旧制。

至一九三八年三月，邮局取消。一切通讯工作附属于边区党委发行科，其他邮件则由中华邮政转递，但实施未及两月，因信件过多，所费既大，而且迟缓，边区通讯站乃于一九三八年五月间成立。

苏维埃西北邮政管理局
一九三九年十二月三十一日

苏维埃政府积极开展花定盐业

红中社十日特讯：苏维埃政府为着增加与扩大盐的生产量，使盐工生活彻底改善，让盐户、盐商、盐贩的利益增多，尤其要使盐大量地、普遍地、迅速地推销于陕、甘、宁、晋等省，使这些省的广大群众得到最便宜的盐吃，决定组织盐业的生产与推销的具体计划。

生产方面：1. 扩大生产（与盐户合作），以现有盐工四五十人扩大到四五千人（一百倍，此单指汉地盐池而言），并增加盐户工本到百分之六十以上，必要时以国家资本低利或无利借贷给盐户。2. 彻底改善盐工生活，其办法：①增加工资到百分之五十以上；②减少工作时间；③公司应提全部售价的百分之一，作为工人之文化教育费，百分之三为社会保险救济等费，百分之四为工会办公费；④替工人准备宿舍。3. 采取科学方法改良生产及挑运等工具。4. 建立储盐栈。5. 建筑避大水、避泥沙的大围墙，保护盐池。

营业方面：1. 苏维埃政府彻底取消了国民党的一切苛捐杂税，苏维埃在目前全不收税，特号召在白色区域的商人小贩，尤其是脚夫与苏区的合作社来盐池运盐，应特别给以优待，……合作社买盐特别给以折扣。2. 代各商……（原文不清）。3. 为合作社商贩脚夫迅速设备栈行、马棚、草料，使之便利而价廉。4. 发给售货联单，使在苏区通行无阻。5. 收买粮食帮助盐池群众及蒙民解决粮食困难。6. 迅速筹建通庆阳、固源、榆林、宋家川的汽车路，通往遥堡、洛河川的牛骡车路，使运费特别减低、运输特别便利。

汉蒙方面：苏维埃政府虽无条件将蒙古盐池交还蒙人自营，为了使蒙地盐池的生产与销售同样发展，在蒙人同意之下，共同组织汉蒙盐业委员会，以使双方盐产的改良和平衡的发展，更增进汉蒙民族间的深厚友谊。

投资方面：为了迅速达到上列计划，就必须有巨大的经费，除呈请中央政府拨给款项外，并欢迎国外华侨及国内资本家来投资，以助上述计划之迅速完成也。

《红色中华》一九三六年八月九日

四、陕甘宁根据地的商业贸易

中央政府西北办事处
颁布发展苏区工商业的布告

十一月二十五日中央政府西北办事处颁布了一个发展苏区工商业的布告。在这个布告上面,中央政府宣布了:

第一,把一切工商业的捐税都完全取消,甚至于连"关税、营业税等均一概免收"。

第二,苏区的大小商人有充分的营业自由,"白区的大小商人也可以自由地到苏区来营业"。

第三,除了粮食及军用品外,苏区的产品均可自由输出。

第四,允许苏区内外正当的大小资本家投资各种工业。

从这里每一个工人、农民、商人和资本家,可以清楚地看到真正的苏维埃区域并不是像国民党和一切反动派所宣传的那样,"禁止贸易""不许买卖""没收商人财产""没收资本家财产"等等;——相反地,在目前的苏维埃区域里面,商人和资本家不仅是有极大的营业的自由,就是甚至于连任何的捐税都可不出。——为着发展苏区的工商业,苏维埃政府甚至于把一笔极大的财政收入都牺牲了。

但是在同一个时期里,国民党政府却正在进行着最后的摧残中国本国的工商业的阴谋。他出卖了华北和沿海各省给日本帝国主义,使当地的工商业全部被日本资本家所掠夺去,并且他又宣布了"现金集中"的政策,使白区的一切大小商人和工业家在顷刻间都变成了一无所有的穷汉,而苛捐杂税的日益加重,更使得白区的大小商人和工业家日趋于破产和倒闭。

事实是更加明显的证明:只有苏维埃才有真正的决心发展中国的工商业,并且在目前,也只有苏区才是最好的经营工商业的地方。

商人们!工业家们!大胆地安心地在苏区里经营工商业吧!

《红色中华》一九三五年十二月一日

中华苏维埃人民共和国中央政府驻西北办事处布告

关于限制粮食出口问题

（一）为要使苏区与白区商业流通，便利商人营业贸易起见，外来商人运来食盐或群众所需要之工业物品，到苏区兑换一部分粮食出口是可以的，但必须经过各级国民经济部或贸易局购买，或直接将工业品交贸易局换取粮食或农产品。

（二）如商人专以贩运粮食出口做营业者，则不能允许，因为这样会影响到群众粮食供给，奸商亦会乘机舞弊。此项出口是绝对禁止的。

（三）商人若不经各级国民经济部或贸易局发有粮食出口执据者，或私自购买偷运者，一经查出，则作偷运论罪。特此布告周知。

中央政府西北办事处
主　　　　席　　博　古

中央政府西北办事处
粮　食　部　部　长　　邓　发

中央政府西北办事处
国　民　经　济　部　部　长　　毛泽民

一九三六年四月十日

中央粮食部通知

　　近查国民经济部、贸易局、合作社在外面定购大批柴火、草料、菜蔬,有些则定价高于市场价格,有些则用现洋或货物作抵,因此使得很多机关、部队很难买到柴、米、菜、草,而帮助投机商人从中取利,使得粮品价格日益高涨。凡驻志丹各部队机关,以后不得在外大批购柴、米、菜、草,垄断市场,自相惊扰。凡属以前已经定购之大批柴、米、草、菜,必须立即报告粮食调剂局,如认为必要时,调剂局得进行适当分配。

中央粮食部部长　凯　丰
一九三六年七月六日

中央政府西北办事处布告

禁止粮食出口

一、为保证苏区人民和武装部队的粮食,特禁止运粮出口。各级政府必须向苏区人民解释,并令布哨严密检查。

二、凡偷运粮食出口,一经查获,即行没收归公,并可酌量情形,提十分之一至十分之二给查获之人,以示奖励。

三、凡经各处对外联络办事处之允许,并持有中央粮食部粮食出口证的,许可出口。

中央政府西北办事处主席　博　古
中央政府西北办事处粮食部部长　凯　丰
一九三六年九月二十日

中央财政部、中央粮食部通知

　　过去因为环境关系,不能不在苏区内购粮,且不能不指定区域购足若干石粮。又因为财政关系,定的粮价常比市价为低。这固然是依靠群众对革命的拥护,但同时群众是受了一些损失。

　　现在局面好了些,中央机关及红军的食粮,尽量从外埠购入,地方机关及部队的食粮,已经按照时价预算,发给粮钱。近查各地机关部队仍有任意把价格减低,强令群众出卖的,使得群众异常不满,尤其在这青黄不接、粮食稀少之时,此种行为急应纠正。特此通知。

　　各级机关部队,嗣后买粮应照市价,不得有压低价格及强迫购买的行为。价不压低,买粮也自然容易,个别地方缺粮的,不应该再在那里买,致增加群众粮食的困难。

　　各级粮食部、各部队供给部务须严重注意为要。

中央财政部长　林伯渠

粮食部长　宋裕和

一九三七年(编者)六月十五日于延安

中华苏维埃人民共和国中央政府驻西北办事处布告

过去保安在帝国主义、国民党、豪绅、地主重重压迫剥削之下，闹买卖的本来不多，革命后，经过一次反革命分子破坏捣乱，商业更加衰落。现在，为着使广大的工农群众拿自己生产出来的东西，能充分换取日常必需的物品，以改善生活，繁荣志丹市起见，特号召群众起来进行下列事项：

（一）在志丹市（即保安县所在地）恢复从前逢五逢十的市集，并由苏维埃政府帮助设立消费合作社与志丹市机关消费合作社，经常出卖食盐、布匹等群众日用必需品，规定每天都有出卖，就是不限定市集一次。

（二）各区责成各区苏政府立即帮助群众设立区消费合作社，分销食盐、布匹等，大批供给群众。

（三）责成中华苏维埃国家银行西北分行设立营业部，批发食盐、布匹等大宗货物，以供给各个合作社。

（四）责成粮食部组设立调剂局农产品收买处，凡工农群众要出卖的生产品，如粮食、豆、羊毛、羊皮等，都可随时拿到市面上来出卖，如卖不出去的，都由收买处一齐收买。

（五）凡买卖货物，都要使用国家银行发行的票币。因为苏维埃票币是工农自己的，白票是帝国主义、国民党、豪绅、地主用以剥削工农群众的货币，随时都靠不住。工农群众只有拥有苏维埃票币，使用自己的票币，才能保证用自己的血汗换来金钱到手不落空。自布告出示这一天起，一切买卖都只准使用苏票，严禁白票在市面流通，大家公买公卖，也不得故意高抬市价。此布。

主席　博古

一九三六年七月三日

中华苏维埃人民共和国
国家银行西北分行营业部通告

一九三六年七月五日

　　国家银行为供给群众需要,繁荣志丹县市场,特设营业部,采办大批布匹和其他日用必需品,批发各县区合作社转售群众。在志丹县各区合作社尚未建立以前,所有各货,暂由本部零售。凡我群众均可拿国家银行纸币前去志丹市(即保安城)本部购买,价钱特别便宜。

中央政府驻西北办事处
财政部、粮食部、西北保卫局通告

一九三六年七月五日于志丹市

顷奉中央政府驻西北办事处命令,为着改善群众生活及繁荣志丹市起见,已定有具体办法,布告群众。凡驻在当地机关工作人员,必须严格遵守执行下列事项:

(一)购买日用货物及一切东西,必须说服群众使用苏票,告诉群众使用苏票,到志丹市合作社及各区合作社,可以买到食盐、布匹及日用品,比现洋更方便。

(二)各机关购买东西,一律禁止在当地使用白票、现洋。

(三)各机关粮食由中央粮食部汇买、批购,或由中粮部指定购买,不得自行争购。

(四)群众必需的布匹、食盐,由国家银行营业部予以保证。各机关食盐,应有计划地自备牲口,取得本部介绍后,到花马池去购驮。

近查各机关管理伙食的人员,还有习用白票、现洋的行为,且有互相争购、故意抬高物价的表现。如政治部马夫买马草,怕买不到,群众说八毛就马上出八毛,随意浪用,不顾高价;中共中央局的同志与消费合作社的同志争购羊子。这些现象应立即纠正。今后凡不遵奉中府命令者,应予严罚,特别是各机关管理科长与管理伙食的上士,应严格遵照执行。其故意违抗者,由保卫局遵照中府指示,将该项人员带回,分别惩办。特此通知。

中央政府驻西北办事处财政部部长　林伯渠
中央政府驻西北办事处粮食部部长　凯　丰
西北保卫局局长　周　兴

苏维埃政府竭力改善志丹群众生活

苏维埃政府为着改善志丹县群众生活，使广大工农群众以自己生产出来的东西，能充分换得日常的必用品，所以特号召广大群众进行下列工作，以解决困难。

一、在志丹市（原保安县城）恢复从前逢五逢十的集市，并由苏维埃政府帮助设立消费合作社与志丹市机关消费合作社，经常出卖食盐、布匹等日用品，每天都有卖。

二、各区政府立即帮助群众设立区消费合作社，分销食盐、布匹，大批供给群众。

三、国家银行西北分行设立营业部，批发食盐、布匹等大宗货物，以供给各个合作社。

四、粮食部设立粮食调剂局农产品收买处，凡工农群众要出卖的生产品——粮食、豆、羊毛、羊皮等，都可随时拿到市面来出卖。如卖不出的，由收买处一齐收买。

五、凡买卖货物，都要使用苏维埃政府发行之票币，严禁白票在市面流行。

由上面事实看来，充分证明苏维埃政府是广大群众自己的政府，苏维埃对群众的生活，是如何的注意，想出各种办法来解决群众的困难。拥护苏维埃政府！

《红色中华》一九三六年七月九日

中华苏维埃人民共和国中央政府驻西北办事处内务部布告

统一尺、秤、升斗以便使用

现在各处用的尺、秤、升斗,种类很多,大小不一。不仅彼此交易、计算不便,且不免有些奸商故意弄鬼,致人受欺。现为便利群众交易,特规定通用之尺、秤、升斗如下:

尺——用裁尺。

秤——用十六两为一斤,即所谓平秤。

斗——用重三十斤为一斗(以谷米为准),即所谓十八桶斗。

自布告之后,各商店、行家使用的尺、秤、升斗,应立即照这规定,由当地内务部负责检查。凡符合这规定的裁尺、十六两秤、三十斤斗,在上面加盖火印,以便通用。

乡村群众,没有裁尺、平秤、三十斤斗的,应逐渐改置,以便使用。

部　长　谢觉哉

一九三六年四月八日

中央国民经济部通知

各级国民经济部长转各合作社主任：

为了增加出口贸易，扩大合作社营业，改善社员生活，并调剂机关人员给养方面的需要起见，各级合作社应立即进行下列工作：

（一）收买绒毛、药材：

1. 各区合作社立即将全区黑白羊数调查清楚，规定本区应收买斤数，责成各乡支社或采买办员去向群众订买。

2. 买到的绒毛、药材，迅速雇请牲口送来延安市，卖给贸易总局。

3. 价格：山羊绒每百斤六十元，白春毛每百斤二十五元，甘草根每百斤五元。

4. 绒毛、药材要干的净的，潮湿的或掺杂土泥的，须晒干和选净，贸易局才收。

（二）收买给养方面的必需品，调剂机关人员生活：

1. 大量收买米、麦、荞面、猪、羊、鸡、鸡蛋、油、菜蔬等物。

2. 这些物品除供给本地机关外，余均送交延安市中央国民经济部，以便介绍卖给延安各机关离延市较远的合作社。菜蔬等不易驮运的物品，不必送来。

3. 价格：猪肉每斤二角五分，羊肉每斤一角，鸡每斤一角，鸡蛋每百个一元五角，小麻油每斤三角，洋芋、萝卜每百斤一元八角，米、麦、面等按各地不同价格另行规定。

4. 猪、羊、鸡、鸡蛋、菜蔬等物，均要活的和新鲜的。不要把杀死的或坏的驮来，以免热天发生腐臭不能吃。

（三）大量发动群众去盐池驮盐，卖给贸易总局出口，每百斤六元。

以上物品价格，指卖给贸易局而言，均以平秤（每斤十六两）计算，付给白票。

合作社的同志们！只有大量收买土产品，才能多多换进工业品，扩大合作社的营业，改善社员群众的生活。希对以上几项工作立即执行。各级经济部尤应切实负起领导、推动、检查的责任，保证完成为要！

中央国民经济部部长　毛泽民
合作社指委主任　蔡子伟
一九三七年三月二十二日

苏维埃时期对外贸易概况

1. 在一九三五年时期,边区对外贸易是由中央贸易总局负责进行的。中央贸易总局则受中央国民经济部领导。

当时的任务是:"除粮食外,党政军三方面的一切供给,全由贸易局负责,别的机关概不对外采买。"其由贸易局采购得来的物资,则全交供给部处理。

当时贸易局的地址是在瓦窑堡,货物的来源,北以绥德、清涧为孔道,南则依靠延安、交道、洛川一带(当时称陕甘省),于陕甘省则设立分局。以绥德支局为例,当时有三十头运输牲口、四十名护卫队,全局达九十人。

2. 在一九三六年时期,贸易总局于四月迁往保安,供给任务仍旧,采买的主要商品为布、纸。

当时的贸易路线,因绥靖已不能使用,改依定边为孔道,于定边设有贸易分局。

十二月十九日,在"双十二"事变后七天,贸易总局由保安迁到延安。

3. 在一九三七年时期。在一九三七年春,供给任务主要靠富县与洛川一带,至夏天则直接依靠西安,用汽车运输。这时的任务内容,除军委方面服装一项在西安直接制造外,党政方面的服装及党政军三方面服装以外的用品,均仍由贸易局供给。

当时贸易局已在西安设立据点——商号名为"元声西",一切物资均由此采购。

这时期私商经营贸易的亦已发展,主要商品是棉花、布匹及民间家庭用品。

陕甘宁边区建设厅
一九四二年

关于贸易问题的报告

边区在一九三五年即已设立贸易局,受中央国民经济部领导。那时尚在内战时期,外面封锁很严,贸易任务即是专对外,采购货物保证党政军必需品供给(其他机关概不对外采买),不做其他业务。买回的货物,完全交供给部,实际上等于一个采买机关。那时货物进口南路靠延安、富县、洛川,北路靠清涧、绥德,因此除在瓦窑堡设总局,并在南路设一分局,北路设一支局。

一九三六年,总局由瓦窑堡迁保安,供给任务仍旧,采买的主要货物为布与纸。那时因北路货源受阻,主要进口移到定边,又在定边设分局。双十二事变后,总局随中央迁到延安。

一九三七年,国内和平告成,边区对外贸易路线伸展到西安,并在西安设"元声西"商号作据点,货源顿形畅旺,同时边区私商经营贸易的,亦逐渐发展起来,私商买进的主要货物是棉花、布匹及民间家庭用品。此时贸易任务,除军委服装一项直接在西安自制外,其他仍旧。

陕甘宁边区物资局
一九四三年十二月

陕边贸易史的发展

甲、一九三五年二月,革命委员会改为省政府,下设省国民经济部,国民经济部下成立贸易局,陕甘分区成立贸易分局,每县设立贸易支局。中央至陕甘后,在瓦窑堡设总局,南路设一分局,北路设一支局。省国民经济部取消,成立中央国民经济部,贸易局即改归该部领导。

一九三六年,总局由瓦市迁保安,不久双十二事变,国内和平,贸易局随中央迁延安。为了适应统一战线环境,贸易局改为陕甘宁合作社总社(县支局未改),仍归中央国民经济部领导。一九三七年九月,陕甘宁边区政府成立。为了适应国民政府统一的政权形式,国民经济部改组为陕甘宁边区建设厅。陕甘宁合作总社为了向外采购方便,一九三八年四月一日与新华书店合并,改为光华商店,划归银行领导,各县支局均改为光华商店分店。在建立银行与商业网计划之下,截止到四〇年十月三十日,建立有延安光华商店,定边、盐池、曲子、庆阳、绥德、甘泉、张家畔等分店,一个过载店,四个农产品贩卖店,两个运输队,志丹、白家坪两个货栈。

……

一九三五年边区出口贸易主要是甘草、皮毛(走包头)、盐(走陇东)、土产、金银、白洋(经绥德走山西)。进口方面是土布、纸张。进口方向是南路的延安、富县、洛川,东路的清涧、绥德。一九三六年,红军东征,东路堵塞,进出口只剩延安、洛川一线,但甘草、皮毛、食盐口岸则未变。一九三七年国内和平,贸易路线伸展至西安,并在西安设一商店(元声西商店),此路货源顿形畅旺。同时边区私人商业逐渐发达,他们主要贩入棉花、布匹及民间家庭用品。

陕甘宁边区贸易总公司
一九四八年初

五、陕甘宁根据地的金融

中华苏维埃共和国国家银行
特别往来存款暂行规则

第一条 凡与本行开特别往来存款者,第一次存入金额须在五元以上,以后每次存款亦不得在三元以下。

第二条 本行收到存款时,即将所存金额记入特别往来存款折内,交存款人收存作证。

第三条 存款人初次存款时,须填成印鉴票交存本行,以便取款时照对签字图章。如需更换时,应另填印鉴票送交本行。

第四条 存款人提取存款时,须缮具取条,连同存款折交本行。其取条上之签字图章,应与交存本行印鉴票中之签字图章相同,方可付款。但存户于第一次存款时,声明凭折取款,不用取条者,不在此限。

第五条 特别往来存款,照每日之结余,每年六月、十二月两期按照本行所定利率,付给利息。但计息时,以元位为止,一元以下之尾数概不计息。

第六条 存款人之图章或存折,如有遗失被盗情事,应随时报告本行挂失。但于报告本行以前,若被人冒取,本行不负责任。

第七条 如系注明凭折支款,不用取条之存折,倘有遗失被盗情事,除报告本行挂失外,须登报声明作废,经二个月后,如无纠葛等情,应由存户觅妥实保证人证明后,方能补给存折。

第八条 特别往来存折,不得在市面流通、转让或抵押。

第九条 特别往来存折上之数目如有误记或误算时,可由存款人随时告知本行查明更正。

第十条 为鼓励工农群众储金起见,在本行未专立储蓄部以前,暂于特别往来存款规则中,特定例外办法如下:

1. 每次存入金额至少须一元以上。

2.存入期间至少须六个月以上。未满六个月即要求提取者,照普通的特别往来存款计算。

3.此项存款利率,依存款期间之长短,比普通的特别往来存款月利增加二厘至六厘。

4.本规则第二、第三、第四、第六、第七、第八、第九各条仍然适用。

一九三二至一九三四年(编者)

中国苏维埃共和国
国家银行储蓄存款暂行章程

第一章 总 则

第一条 本行创办储蓄,纯以鼓励群众节省,便利零星存款,发展国民经济,改善群众生活为目的。

第二条 本行所收集的储蓄存款,全数以县为单位,投资于该县合作社(特别是信用合作社)和其他生产事业,即以此项放款为发还储金本息的担保。

第三条 本行于总分支行设立储蓄部,专门办理储蓄事务,由本行资本项下提拨十万元为基金,会计独立,并按月将存款和投资的数目在红色中华公布一次。

第四条 各县群众团体得按月推派代表会同检查该县储蓄部的会计和财产一次。

第五条 储蓄存款暂分(A)定期、(B)活期、(C)零存整取三种。以后认为必需时,得另创适合于群众要求的储蓄办法,临时公布之。

第六条 各种储蓄存款,存入或提取时,概以国币为单位。与国币市价不同的各种货币,概照当时当地的市价折合当时区币计算。

第二章 定期储蓄存款

第七条 定期储蓄存款(即整存整取),须以整数款项一次存入,并约定一定期限,本利一次取还。

第八条 定期存款存入数目,至少要五元以上,至多本利合计不能超过一千元。

第九条 定期储蓄存款期限至少三个月,至多三年。

第十条 定期存款利率,依期限长短分为五种:(一)存三个月以上的月利八厘五;(二)存六个月以上的月利九厘五;(三)存一年以上的月利一分零五;(四)存二年以上的月利一分一厘;(五)存三年的月利一分二厘。存半年以上的每六个月结息一次,按复利计算。

第十一条 定期储蓄存款本利要到约定期限一次付还。如未到约定期限,存款人要求提早取回,本行得拒绝之,但得将存单向本行抵押借款。

第十二条 定期储蓄存款已到约定期限不来支取,过期一个月以内的不给利息,过期一个月以上的只照活期储蓄利率计算至本利合计满一千时,即停止给利。

第三章 活期储蓄存款

第十三条 活期储蓄存款(即零存零取),在本行营业时间内,随时可以存入或取出。

第十四条 活期储蓄存款,每次存入数目,至少要满五角(其不满五角的零数,可照第五章办法先买储金票,俟凑足五角时,再行存入),至多本利合计不得超过一千元。

第十五条 活期储蓄存款利率,按月八厘计算,每年结算复利两次,于六月二十日、十二月二十日为结算期。

第十六条 凡不满五角的零数,概不给以利息,且利息算至分数为止。分以下之零数,如满六厘的,均作一分计算;不满五厘的,概不计算。

第十七条 凡第一次存入尚不满一月的,即要求全部取回的,概不给以计息。

第四章 零存整取储蓄存款

第十八条 零存整取须约定期限、数目,分期存入,到期本利一次取回。

第十九条 零存整取每期存入数目,至少要五角以上。

第二十条 零存整取存入期间分半个月一次、一月一次、三个月一次三种。

第二十一条 零存整取期限至少六个月,至多三年。

第二十二条 零存整取利率,按期限长短分为四种:(一)存六个月以上的月息九厘;(二)存一年以上的月息一分;(三)存二年以上的月息一分一厘;(四)存三年的月息一分二厘。

第二十三条 零存整取利息,以存款次数为标准复利。如半个月存入一次的,利息即半月一结;一个月存入一次的,利息即一月一结;三个月存入一次的,利息即三月一结。每期结得之利息,并入下期本金计算。

第二十四条 如存款不按期缴入时,先由本行代执存入,所有过期日数,应照预定利率,向存款人按日补收利息,而存款则仍照原定日期计息,以便计算。

第二十五条 零存整取未到约定期限,即停止续存者,以续存期间的长短决定利率。如约定期限一年的,如续六个月停止者,即照六个月期的利率计算。

第二十六条 零存整取未到约定期限,不得无故要求取回,但可将存折向本行商请抵押借款。如因特别事故,商得本行之许可中途取回时,无论续存期间的长短,概照活期储蓄利率计息。

第二十七条 零存整取到期,存款人不来支取,过期一个月以内的不给利息,一个月以上的则照活期储蓄利率计息。

第五章 储金票

第二十八条 为便利小数储蓄起见,特印发储金票一种,并委托各区乡合作社发售。

第二十九条 凡欲向本行储蓄而其金额不满五角的,可向本行和本行代理处(如受本行委托之当地合作社)购买储金票。

第三十条 储金票每张售国币五分,如储款的数目满五角时,则可直接存入本行生息,不必购储金票。

第三十一条 凡购买五分储金票一张以上的,可向本行或代理处免费领用借用储金券,此券印有十个空格,储金人可将所买储金票顺序粘贴储金券上,等到贴满五角(十张)后,无论交与国家银行总行或各地分支行,均可作为现款存储,发给正式储蓄存款折。

第三十二条 储金券未贴五角以前,不得要求兑付现款,或正式入账。

第三十三条 储金券要储金人自己妥为保存。如有遗失,不得要求补发。

第六章 存入和取出的手续

第三十四条 存款人第一次存入款项时,须先向本行领取申请书,照式填具姓名、住址、职业、期限、金额,并签名盖章,交本行存查,并作取款时核对印鉴之用。但声明凭折支取,不用取条者,存款人如不愿在声明书上盖章时,亦不勉强。

第三十五条　存款人提取存款时,须缮具取条,连同存折交本行。其取条上的签字或图章,应与申请书中所用的签字或图章相同,方可付款。如若图章遗失或更换时,须通知本行,并将新换的图章式样交本行存查。但存款人于第一次存款时,声明凭折取款,不用取条者,不在此限。

第三十六条　储蓄存款的存入和取出,概以存折为主要凭证。存款人于每次存款或提款时,要详细看清存折上所写是否无错。如有不符之处,要立即请求更正,不得自行添注涂改。

第三十七条　存折如有遗失,要立即报告本行挂失,并登报声明作废,经两个月后,如无纠葛情事,应由存款人请当地政府书面证明后方能补给存折。如在通知本行以前已被人冒取,本行不负责任。

第三十八条　存折如有遗失,而在补领手续未清时,存款人不得要求提取存款。

第三十九条　存款人如将所存本息全数取回时,即作为存款终止,必须将存折交还本行注销,否则至少要留存五角以上。

第四十条　如存款人住址迁移,欲将其账目由甲地国家银行转至乙地国家银行时,须先将存折交与原地存款银行,并填具正副申请书二份,即由原存款银行发给存款人收据一张,由存款人持收据向新指定的银行换回存折,以后即可在新指定的银行继续存取款项。

第四十一条　如定期储蓄及零存整取存款已经到期,存款人身在别处,欲就近向当地国家银行取款时,可将存单或存折交与银行,由当地银行暂给收据为凭,经过相当日期,由当地银行将存单或存折寄回原储款银行查明无误后,即可凭收据付款。

第四十二条　如存款人住址迁移时,未先照第四十一条手续办理而迳向新住址附近之银行要求转移账目时,须填正副申请书二份并存折交与当地银行取得收据为凭,由当时银行将存折寄往原储款银行查明无误后,即将存折发还存款人,以后即可继续在当地银行存储,但须缴纳往返邮费二角。

第四十三条　零存整取已到交款日期,适逢存款人身在别处,但住址并未迁移,而临时向附近银行要求代收该期应交存款时,得由当地银行照所交之款发给临时收据,俟存款人仍回原地时,将临时收据持向原储银行正式入账。其交款日期照准临时收据的日期计算。

第七章 附　则

第四十四条　本行经管储蓄人员,不得将存款人的姓名图章和存入取出的金额以及其事项告知别人。

第四十五条　本章程如有必需时得临时修改之。但利率期限如有变更时,所有未到期的定期储蓄和零存整取储蓄存款的利率和期限仍照原来规定办理。

中华苏维埃国家银行储蓄部制定

（一九三二至至一九三四年（编者）

中华苏维埃共和国国家银行
定期信用放款暂行规则

第一条 本规则专为各种合作社和贫苦工农群众,用途确系有利于发展社会经济之放款而定。其他放款非经本行特许者,不能适用本规则。

第二条 本规则分对合作社的与对个人的两部。

甲、对合作社的

1. 凡经政府登记之各种合作社,经本行审查,认为必要时,可照本规则向本行借款。

2. 合作社向本行借款时,须办妥下列手续:

A. 将该社组织内容(社员人数、资本总额、分红办法以及负责人姓名等)、营业状况(营业项目、收支总数、损益实况等)填具报告表,先交本行审查。

B. 上项报告表,须经当地政府盖章证明该表内容之确实。

C. 须向当地政府取得借款介绍书,并证明该社确经政府登记。

D. 须缮具借款请求书,连同报告表、介绍书寄交本行。

E. 经本行许可借款后,须照本行制定之格式填写正式借据,借据上须有当地政府盖章保证。

3. 借款金额以不超过该社原有资本之半数为度,但本行得考察其需要之程度而增减之。

4. 各合作社在向本行借款期内,须按月将营业收支和决算期的资产负债损失利益数目,详细报告本行。

5. 借款期限不得超过六个月。到期后如要求续借,须具请求书,说明续借理由,经本行审查认为必要时,得许可之,但须还清利息,重立借据。

乙、对个人的

1. 凡工农群众借款用途为左(下)列之一者,均得向本行要求借款。

A. 购置农具或肥料；

B. 耕种用费；

C. 开辟荒田和整顿水利；

D. 其他有关于发展社会经济之用途。

2. 凡向本行借款之人，须有当地政府及群众团体——贫农团、雇农工会、职工会之一的担保介绍。

3. 凡欲向本行借款者，至少须邀集三人以上（人数愈多愈好）为一组，联合订立借据，并须指定一人为组长，以便通讯。

4. 借款人须先具请求书，说明借款用途，经本行许可后，须照本行制定之格式，填写正式借据，借据上须有当地政府及群众团体盖章保证。

5. 借款人如有拖欠情事，该保证团体及联名借款之个人，均须负连带责任。

6. 借款期限不得超过六个月，非特别情形不得延期。

7. 本行得依照一般需要，随时宣布每个人借款之最多金额，以资限制。

8. 借款虽未到期，如因特别情形，本行认为须提早收回时，得先日通知，借款人应即将本利一律清还。

一九三二至一九三四年（编者）

中华苏维埃共和国国家银行
定期抵押放款暂行规则

第一条 凡备有相当抵押品，押款用途在不抵触苏维埃法律与不妨碍经济政策，而商得本行之许可者，无论个人、团体、商店、工厂，均可向本行抵押借款。

第二条 抵押品须具有下列条件者方能抵押：1.不会灭失损毁而便于保存者；2.价格极少变动者；3.随时可以就地变换现金者。

第三条 抵押金额最多不得超过该抵押品时价所值百分之七十。

第四条 抵押品在抵押期限内，中途价格低落至十分之一以上时，借款人应即增加抵押品或缴纳现金，至少以补足低落价格为准则。

第五条 如借款人到期不还，或在限期中抵押品价格低落，得本行通知后一星期内，不增加抵押品或缴纳现金时，即由本行将该抵押品拍卖，但拍卖之款仍不足抵还本利时，须向借款人追补，并由保证人负连带责任。

第六条 借款期限最久不得超过六个月。如有特别情形经本行许可者，可以延期，但须还清到期利息，另订契约。

第七条 借款人可于未到期前，先还借款之一部分。但借款人如要求将抵押品先行取出一部分，须酌收手续费。

第八条 抵押借款除照收利息外，须酌收手续费和保管费。但经本行认为免收者，则免之。

第九条 抵押品如因天气、时令等关系或有损坏，本行不负赔偿责任。

一九三二至一九三四年（编者）

中华苏维埃共和国
国家银行对消费合作社放款暂行变通办法

第一条　凡在中央国民经济人民委员部所批准登记之各种合作社,领有登记证的,都可以依照本行定期信用放款暂行规则向本行借款(照规则上对各合作社信用放款须查照其资本额至多不能超过百分之五十,即现有资本一百元至多只能借五十元)。

第二条　在已成立系统而建立有省县总社区乡分支社之消费合作社,本行只对各总社(特别是县总社)放款,暂时不对分支社放款。但有特别情形,不在此限。

第三条　在合作运动初期发展的阶段上,为要促进其迅速发展起见,对省县总社放款可根据其需要与营业情形,得查照其现有资本额增放二倍至三倍,即现有资本额一百元,至多只能放款三百元。但必须在借款期间内,迅速将资本集足后仍照本行信用放款规则办理,即照资本额至多不能超过百分之五十之规定。

第四条　各总社向本行借款时,必须先向同级国民经济部报告审查转报中央国民经济人民委员部批准,同时要转报最上级总社担保,由本行查核之后才可酌量贷放。

第五条　凡与本行有借款关系之各合作社,本行有随时调查其资本多少与营业盈亏情形,并得提出其意见之权。

第六条　如合作社亏本,不能保证银行借款时,银行得函请同级国民经济部令该社迅即增加股本。如不能增加股本时,应令其停止营业,银行有将其货物拍卖抵偿之权。

第七条　各社借款,得就近向各分支行交涉,但均须经过本总行批准,在某种条件之下得委托各分支行贷放。

一九三二至一九三四年(编者)

中华苏维埃共和国国家银行贴现放款暂行规则

第一条 凡商店、工厂售货收入之迟期票据,未到期而急于用款者,可将该项票据,商得本行之许可,照章贴现。

第二条 凡票据之付款人,即系贴现人,或贴现人自开之店号者,不得向本行贴现。

第三条 凡票据经本行认为不能贴现者,不得贴现。

第四条 凡来本行贴现者,应觅有相当保证人,或缴纳相当之抵押品。但经本行认为可靠者,得通融办理。

第五条 贴现利息应于贴现时预先缴清。

第六条 如贴现票据之付款人到期不能付款时,应由贴现人自行清偿,并由保证人负连带责任。

第七条 凡贴现人缴有抵押品者,对该抵押品之处理,适用抵押放款规则之办法。

一九三二至一九三四年(编者)

中华苏维埃共和国国家银行存款放款暂行利率

第一条 本银行存款种类暂分定期存款、往来存款、特别往来存款三种。规定利率如下：

一、定期存款期限在三个月以上至六个月者，月息百分之〇六（每元每月六厘）；六个月以上至一年者，月息百分之〇八（每元每月八厘）；一年以上至一年半者，月息百分之一（每元每月一分）。一年半以上者另议。

二、往来存款月息百分之〇五（每元每月五厘），每年分六月、十二月两次结息。但对于五元以下之结余数，概不计息；五元以上之结余数，以元为止；一元以下之结余数，概不计息。

三、特别往来存款月息百分之〇七，每年分六月、十二月两次结息。但为鼓励工农群众储金起见，在本行未成立储蓄部以前，如存款期限在六个月以上至一年者，月息百分之〇九（每元每月九厘）；一年以上至一年半者，月息百分之一（每元每月一分）；一年半以上至二年者，月息百分之一点二（每元每月一分二厘）。二年以上者另议。

第二条 本银行放款种类暂分定期信用放款、定期抵押放款、贴现放款及往来透支四种。规定利率如下：

一、定期信用放款，期限三个月者，月息百分之〇七（每元每月七厘）；三个月以上至半年者，月息百分之〇八（每元每月八厘）。

二、定期抵押放款，月息百分之一点二（每元每月一分二厘）。

三、贴现率依照票据期限之长短及付款人住址距离本行之远近而差异，可在贴现时临时面议，暂不规定。

四、往来透支一般的暂定月息百分之一（每元每月一分），每年分六月、十二月两次计息。如有特别情形，订立特别条约者，得酌减之。

第三条 以上所定利息，如本行认为需要变更时，得随时呈请中央财政人民委员部批准改正之。

第四条 各种存款、放款详细规则另定之。

一九三二至一九三四年（编者）

中华苏维埃共和国国家银行暂行汇兑规则

第一章 总 则

一、凡设有国家银行分支行、办事处或代理处(以下简称银行)的地方,均可接受顾客的请托进行汇款。

二、汇兑暂分下列三种:

A. 票汇;B. 信汇;C. 特种汇兑。

三、凡请托银行汇款时,其汇费应由银行按地点远近、数目多少、期限长短规定之。但特种汇兑的汇费,则由邮局规定之。

四、凡请托银行汇款时,须将所汇之款及一切费用先行交与银行,特种汇兑汇费交与邮局。

五、凡托银行所汇之款,如收款人住址迁移或姓名不符,以致无从投交,或因其他事故必须退汇时,其数目稍多的,得由银行函询汇款人后再行办理。如汇款数目小的,得即行退汇,但汇费不能退还,或由银行按其数目多少,酌量退还一部分。

六、收款人向银行领取汇款时,如银行认为需人担保的,得请收款人找得相当担保人,然后付款。

第二章 票 汇

七、凡请托银行票汇的,须将汇款金额、期限、收款人和汇款人的姓名、住址,用银行印就的空白汇条、请托书详细填入,连同汇款及汇费交与银行。

八、票汇之款,由银行给以汇票。汇票须由汇款人自行寄交收款人并向指定银行凭票领取,银行不能代寄。

九、汇票须由票面记名人(即收款人)亲笔署名盖章于背面。其所署的姓名及图章上的姓名,须与票面所记的姓名相同,否则银行得拒绝付款。但汇票所记姓名下如写有(或持票人)字样的,得由本人或经手取款人署名盖章,银行均可付款。

十、汇票上所记的如系机关名称或店号者,须由该机关或商店的主要负责人署名盖章,并须加盖公章,才能付款。

十一、汇票如有遗失,应由汇款人或票面记名人将该汇票的号数、汇款地点、票面金额,详细用电或快信,请付款银行挂失停付,一方面通知原汇款银行。如在通知银行以前已被人冒取,则所生一切损失,银行不负责任。

十二、汇票遗失时,除照前条规定挂失后,应由该票面记名人登载《红色中华》及付款银行所在地出版的著名刊物声明作废。经过一个月后,如无发生纠葛情事,得由收款人找相当保人具声明书及领条向付款银行领取,或由汇款人具声明书请汇款银行退汇。

十三、汇票如有约定期限的,于未到期之前,银行不能付款。但收款人愿出贴现×,并找有妥实保人商得银行之许可的,得酌量兑付。

第三章 信 汇

十四、凡请托银行信汇的,须先由汇款人向银行索取空白汇条,将汇款数目、收款人及汇款人的姓名、住址等,详细填写,交与银行。汇款人如有附言,可在汇款条上附言栏写明。如另有信托寄,可将信粘附汇条后面。但内容与汇款无关的信件,不能代寄,且不得用信套加封。

十五、凡信汇之款,由收款银行发给汇款回条交汇款人收执。汇款人得在六个月内将回条持向原收款银行换取收款人的收条,过期无效。

十六、收款人接到银行汇款通知书及送去汇条与空白正副收条后,应先在收信回单上署名盖章交送信人带回。

十七、收款人向银行领取信汇之款时,应亲笔填具正副收条,并署名盖章,连同银行送去的汇条一并交与银行,方能付款。

第四章 特种汇兑

十八、特种汇兑,由国家银行委托各地赤色邮局代理。同时,委托红军中各级没收征发委员会、各级供给部、各县支库、各区特派员和区信用合作社、各乡消费合作社等机关代汇兑付汇款,以利红军战士及工农群众汇寄零星款项。其所汇数目,每次至少五角,至多不得超过十元(十元以上另由银行票汇或信汇),

且不得有不满五角的零数。

十九、汇款人可将欲汇之款交与当地邮局，由邮局按照数目，给以由银行印好金额盖好图章的特种汇票一张或数张（特种汇票暂分五角、一元、二元、五元一张等四种），由汇款人自行装入挂号信内，由邮局寄交收款人。

二十、特种汇票须由收款人署名盖章于汇票背面及邮局回执上。其所署姓名及图章上的姓名，须与汇票所记的收款人姓名相同，同时汇票背面及邮局回执上须加盖下列证明机关的公章及该机关负责人的私章，方能付款。

（1）红军部队中须盖连以上的公章及连以上军政首长的私章。

（2）后方各机关须盖该机关的公章及该机关的主要负责人私章。

（3）其他群众及商店须盖当地乡苏政府以上的公章及乡苏以上主席或部长的私章。

二十一、特种汇票必须持票至票面指定的兑付机关才能领款。

二十二、特种汇票从出票之日起，六个月内为有效期间。满六个月后，收款人如不来领取，即由国家银行将汇款作为捐助战争经费，原汇票即作无效。

二十三、如汇款人或收款人自己不慎重将特种汇票遗失时，则所生损失银行不负责任，并不得请求银行或代理处挂失。

二十四、汇款人将汇票装入挂号信内交与邮局后，在邮局未将此装有汇票的挂号信送交收款人照收之前，而系邮局失慎致将汇票遗失时，汇款人得照邮政章程之规则，持邮局所给挂号凭单向原寄邮局交涉赔偿。

二十五、邮局如将汇款人的汇票遗失时，除照前条规定负责赔偿外，得由原寄邮局将汇票号数和收款人姓名、住址、票面金额，用快信通知付款机关停付，一面具声明书请国家银行总行登记。俟六个月后，倘此号汇票尚未被人冒取，得由邮政总局具领条向国家银行总行领回现款。但在六个月内万一兑付机关失察，致被人冒取，银行不负赔偿责任。

第五章　附　则

二十六、本规则如有修改时，除通知各分支行、各代理处外，必要时当登报声明之。

~ 完 ~

一九三二至一九三四年（编者）

代理兑付国家银行特种汇票办法

国家银行为便利红军战士及工农群众汇寄零星款项起见，特开办"特种汇兑"，由银行委托各级赤色邮局代理接受汇款，开发汇票，同时委托红军中各级没委、各级供给部、各县支库、各区支库特派员、各区信用合作社代理兑付。此项特种汇票，是由银行印好金额的，计分五角、一元、二元、五元等四种。汇款人每次所汇之款，至少要五角，至多不能超过十元，详细规定可参阅本行所订暂行汇兑规则第四章各条。兹特说明代理兑付的办法和手续如下：

（一）收款人持特种汇票前来领款时，代理机关须注意下列各点：

1. 汇票正面须盖有国家银行公章和行长私章，同时要盖有邮局公章和经手人的私章。

2. 汇票背面要由收款人署名盖章，其所署姓名及图章上的姓名要与票面所记的收款人姓名相同。

3. 汇票背面要由下列机关盖章证明：（1）红军中部队要盖连以上公章和连以上军政首长的私章。（2）后方各机关要盖该机关的公章和该机关主要负责人的私章。（3）其他群众及商店要盖当地乡苏以上政府主席或部长的私章。

4. 自汇票上所写的出票年月日计算起领款之日止，要不超过六个月。

5. 汇票上要写明由本机关兑付的。

6. 汇票上的收款人姓名、兑付机关和金额不得涂改。

7. 汇票形式和汇票上所盖各种图章，要随时注意有无假冒或其他可疑之处。

如汇票有不合上列各点之处，代理机关得拒绝支付。

（二）附贴于汇票上的邮局回执，须照前项办法由收款人及证明人盖章，连同汇票交来，才可付款。

（三）代理机关对特种汇票无论如何必须设法兑付。如逢无款可兑时，应向人移借或转介绍到其他机关兑付（如特派员无款时，可介绍到支库去兑）。各代理机关如接到另一机关来信委托代兑时，必须照办，以全信用。

（四）如接有邮局来信声明汇票遗失时，要将遗失的汇票号数、金额、收款人姓名等登记起来，以后兑付汇票时须加留意。如有持此号汇票前来领款时，应拒绝兑付，并追究其来源。

（五）汇票之款，照票面金额兑付后，应将汇票和邮局回执收回，在汇票正面写"付讫"二字，加盖代理机关公章，暂作现款点存，不必记账。同时，须在邮局回执上加盖代理机关公章，寄回原寄邮局（即发出汇票之邮局），在信封外写明邮局回执，可不贴邮花。

（六）收回的汇票，可照下列办法向本行兑换现款：

1. 一切代理机关收回的汇票，均可向国家银行总分支行和金库分支库兑换现金。

2. 供给部可将汇票向红军没委兑换现款，或当作现款退缴上级供给机关。

3. 红军没委可将汇票当现款解交上级没委。

4. 各区支库特派员和信用合作社可将汇票当现款缴支库或支行。

5. 各分支行和分支库可将汇票直接或间接解交总行或总库。

中华苏维埃共和国国家银行
一九三二至一九三四年（编者）

各支库代理汇兑手续

一、名词解释

（一）汇出汇款：汇款人将款交代理处，由代理处汇到分行或总行的，在代理处方面就叫做汇出汇款（在总行方面则叫做汇入汇款）。

（二）汇入汇款：由总分行汇到代理处兑付的汇款，在代理处方面就叫做汇入汇款（在总分行方面则为汇出汇款）。

（三）收款银行：收入汇款的叫做收款银行，也叫做汇款银行（如代理处汇款到总分行兑付时，代理处是收款银行，总分行是付款银行）。

（四）付款银行：付出汇款的叫付款银行（如总分行汇款到代理处兑付时，代理处就是付款银行，总分行则为收款银行）。

（五）汇款人：将款交与银行（或代理处），托银行汇到某处兑付的叫汇款人。

（六）收款人：汇票或汇条上的抬头人（即记名人和收受汇款人）叫收款人。

二、票汇

汇款人将款交银行（或代理处，以下同），银行即照数给以汇票，由汇款人自行将汇票交收款人，由收款人持票向付款银行领款的叫做票汇。其办理手续如下：

（一）代理处汇出汇款时的手续：

（1）先问明汇款人托汇数目及收款人的姓名、住址。

（2）由出纳科向汇款人取清汇款和汇费。

（3）会计科照汇款数目填写汇票，由主任盖章后交与汇款人。

（4）会计科以汇票存根为凭证记入日记账（收汇出汇款来账），并转寄总账及汇出汇款账。

（5）每天将本日汇出之款，逐条填写汇款委托书，连同汇票根寄往付款银。

(二)代理处结束汇出汇款手续:

(1)代理处接到总分行汇款报告书和汇款回单后,先将支付月、日和收到报告书月、日填入汇票存根内。

(2)以汇款回单为凭证,收付款银行来账,付汇出汇款去账。

(三)代理处汇入汇款的手续:

(1)代理处接到总行或分行委托书和汇票根后,应即登记汇入汇款账,不必经过日记账(汇入汇款账的登记法,大概与支票登记簿相同)。

(2)收款人持汇票前来领款时,要与汇票根验对无误,并由收款人在票背签名盖章后,即由出纳科照数付款。

(3)会计科在收回的汇票上盖"付讫"印子,并×以记入日记账(付汇款银行×账)及转抄总账,同时将支付月、日填入汇入汇款账。

(4)在汇票根背面填报告书,并填具汇款回单寄往收款银行。

附注:代理处办理汇入汇款手续与支库兑付支票的手续相同(但要加填回单)。如汇款不能一次付清时,仍可照给金库凭票,作为暂存款。

三、信汇

汇款人将款和汇条或托寄信件交银行,先给以汇款回条为凭,由银行将原信或汇条寄往付款银行,通知收款人填具正副收条来行领款,再由付款银行将正收条寄交汇款银行,汇款人在六个月内得将汇款回条向汇款银行换取收款人的正收条——简单说:汇款人只要将款并信件交与银行,由银行负责交与收款人,并取回收款人所填的收据交给汇款人,就叫信汇。其办理手续如下:

(一)代理处汇出汇款手续:

(1)由汇款人于汇条上按需填写(汇款人如有附言,可于"附言栏"内写明),如有信托寄,则将汇款金额及收款人与汇款人的姓名、住址详细写在信封外面,不必另写汇条。

(2)出纳科向汇款人收清汇款及汇费。

(3)会计科填汇款回条,由主任盖章后,交与汇款人为凭。

(4)记入日记账(收汇出汇款来账),并抄入总账及汇出汇款账。

(5)填汇款委托书,经主任盖章后,连同原信或汇条寄交付款银行。

(二)代理处结束汇出汇款手续:

(1)代理处接到总分行汇款回单和收款人正收条后,如验明无误,应将正收条填妥保存,以备汇款人索取。

(2)以汇款回单为凭证,收付款银行来账,付汇出汇款去账。

(3)汇款人如来索取正收条时,须将汇款回条收回注销。

(三)代理处汇入汇款手续:

(1)代理处接到总行委托书及汇条或原信后,须验明委托书上所盖汇款银行行长的图章是否与存留本行的图章式样相符。如无错误,即记入汇入汇款账。

(2)将汇条或原信加贴汇款通知书及收信回条一张,连同空白汇款正副收条各一张送交收款人。

(3)送信人将信交与收款人时,要叫收款人在收信回条上签名盖章,并将收信回条带回。

(4)收款人须填具正副收条签名盖章,连同汇条或原信的信封,持向代理处领款。

(5)经主任及会计科验明收条后,即照数付款。

(6)会计在副收条上盖"付讫"印字,并据以记入日记账(付汇款银行去账),同时将支付月、日填入汇入汇款账。

附注:如汇款不能一次付清时,亦可照给金库凭票,作为暂存款。

(7)填汇款回单,连同汇款正收条寄交收款银行。

四、拨款

代理处既与总行、分行互相汇兑,彼此往来必有存欠。无论是存是欠,数目不拘多少,每月底须拨清一次。其手续如下:

(一)如总行或分行要欠代理处时,每月底代理处应开单报告总分行,由总行或分行照给总库或分库的解款收据抵清欠款,支行库则收总行或分行来账,付分库去账,并以代理处名义打收条给总行或分行。

(二)各代理处要欠总行或分行时,由支库打四联解款收据,以代理处名义,寄还总行或分行,由总分行打收据给代理处,支库则收分库来账,付总行或分行去账。

(三)代理处所收汇费,每月底要如数拨交该省分行。

(四)汇出汇款如本月内未接付款银行汇款回单的,可归下月拨账。

五、报告

(一)每月底要填月份报告表,将汇入、汇出汇款和汇费,逐条开列。

(二)此表应将与总行互汇的列为一张,与分行互汇的另列为一张,不得以总行和分行的合并一张。

(三)此表每种各填两份,寄交总行、分行各一份。

六、各种书类和账簿

汇兑应用的书类和账簿计十余种。为使各代理处充分了解起见,特假定下列例题,以零都代理处为本位,说明其用法:

七月一日

(例题一)县工会交来五百元,托汇交全总执行局收,由总行兑付,即给以天字第一号汇票(不收汇费)。

(例题二)祥生商店交来三百元,又信一封,托汇会冒城内六街交×美隆商店收,由粤干分行兑付,即给以人字一号汇款回条,收汇费五角五分。

(例题三)粤干分行寄来零字一号汇款委托书,并粤字一号汇票根一张,嘱交县合作社收三百元,即日如数付清。

(例题四)总行寄来都字一号委托书,并中字五号汇条一张,嘱交县少队部收二百元,即日先兑一百元,其余一百元给以金库凭票。

七月七日

(例题五)接银行汇款汇单,知七月一日天字一号汇票所汇县工会五百元,已于××交全总收去。

(例题六)接到粤干分行汇款回单,并汇款正收条一张,知祥生所汇三百元已于五日交美隆收去。

七月三十一日

(例题七)总行七月份结存代理处五百元,本日将此款转入支库,将支库四联解款××寄交总行,以抵清存款。

(例题八)粤干分行七月份结存汇费五角五分。

(一)汇票(票汇用的):

汇票是银行给予票汇的汇款人持向付款银行兑款的证据。兹用例题(一)及例题(五)填汇票如下式,括弧内的字是代理处出票时要填上去的。

五、陕甘宁根据地的金融

国　家　银　行　汇　票　根
凭天字第一号正票汇交
（全总执行局五百元正）
见票后即日无利交付　此致
（国家银行总行）　　　　国家银行
零都代理处主任　　　　　　　印
公历一九三四年七月一日

天　字　第　一　号

国　家　银　行　汇　票
凭票汇付　　　　天字第一号
（全总执行局五百元正）
见票后即日无利交付　此致
（国家银行总行验兑）　　国家银行
零都代理处主任　　　　　　　印
公历一九三四年七月十日

天　字　第　一　号

汇　　票　　存　　根			
号　　数	天字第一号	汇　　　费	不　收　费
金　　额	（五百元正）	兑　付　月　日	一九三四年七月四日
汇　款　人	（零都县工会）	收到报告月日	一九三四年七月七日
收　款　人	（全总执行局）	出　票　月　日	一九三四年七月一日
付　款　行	（总　　　行）	备　　　　注	
付款期限	即　　　日		

汇票根的背面印有报告书,其式如下:

报　告　书
此号正式汇票已于七月四日如数交 （全总执行局）收讫，正票留作本处记账凭证之用。兹特填具报告书，将票根缴销。 此致 （国家银行零都代理处） 　　　　　　　　　　　　　　　（国家银行总行行长印)） 公历一九三四年七月四日

（1）上列汇票共三联，以汇票存根留汇款银行备查，正票交汇款人领去，自行寄交收款人持向付款银行领款，汇票根则连同汇款委托书寄交付款行，以便付款时核对。

（2）付款银行于兑付汇票之后，将正票留存作证，而在汇票根的背面填具报告书，寄回条汇款银行。

（3）汇款银行接到报告书后，应将支付月日和收到报告书月日记入汇票存根内。

（二）汇条（信汇用的）：

凡托银行信汇的，应填此汇条交与银行。如汇款人有简单附言，可写在条上，以免另行写信。如另有信托寄，可将金额及收款人姓名、住址详细写在信封外面，不必另写汇条。兹有第二例题填入汇条如下式：

国　家　银　行　汇　条

汇款金额	汇往何处	收款人		汇款人		汇出行号	汇出日期	汇款人附言（签名盖章）
		姓名	住址	姓名	住址			
一百元	会昌	美隆商店	会昌城内大街	祥生商店	零都城内小街	零都代理处	一九三四年七月一日	（此款请收来往账，并望开一清单寄来，以便核对。）

（三）汇款回条：

汇款回条是汇款银行给予信汇汇款人的收据。兹用第二例题填入汇条如下式：

汇款回条			
汇款种类	信 汇	委托人	祥生商店
交款地点	会 昌	收款人	美隆商店
金 额	一 百 元 正		
汇费五角五分　　　　国家银行 　　　　　　　　　　零都代理处主任			
公历一九三四年七月一日			

注意：委托人凭此回条可于六个月内至本行换取收款人的收条，但过期无效。

人字第一号

汇款回条存根			
汇款种类	信 汇	委托人	祥生商店
交款地点	会 昌	收款人	美隆商店
汇费五角五分　　　　国家银行 　　　　　　　　　　零都代理处主任			
公历一九三四年七月一日			

（1）汇款通知书（附收信回条）：汇款通知书是用以通知信汇的收款人前来领款的。付款行接到汇信后，应填此书连同原信收条等送交收款人。附有收信回条，应由收款人签名盖章交送信人带回。兹用第四例题填制如下式：

汇款通知书
刻接总行来信，嘱交你处三百元，前附上空白正副收据各一张，请照填写签名盖章，并持此汇条前来取款为盼！此致 零都县少队部 　　　　　　　　　　国家银行 　　　　　　　　　　零都代理处 　　　　　　　　　　　　　　七月一日

今收到
零都代理处送来汇条一张,空白收据各一张
零都少队部主任印
公历一九三四年七月一日

（2）汇款正副收条（信汇用的）：汇款正副收条是由信汇的收款人填好,凭以向银行领款的。兹仍用第四例题填制如下式（括弧内的字要由收款人填上）：

汇　款　正　收　条
今收到
（中央总队部）由国家银行（零都代理处）汇来
国币三百元正
收款人（零都县少队部主任印）
公历一九三四年七月一日

汇　款　副　收　条
今收到
国家银行（零都代理处）由（中央总行）汇来
国币三百元正
收款人（零都县少队部主任印）
公历一九三四年七月一日

注意:副收条代理处存查,正收条寄回汇款银行。

（3）汇款委托书（票汇信汇均通用）：汇款委托书,白纸印黑色,汇款行于接受汇出汇款时,即用此书通知付款行照兑。兹用第一例题填制如下式：

汇 款 委 托 书

(汇字第 2 号)　　　　　1934 年 7 月 1 日　　　　　(中字第 1 号)

汇款		汇款人	收款人	期限	金额	附件	备考	付讫		
种类	号数							年	月	日
票	天1	县工会	全总	即日	500.00	票根1				

上列汇款共一笔,计 $500.00,望照付为盼。此致
国家银行总行

　　　　　　　　　　　　　　　　　　国家银行零都代理处主任印

说明:1. 如每天有几条汇款时,可以填作一张,信汇票汇也可以合填一张,但应注明共几笔,合计金额若干。

2. 付讫年月日栏要由付款银行于汇款付付讫后填上,以示此条汇款已经付讫。

3. 左边的号数是总号数,系按照每本页数顺序编好;右边的号数是以来往银行为单位编的分类号数。如第一张是寄总行的,则左边为总字一号,右边可编中字一号;第二张是寄粤干分行的,则左边为总字二号,右边可编粤字一号;第三张又是寄总行的,则左边为总字三号,右边是中字二号,余类推。

(4)汇款回单(票汇信汇均通用):汇款回单白纸印红色,付款银行于付讫汇款后,用此单报告汇款银行。兹用第四例题填制如下式:

汇 款 回 单

(总字第 1 号)　　　　　1934 年 7 月 1 日　　　　　(赣字第 1 号)

委托书	汇款			收款人	金额	起息			附件	备考
号数	种类	字	号			年	月	日		
都1	信	中	5	县少队部	200.00		7	1	报告书1	

上列汇款共 1 笔,计 $200.00,已付讫请入账。此致
国家银行粤干分行

　　　　　　　　　　　　　　　　　　国家银行零都代理处主任印

说明:1. 起息月日栏即将支付日期填上;

2. 其余填法与委托书相同。

(5)退汇通知书:退汇通知书白纸印绿色,是付款银行对汇款银行的汇款。

为某种原因无法兑付而将汇票或汇条退回时,即用此通知汇款银行的。其式如下:

退 汇 通 知 书

(总字第　号)

委托书		汇款		汇款人	收款人	付款行	金额	附件	退汇原因
号数	月	日	种类	号数					

上列汇款共　　笔,计$　　　　退汇。此致
国家银行　　　　　行
国家银行零都代理处主任印

说明:1. 付款行退汇时,应将退汇日期和原因,记入汇入汇款账,将汇票或汇条并此通知书退还汇行,在委托书上则盖"某月某日退汇"印子。

2. 汇款行接到通知书后,即在委托书存根上盖"某月某日退汇"印子,并于汇款退还原汇款人后,以汇出汇款科目退账。

(6)账簿的登记法:凡由支库代理汇兑的,其账目均附在支库账内,不必另立账簿。但支库的总账内应加立以下几个科目:

总行往来——凡代理处与总行互相汇出汇入之款,均用此科目。

某某分行往来——凡代理处与本省分行互相汇出汇入之款,均用此科目。

汇出汇款——凡由代理处汇到总行或分行之款,在未接到汇款回单以前,先抄入此科目。

这几个科目,最好另外用一本总账(以往来账簿当总账用,因往来账有凭证号数,比较便于逐条详记)。对总行和分行的往来,可不必另立辅助账。

关于代理汇兑的四个科目,如系另立一本总账,则八月底可不必更换新簿,因银行是在三月底结账的(银行的会计年度是每年一月一日开始至十二月三十一日终止)。

支 金 库 日 记 账

1934年 月	日	摘要	总账页数	辅账页数	金额	1934年 月	日	摘要	总账页数	辅账页数	金额
7	1	汇出汇款				7	1	粤干分行往来			
		委托书申 1（例题一） 总行	3	1	500.00			回单:干 1（例题三） 粤干分行	2		300.00
		委托书干 1（例题二） 粤干分行	3	2	300.00			总 行 往 来			
		汇费						回单申 1（例题四） 总行	1		200.00
		信汇 1 $300 汇分行（例题二）			0.55						
		暂存款									
		汇票三（例题四） 县少队部			100.00						
7	7	总行往来				7	7	汇 出 汇 款			
		回单 1（例题五） 总行	1		500.00			委托书申 1（例题五） 总行	2		500.00
		粤干分行往来						委托书干 1（例题六） 粤干分行	3		300.00
		回单 1（例题六） 粤干分行	2		300.00			总 行 往 来			
7	31	省分库				7	31	转支库解据 13（例题）	1		300.00
		解款收据 13，转代理处（例题七）			400.00						

注意：摘要栏要将收款人、汇款人、汇票及委托书或回单号数详细记入。

中华苏维埃共和国国家银行一九三二至一九三四年（编者）

解放前绥德高利贷剥削情况(摘录)

在这里最可赚钱的事业,第一便是高利贷。这里借钱,最低是月利三分,最高五分。也有一年借一元还两元的,俗名为"一年滚"。借粮食普通是借三还四。此间借钱不论数目大小,均须以地作押。期满不赎,变为典地。典地到期无法赎取或需用钱时,只可将地找价出卖。地主即以最低廉的价格将典地买进。尤其一遇遭荒,地主便得到了最好机会,可以用最苛刻的条件,将大批的土地收买进来,再出租给那些卖出田地的农民去耕种。

(冯和法:《中国农村经济资料续编》,黎明书局出版,第481页,1934年)

绥德县解放前农村金融

陕西省自一九二八年起开始大旱灾,但在该省北部的绥德县,受影响却较轻。该县佃农在村户占半数以上;地主一小部分是本县人,大部分是外县人,尤其是米脂人。自一九二八年秋大旱灾以来,自耕农所有的土地渐渐减少,到一九三三年已经减少了六分之一,因而佃农成分又增加了十分之一。贫农中的自耕农,所押出的土地是年有增加:一九二八年押出土地占所有土地的30%,一九三三年到60%。押出的土地,也是准备着典卖给地主的。到那时,贫农的土地所有权,又要丧失一部分了。中农的情形,也是一天比一天坏的。

为什么把土地押出?是因为借贷,借贷必用土地为抵押品,很少有例外。债款若到期不还,抵押地就变成典地,以所得典价来付偿本利。典地若到期不赎,就变卖给债主,以所得卖价来付典价,或许略有剩余。借贷是土地减少的推动者。现在就看绥德县的鹅崇峪村来分析借贷的次数、款数、借贷期、利率、抵押、债主、原因。

就鹅崇峪村的一四户来看,借贷三四次。高明亮一户借贷七次,张太际一户借贷四次,借款二、三次者有七户,占一四户的半数。

借款有多到八五元的,只有一次,而且是一个极端;有少到一点五元的。每次平均借款不到二〇元。

借期有远到一九一五年的,那时只有一次。有二四次是在一九二七年以后借的,这二四次里有一九次是在一九三〇年以后借的,借贷次数是与年俱增的。

借债要还,但是没有一次债是还了的。

利率普通是月息3%,也有高到5%或低到1.5%。不但本未有还的,利息也欠着一部分。张大际的四次债款中的一次债款是二一元,利息已经欠了一三元。

抵押品最大部分是土地。土地有三种:山上的坡地叫作山地;两山之间的平地是川地；有水可浇的川地是水地。山地最多，水地最少。就产量来看，川地同普通旱地相仿佛。每垧（合三亩）地可抵押一〇元，每亩旱地可抵借三元。

债主以外村人为最多。三四次借贷里有二五次是由外村借来的。外村债主又以市镇里的地主为最多，双湖峪镇借债给本村的债主就有一一次。市镇上的债主，差不多全是开店铺的，借贷的事就在店铺里办理。

因为衣食尤其是食不足而借贷的有一六次，为着添买耕畜而借贷的有三次。此外的原因有婚丧、支付利息、完纳捐税。

（《陕西绥德县鹅峁峪村的借贷》，廿三年《中国农村经济研究会年报》第二期）

中华苏维埃共和国临时中央政府
西北办事处布告

反革命国民党最近发布命令,说:"要'现金集中',一切买卖,只准用纸币(国民党的纸币),不准用现金。如有用现金的,查出全部没收。"

这是国民党异想天开,企图把全国现金装进他们的荷包,企图无理地抢夺劳苦群众,尤其商人们手里的现金,至于广大群众的死活,国民党是不管的。

苏维埃政府要保障群众及商人们不被国民党抢夺,为要使苏区的现金不致过分地流出,特定出以下办法:

一、拿现金到白区办货,有被没收的危险。苏维埃国家银行为保障商人利益,特设法办到白票,有要出外办货的,可拿苏票或现金到银行换取。

二、苏区商人到白区买货,最好不带现金,而带些苏区的货,如皮毛、牛羊、驴子、洋油、枣子、木耳等去。白区商人来做生意的,也最好是贩些苏区的货回去。这不仅免去携带现金的危险,而且一个来回可赚两倍利息。

三、如某某商人或群众有特殊情形,必须运现金出境的,银行当可照数兑换。但为防止奸商偷运起见,须要向当地区苏维埃或县市苏维埃登记,持有登记证及介绍信才能兑取。

主　席　博　古
财政部长　林伯渠
公历一九三五年十二月

陕甘省苏维埃银行办公规则

一、每日办公时间八小时。上午自八时起至十二时止,下午自零时三十分起至四时三十分止。

二、工作人员须按时到办公地点,不得迟到早退。工作时间内,不得无故请假。

三、如有特别事故,必须离开办公地点时,在五分钟以内的,须向值日员请假;五分钟以上的,除向值日员请假外,并须得各科负责人的许可。

四、不得在办公地点接待非有工作关系之宾客。如有特别事故,可向值日员请假,到办公地点外会谈。

五、在办公时间内,不得高声嬉笑及闲谈。如有工作商量,声音也要小些,以免妨碍别人工作。

六、办公地点要保持清洁整齐,不得随地吐痰、乱丢字纸及杂物。各人桌上的簿单文件和用具,要随时整理整齐。

七、每日应做的工作,要当日做完,不得延至次日。

八、各人所用的文具和经营的账簿,要各自负责保存。工作结束后,要收藏,不得随便乱丢。

九、每人应备考勤簿一本,将每日工作成绩及优缺点随时记录,以便考察,并于每日工作结束后汇报一次,以检阅本日工作和规定次日工作。

十、本规则如有未尽之处,得由工作人员大会通过修正之。

值日员会务

一、起床以后至汇报以前,不得离开办公地点。非有特别紧要事情,不得请假。必须请假时,要托人代理。

二、维持办公秩序。如有违反办公规则的,应随时给以劝告。

三、每日负责打扫柜台及保持办公地点的清洁。如地下不清洁时,应督促勤务员打扫。

四、起床、吃饭、上下工时,负责摇铃,并负责召集汇报。

五、应备记录簿一本,随时将执行办公规则情形登记,并于汇报时报告之。

一九三五年(编者)

国家银行西北分行改订春耕借款办法

西北国家银行自进行春耕放款以来,各地农民大为称便,纷纷向该行各县代办处借款,陕北省一个多月就借出了将近三万元。

不过,该行过去在进行放款中,曾定有凡农民要向银行借款的,需先找人担保,然后才能到银行办事处领到款子。因此,有些地方的农民常常因为找不到人担保,便借不到款子。最近该行为要更便利于各地农民的借款,决将借款办法改为更简单。凡农民因缺乏种籽、农具,要向银行借款的,不必再找人担保,只要经过乡政府的审查,认为确实需要借款的,由乡苏盖上公印就可以到银行办事处去领款。据闻,这个新改的办法不久就要开始实行了。

《红色中华报》一九三六年四月九日

中华苏维埃人民共和国中央政府
西北办事处布告

处理食盐、布匹等，巩固苏区金融的具体办法

红军大胜利，全国抗日革命形势大发展。为着充分保证抗日红军给养，更加改善抗日人民生活，以适应发展着的新局面，而走上大规模的抗日民族革命战争起见，特颁布如下具体办法：

（一）花马池（盐池）是在西征的伟大胜利中，在蒙回民族一致的拥护底下，已成为苏维埃统治区域的一部分了。过去帝国主义、国民党、军阀统治时代的一切苛杂盐税，一律取消，现在只需缴纳一定的盐价，即可到处运售。

（二）凡各县区苏维埃政府，必须帮助群众设立各县区消费合作社或运盐合作社，组织附近村庄所有的牲口，直接到花马池贩运食盐，特别是陕北省、陕甘边区的合作社，除按群众需要的数量驮取外，必须多运这项食盐到白区，换取大宗布匹和群众必需的工业品，以供给苏区群众。

（三）各地各级各合作社，除食盐外，必须收买当地出产品，设法运出白区，换取大批布匹和必需品进来，以供给群众。

（四）在苏区内出卖食盐、布匹等，无论合作社或私人，一律使用苏维埃纸票，严禁卖收白票或现洋。其用食盐和苏区出产品向白区换得的布匹、日用必需品等，也必须卖取苏维埃纸票，并不得故意抬高市价。如有假借食盐等卖收白票、现洋者，查出后除由政府或保卫局予以相当处罚外，同时，即停止其向盐池购买食盐之权。此布。

主　席　博　古

一九三六年七月八日

林伯渠致彭德怀的一封信

一九三六年七月十五日

定都志丹后,赤化工作日渐深入。群众经济生活,在党与政府努力改善政策之下,亦日趋向上。由于陕北原来物质条件甚差,处于坚持游击战争中,至今未转入游击状态者仅七个县,而此七个县中,尚无一县能自给,均仰给于中央。因各方面调剂工作较差,以至反映在财政金融上,苏票发生不易流通之现象。因此,党与政府在目前极力采取巩固金融政策:(一)扫除过去花马池一切苛捐杂税,力求苏区食盐之输出。(二)责成各县区政府,帮助群众,设立各县区消费合作社或运盐合作社,组织村社附近所有群众牲口,直接到花马池运盐。除由合作社充分供给群众食盐外,规定将此项食盐要设法运到白区,换取大宗布匹与群众必需品,以比市价较廉之价格,使群众用苏票购买。(三)加强贸易局的组织工作,使有计划地出口食盐,同时收买苏区农产品出口,规定其除保证红军之布匹军用品外,以每批购入布匹的三分之一的数量,由国家银行营业部批发各合作社,供给群众。(四)在苏区境内出卖食盐、布匹等,无论合作社或私人,一律使用苏维埃纸票,严禁白票与现洋在市面流通,银行绝不兑现。所有现金,除用以保证红军战费外,只有特别必需时,才用出一部分。如商人运进大批布匹及其他必需品卖交贸易局者,可兑付以现金或白区票币。(五)对商人政策,为着发动商人输出苏区农产品与运输食盐出口,银行可给予低利贷款。但有商人办白区货品进来,希图厚利,径卖与零售商,不卖交贸易局的,则银行不予兑现。(六)为加强这一工作之正确执行起见,在组织上贸易局与合作社均须设省贸易局与省合作社,以便灵活指导。国家银行则特设营业部。

此种政策之实施,只能相当地巩固金融与基本地改善群众生活。

至于适应西北大联合,准备进入大规模之民族革命战争,对于浩繁的财政支出,尚只能起一部分作用。财政来源,在整个开展局面下,得助于抗日基金的筹募,海外之捐助者,在不久之将来,固然是不会少的。然而目前过渡阶段中还须取给予内部,而陕北、陕甘均不能有多大的筹款。据富春同志报告,目前自给尚有待于红军之前进,俟接收一些县区整顿处理后,方有可能。因此,财政金融之问题,必须在发展中求解决,在西进中对筹款工作还希鼎力注意,严令所属绝不放松。对于现金的收集,不要有所浪费,总以集中供给购办军需材料为要。征骑西驰,蒙回胜欢,捷音传来,不胜翘企。

　　此致
　　铁的红军敬礼!

现行金库条例

第一条 金库负责掌管国家之现金出纳及保管事宜。

第二条 金库分左(下)列三种：

一、总金库——设于中央政府所在地。

二、分金库——设于省。

三、支金库——设于县。

第三条 金库由中央财政部国库局管理之。未与中央政府所在苏区联系之各省金库，暂由该省财政部设国库科管理之。

第四条 总金库统辖各省分金库、各省分金库统辖该省各县支金库。其未设分金库地方之支金库，则由总库直辖之。

第五条 新发展之苏区，总金库得于该处设特派员，代理收付一切款项，由总库指挥之。各省尚未成立支库之新县，分库亦得于该县设特派员，代理收付一切款项，由分库指挥之。支库于必要时，亦得在各区设特派员。

第六条 红军中不设金库，由各级没收委员会代理金库职权。

第七条 金库概委托国家银行代理之。其未成立分支行地方之金库，则附设于省县苏维埃政府之内，由总金库指定专人负责，工作上受同级财政部长之监督与领导。但省县财政部长无支配金库存款之权。

第八条 国家银行对金库之现金出纳保管事项，应对中央财政部负完全责任。

第九条 支金库以三人组织之，主任一人，会计一人，出纳一人。如统辖区数较多、收入更大之支库，得加设巡视员一人。如工作简少之支库，主任可兼会计或出纳，但会计不得兼出纳，主任不得由财政部长兼任。

第十条 分库除主任、会计、出纳外，得酌用巡视员及必需之技术人员各若干人。

第十一条　分支库均须组织金库委员会,以金库主任、同级副主席、财政部长及其他二人组织之,经常开会讨论款项之收支与调剂及金库日常工作之计划与检查。

第十二条　各级金库主任,由国家银行总分支行行长兼任。其未设立分支行地方之分支库主任,由总库委任之。

第十三条　国家银行应于总行设国库处,分支行设国库科,专责管理金库之出纳保管事项。

第十四条　国家一切岁出岁入之款,概由金库收纳或支付。无论任何机关均不得收款不交,或于未交纳金库以前擅自动用。违者,金库应加干涉,并报告同级主席团、上级金库及中央财政部处分之。

第十五条　一切支出,非有中央财政部长盖章之支付命令,金库不得付款。下级金库非有上级金库之支票,不得发款给任何机关,但事前得上级正式通知许可者,不在此限。

第十六条　各分库存款,由总金库调度支配;各支库存款,由分库调度支配。下级金库之存款,应随时听候上级金库提取。

第十七条　国家银行应将金库款项与营业资本分别储存,不得互相挪用。但经中央财政部之核准,得以金库存款之一部,移存银行生息。

第十八条　中央财政部得随时派员检查金库账簿单据及库存现金。

第十九条　金库经费由国家银行担任之。其附设于省县苏维埃政府者,由该省县苏维埃政府担任之。

第二十条　本条例自一九三六年八月一日起施行。

中华苏维埃人民共和国
中央政府西北办事处财政部
一九三六年七月

金库会计出纳细则

第一章 总 则

第一条 各级金库及金库特派员,关于会计出纳事务,均须照本细则规定办理。

第二条 会计年度,以每年一月一日开始,至同年十二月三十一日终止。

第三条 会计局与国库局得随时派员分赴各级金库,各上级金库亦得随时派员分赴各下级金库,指导关于各会计出纳事项,并检查库存现金及账簿单据等。

第二章 收 款

第四条 支库收到区财政部或县一级征收机关交款时,应填具四联收款书,以存根一联存查,正收据一联发给交款机关携回备案,副收据一联送交分库转账,报告一联交县财政部核记。分库接到支库副收据后,应填具五联收款书,以存根一联存查,正收据一联交省财政部核记,副收据一联连同报告、报查各一联送交总库转账后,截留副收据一联存总库备查,仍以报告一联送国库局,报查一联送会计局。

第五条 分库直接收入款项时,应填具六联收款书,以存根一联存查,正收据一联发给交款机关,副收据一联连同报告、报查各一联送交总库转账后,仍以报告一联、报查一联分别转送国库局、会计局,副报告一联则由分库直接交省财政部登记。

第六条 总库直接收入款项时,应填具四联收款书,以存根一联存查,正收据一联发给交款机关,报告一联送国库局,报查一联送会计局。

第七条 总库特派员收款手续与分库同,分库特派员收款手续与支库同。

第八条 收款书之会计科目栏,须按照规定之岁入科目,视交款性质分别填入。交款机关如同时有数种科目不同之款交来时，必须每款各填一收款书，以清眉目，而便登记。

第九条 金库收款时，必须填发中央财政部规定之收款书，不得另用其他格式不同之单据。收款书须盖金库公章及主任私章，方为有效。

第三章 支 款

第十条 各机关一切支出，由总库金库支付之。但各级金库非有中央财政部之支付命令，或上级金库之支票，不得付款给任何机关。如有特别情形，事前上级之许可者，不在此限。

第十一条 中央各部所管经费，由中央财政部发三联支付命令，以存根一联存查，命令一联送交总库照发，通知一联送交领款机关。领款机关接到支付命令通知后，应另具四联领款总收据，以第一联存查，以其余三联连同支付命令通知，持向总库领款。总库接到支付命令通知后，与中央财政部所发支付命令核对相符，并由领款人将领款总收据三联完全交到后，即照额付款。总库于付款后，将总收据中之第二联截留备查，余二联送国库局核记后，仍以第四联转送会计局。

第十二条 应由省一级转发之经费，由中央财政部发四联支付命令，以存根一联存查，命令一联送交分库照发，副命令一联通知总库查照，通知一联转交领款机关。领款机关领到支付命令通知后，应另具四联领款总收据，以第一联存查，以其余三联连同支付命令通知，持向分库领款。分库接到支付命令通知后，付款手续与总库同，分库于付款后，留支付命令一联备查，将收回之支付命令通知加盖"某月某日付讫"戳记，连同所取领款总收据三联，送交总库分别转存。

第十三条 中央财政部不直接命令支库付款。县一级各机关经费，应由领款机关商请总库或分库转发支票到支库领取。

第十四条 总库向分库交款时，应填具总库三联支票，以存根一联存查，支票根一联通知分库照付，支票一联发给领款人持向分库领取。分库接到领款人交来支票时，须与总库所发支票根核对相符，并由领款人在支票背面签名盖章，即照额付款。分库付款后，将支票留存备查，而在支票根上加盖"某月某日付讫"戳记，送交总库存查。

第十五条 总库向支库支款时，应填具总库四联支票，以存根一联存查，通知一联发交分库转账，支票根一联通知支库照付，支票一联发交领款人持向指定支库领取。支库接到领款人交来支票时,付款手续与第十四条同。支库于付款后,将支票留存备查,而在支票根上加盖"某月某日付讫"戳记,送交分库。分库则根据支票根所盖戳记之支付月日,在支票通知上加盖"某月某日由某支库付讫"戳记,并登记后,仍将支票根转送总库存查。

第十六条　分库向支库支款时,应填具分库四联支票,以存根一联存查,支票根一联通知支库照付,支票一联交领款人持向指定支库领取,报告一联送交总库。支库接到分库支票后之付款及报告手续与第十五条同,但支票根寄至分库后,即由分库留存备查。

第十七条　总分库发出之支票,如领款人将尚未领款之支票退回时,原发出该支票之金库,应填退回通知,向有关系之金库收回支票根、支票通知或支票报告。各关系金库收回退票通知后,应将该号支票退还原发出该票之金库,而将退票通知留作退账凭证。

第十八条　各级金库对中央财政部所发支付命令及上级金库所发支票,不得拒绝付款。如存款不足无法应付时,得请上级金库拨解。如每张支付命令或支票不能一次付清时,可照余存数目,发凭票给领款人,作为暂存款凭证,以后即照凭票付款,但领款人第一次向金库领款时,必须将支票收回,并立即将支付命令通知或支票根送交上级。

第十九条　支付命令须盖有中央财政部公章及财政部长私章,支票及凭票须盖有金库公章,方能发生效力。收回之支付命令、支票或凭票,均应加盖"某月某日付讫"戳记,以资慎重。

第四章　解　款

第二十条　某一金库解款到另一金库时,解款金库应填具二联解款书,以一联存查,一联连同现金或等于现金之单据,解交收款金库。

第二十一条　总库收到分库解款时,应填具总库二联解款收据,以存根一联存查,收据一联发给分库备案。

第二十二条　总库收到支库解款时,应填具总库三联解款收据,以存根一联存查,正收据一联发给解款支库备案,副收据一联送交分库转账。

第二十三条　分库收到总库解款时,应填具分库二联解款收据,以存根一联存查,收据一联交总库备案。

第二十四条　分库收到所属支库解款时,应填具分库三联解款收据,以存根一联存查,收据一联发给支库备案,报告一联送交总库。

第二十五条　支库收到分库解款时,应填具支库三联解款收据,以存根一联存查,正收据一联交分库备案,副收据一联由分库转交总库。

第二十六条　支库收到总库解款时,亦填具支库三联解款收据,以存根一联存查,正收据一联交总库备案,副收据一联交分库转账。

第五章　账　簿

第二十七条　金库一切账簿,每一会计年度更换一次。

第二十八条　金库账簿一经启用,无论主要账、辅助账,已用完或未用完,均须由金库主任与会计人员负责保管。

第二十九条　各种账簿、单据、表格等,至少须保存二年以上。

第三十条　各账簿首页,应填具下列各项:(一)机关名称;(二)账簿名称及号数;(三)账簿页数;(四)启用日期;(五)主任及会计签名盖章。

第三十一条　各账簿应于末页填具下列各项:(一)经管本账簿人员姓名及职务;(二)经管本账簿人员盖章;(三)接管日期;(四)移交日期。

第三十二条　各账簿之封面或脊背上,须写明机关名称、账簿名称、年度、册数及号数。

第三十三条　各账簿均须按页编号,凡分户记账之各种账簿,须加编目录于首页。

第三十四条　各级金库每一会计年度,应备账簿目录表一张,将所用一切账簿之首页末页应填各项,逐一登记,并编定号数,于年度结束后,送上级金库及国库局备查。

第三十五条　支库应备具下列账簿:

(一)日记账——记载每日一切现金及转账款项之收付数目,根据收款书存根、支票解款收据、凭票等单据过入之。

(二)分库往来账——专记支库与分库之往来数目,由日记账过入之。

(三)暂存款账——记暂时存款(如未付清之支票款等)之数目。

(四)暂欠款账——记暂时欠款(如事前得上级金库之准许,先借给某机关之款,尚未补发支票的,或解款到上下级金库,尚未取得正式解款收据的)之数目。

(五)支票登记簿——登记总库发来之支票。

（以上五种账簿归会计员掌管）。

（六）现金出纳账——记每日之现金收付数目。

（七）现金类别账——以货币种类（如大洋、苏票、纹银、银货等）分户记各种货币之收付。

（八）库存簿——根据现金出纳账之共收共付及库存数，与现金类别账各种货币之结存数填入。

（以上三种账簿归出纳员掌管）。

第三十六条　分库应具备下列账簿：

（一）日记账——记每日一切现金及转账之收付数目，由传票过入之。

（二）总账——按科目分户，记各科目每日之收付总数，由日记账过入之。其科目分述如下：

1. 总库往来——分库与总库间之往来数目，用此科目。

2. 支库往来——记分库与各支库间之往来数止，用此科目。

3. 暂存款——暂存性质之款，用此科目。

4. 暂欠款——暂欠性质之款，用此科目。

5. 兑换——分库所收之款，折合本位之价格与金库定价不同时，用此科目转账。

6. 现金。

（三）辅助账分下列各种：

1. 总库往来账。

2. 支库往来账。

3. 暂存款账。

4. 暂欠款账。

5. 兑换账。

（以上归会计科掌管）。

6. 现金出纳账。

7. 现金类别账。

8. 库存簿。

（以上归出纳科掌管）。

（四）考查账分下列各种：

1. 账簿目录簿。

2. 表单目录簿。

3. 支票登记簿。

4. 送单登记簿。

5. 收单登记簿。

6. 总账余类簿。

第三十七条 除第三十五条、第三十六条规定之各种账簿外,国库局及总库得随时按照需要通知分支库增减之。

第六章 记 账

第三十八条 每条账必须有单据为凭(如总分支库往来以收款书存根、支付命令、支票、解款收据为凭,暂存款以凭票为凭,暂欠款以借款机关之收条为凭)。支库应根据单据逐条过入日记账,由日记账过入总账;分库则根据单据制成传票,由传票过入日记账、总账及辅助账,账簿上必须注明单据种类及年数。

第三十九条 凡已制成传票或已抄入日记账之单据,须加盖"某月某日已制传票"或"某月某日已抄"戳记。

第四十条 记账均以国币为本位币,以分为单位,不计厘数,五厘以上作得一分,五厘以下则除去不算。

第四十一条 凡收付与本位币市价不同之银两、铜圆或其他货币时,均用定价法(即以市价为标准规定统一价格)折合本位币记账,但原币数目仍须注明,以便考查。

第四十二条 凡收付各种货币,其实际收付价格不能与定价相同时,应先作兑换,按实际收付价格折成本位币计算。由于兑换所发生之盈亏,每月底须开列清单详叙理由,报告上级。如有盈余,应填具收款书,作为收入;如须亏损,则由中央财政部核发支付命令,如数发给。

第四十三条 每日应记之账,要当日记完,不得延至次日。每日账簿记完后,要详细核对一次,以免错误。

第四十四条 登记账簿及填制传票表单等,其摘要事实要详细正确明了,字迹宜整齐清楚,不得草率参差。字体大小,以占格子三分之二为度,数目字则以占格子二分之一为度。

第四十五条 账簿、表单、传票等之内如有写错时,应在该写错处画红线两道,注销更正,并在更正处由原记账员盖章证明,不得随意涂改或刀刮皮擦及用药水消灭字迹。但更正数目字时,要全条取消重写,不得只更正写错之数目字。

第四十六条 凡账簿、表格等在合计数之上,须用红色划加线(即横线)一道,如剩有数行空格时,须用红色划废线(即斜线)一道。红线如有划错时,要在红线之两端用红色作×消去,并在该×处由原记账员盖章证明。

第四十七条 记账员倘有不慎,将全页账簿记错或重揭二页致有空白时,均应在该账页上用红色划交×线两道,并在该线交点处由原记账员盖章证明。

第四十八条 各种账簿每页记完时,可以接记次页、过页的方法。先将收付两方各结一总数,然后过入次页之相同栏内,并在原页摘要栏内写"过次页"三字,而在次页之摘要栏写"承前页"三字。但非接记次页而过入他页时,应写过第几页及承第几页。

第四十九条 总分支库往来账,于每月收付结束后,应结转一次。

第七章 报 告

第五十条 报告表分左(下)列各种:

(一)库存表——照库存簿填报,将原存收付现存数目及库存货币种类详细列出。

(二)收付细数表——根据日记账逐条抄报。

(三)各科目余额表——照总账各科目之结余数填报。

(四)月份收支对照表——照总分支库往来账填报。

凡已给正式收款书之收入,已得正式支付命令、支票、解款收据之支出,均须列入。

(五)作废报告——收款书如有作废残缺时,支库应填此报告,送总库及分库备查;分库应填送总库、国库局、会计局备查。

第五十一条 支库每逢五逢十,应填库存表、收付细数表、各科目余额表各二份,分送总库及分库,另以库存表一份报告县财政部。每逢月底应填收付对照表三份,分送分库、总库、县财政部各一份。

第五十二条 分库每日应填库存表、收付日报表、日记账表各一份,报告总库,另以库存表一份报告省财政部。每逢月底应填分库本身收付对照表二份,分送总库与省财政部各一份。俟各支库收支对照表到齐后,应填分支库收支对照总表三份,分送总库、国库局、省财政部各一份。

第五十三条 总库每日应填库存表、日计表各二份。每月于分支库收支对照表到齐后,应汇编金库收支对照表二份,送国库局、会计局备查。

第八章　现金出纳手续

第五十四条　现金出纳地方,非出纳人员不得自由出入。

第五十五条　收纳现金时,出纳人员须与交款人当面点明,列单交会计科制成传票,再经出纳科长核对盖章后,主任方可在收款单据上盖章。

第五十六条　付出现金,须先由会计科制成传票,连同单据交主任或主任指定之代理人核准盖章后,出纳科方可付款。

第五十七条　凡未用传票之支票,会计科应备具现金出纳盖印簿一本,先将应收应付数目随时逐条登记。收入之款由出纳在该条数目字上盖章,主任即据以签发收据;付出之款先由主任在该条数目字上盖章,出纳即据以付款。

第五十八条　会计科长每日应会同出纳科长检查库存一次,主任每日至少应临时检查库存现金三次,并盖章于库存簿中证明之。

第五十九条　凡收入款项,要当面清算。现洋满五十元,一元钞票满一百元,小票满十元,均由经手点算人封好,并于封口上盖章,对内负责。不满一包之零数,须由出纳亲自点收。付出款项,须叫领款人当面点收,并声明出门之后,对外不负责任。但解款到另一金库时,须由护送人当面点交,如发现短少,仍须原经手点算人负责。

第六十条　库存现金之总数,必须与日记账之结存数相符。未经会计科记入正式账簿,出纳科不得直接付款给任何人。如发现库存现金与账上应存数目不符,无论是多是少,三日内不能查出原因者,应报告上级。

第六十一条　凡不执行第五十四条至五十九条之规定手续,致发生错误时,各关系人员,应分别负责赔偿;凡违反第六十条之规定者,应负责赔偿外,还应受严厉处分。

第六十二条　本细则如有未尽之处,得随时由总库呈请中央财政部核准增删或修改之。

第六十三条　本细则自一九三六年八月一日起施行。

中华苏维埃人民共和国
中央政府西北办事处财政部
一九三六年七月

中华苏维埃人民共和国中央政府
驻西北办事处通告

本年七月八日曾经布告巩固苏区金融的具体办法，明令凡在苏区内出卖食盐、布匹等各种货品，无论合作社或私人，一律使用苏维埃纸票，严禁卖收白票或现洋。并不得故意高抬市价，如敢故违，即由政府或保卫局予以处罚。苏票是苏维埃的法币，苏区内任何买卖，都应以此法币为标准，毫无条件地要使之流通。为使苏票在苏区内信用更加提高，在日趋破产、金融混乱的白区市场影响下，保证苏票免为白区货币的附庸起见，特规定办法如下：

（一）责成国民经济部普遍地帮助群众建立县区合作社，加强原有合作社的工作，使群众使用苏票向合作社能买到食盐、布匹及用品。

（二）贸易局、国家银行营业部，除有计划地购入日用必需品分配各合作社供给群众外，仍须设立门市零售处或贩卖合作社分售日用必需品。

（三）商人群众在苏区内必须使用苏票，不得故意卖收白票、现洋。如有故意违抗者，由政府或保卫局将其货物全部没收，并予以相当处罚。

（四）各机关购买日用物品，一律禁止当地使用白票、现洋或变相的以布、鸦片等直接兑换。并须说服群众使用苏票，告诉群众到合作社可以买到食盐、布匹及日用品，比现洋更方便。各机关首长必须向机关人员，特别是管理伙食采办人员，作深入的解释，教育说服他们，保证自己机关人员不违反这一决定。其不遵指示者，应予严重处分。

主　席　博　古
一九三六年九月四日

中华苏维埃人民共和国
国家银行西北分行对合作社放款暂行规则

第一条 凡经中央国民经济部批准登记的合作社,经本行审查认为必要时,可照本规则向本行借款。

第二条 合作社向本行借款时,要首先填具借款申请书,详列该社组织情形、营业状况、借款数目及期限,由该社主任及同级国民经济部长盖章后,寄交本行审查。

第三条 经本行许可借款后,须照本行规定之格式填写正式借据。借据上须盖合作社及县以上国民经济部的公章和合作社主任及县以上国民经济部长的私章。

第四条 借款数目由本行按照各合作社的情形和需要而定,但最多不能超过该社资本总额的百分之百。

第五条 借款期限最久不能超过六个月。

第六条 借款利息:期限在一个月以内的,每元每月利息五厘;二个月至三个月的,每元每月利息六厘;四个月至六个月的,每元每月利息七厘。

第七条 合作社在向本行借款期内,该社组织情形如有变更,或营业有重大变化时,应随时报告本行。同时,本行有随时调查该社资本多少、营业盈亏情形,并向该社提出意见之权。

第八条 借款到期时,即应本利一并归还。如要求续借,须于未到期前具请求书,说明续借理由。经本行认为必要时,得许可之。但须还清利息,另立借据。

第九条 借款虽未到期,如因特别情形,本行认为要提早收回时,得先日通知,合作社应即将本利一律清还,不得借口延宕。

第十条 如合作社亏本,不能保证银行借款时,本行得请同级国民经济部令其增加资本。如不能增加资本时,应令其停止营业,本行得将其货物拍卖抵偿。

第十一条 本规则经中央财政部核准,得随时修改并公布之。

~完~

一九三六年(编者)

中华苏维埃人民共和国
国家银行西北分行对农民放款暂行规则

第一条 为发展农村经济,改善农民生活起见,特对农民低利放款。

第二条 凡中农、贫农、雇农为了购买农具、肥料、种籽,开辟荒田,整顿水利,及其他有关于发展农村经济、改善生活等用途,需款周转时,均得向国家银行在各县所设的办事处要求借款。

第三条 借款数目:每家暂以五元为限。

第四条 借款期限:一般的不得超过半年。如有特别情形的,亦不得超过一年。

第五条 借款利息:期限在一个月至三个月的,每元每月利息三厘(红军家属二厘);四个月至六个月的,每元每月利息四厘(红军家属三厘);七个月至一年的,每元每月利息五厘(红军家属四厘)。

第六条 凡欲借款的人,要经过下列手续:

(一)先向区财政部索取本行印发的空白正副借据各一张,照样填好,由借款人和担保人在借款据上签名,并打手印(即用左手的中指蘸墨或印色,盖于本人姓名下面)。

(二)请乡政府主席在借据上签名盖章(无私章的要打手印),并盖乡政府公章,负责证明。

(三)将借据交区政府审查后,由区主席在借据上签名盖章,并盖区政府公章证明之。

(四)将借据交国家银行在各县所设之办事处,经办事处决定照借后,即将款付与借款人。

第七条 借款到期时,借款人要自动将本利送交该县办事处,或由区财政部转交办事处归还,不得延误。借款还清后,即将正借据收回注销。

第八条　借款人如有拖欠延期事情，担保人要负连带责任，备款归还。

第九条　借款虽未到期，如因特别情形，国家银行认为要提早收回时，得先日通知，借款人应即日将本利一并清还，不得借口延宕。

第十条　本规则经中央财政部核准，得随时修改并公布之。

~完~

一九三六年（编者）

中华苏维埃人民共和国
国家银行西北分行存款放款利率

一、存款利率

1. 定期存款期限一个月以上的,月息百分之零八,即每元每月八厘;三个月以上的,月息百分之零九,即每元每月九厘;六个月以上的,月息百分之一点二,即每元每月一分二厘。

2. 往来存款月息百分之零五,即每元每月五厘。每年分四期结息,第一期三月二十日,第二期六月二十日,第三期九月二十日,第四期十二月二十日。

3. 特别往来存款利率,暂与往来存款同。但带有储蓄性质之存款,得面议酌加。

二、放款利率

1. 定期放款:

A. 对农民放款:期限一个月至三个月的,月息百分之零三,即每元每月三厘(红军家属二厘);四个月至六个月的,月息百分之零四,即每元每月四厘(红军家属三厘);七个月至一年的,月息百分之零五,即每元每月五厘(红军家属四厘)。

B. 对合作社放款:期限一个月以内的,月息百分之零五,即每元每月五厘;二个月至三个月的,月息百分之零六,即每元每月六厘;四个月至六个月的,月息百分之零七,即每元每月七厘。

C. 对商人放款:期限一个月以内的,月息百分之零八,即每元每月八厘;二个月的,月息百分之零九,即每元每月九厘;三个月的,月息百分之一,即每元每月一分。

2.往来透支:月息百分之零六,即每元每月六厘。每年分四期结息,第一期三月二十日,第二期六月二十日,第三期九月二十日,第四期十二月二十日。

~完~

一九三六年(编者)

国家银行西北分行暂行营业事务规则

第一章 总 则

一、本行营业事务上之一切手续,均须遵照本规则办理。

二、本规定所定之营业事务手续,不得随意变更。

三、营业上一切事务手续,对内由经手人负担责任。

第二章 营业事务

四、凡收入款项时,应照下列手续办理:

(1)为便利交款人起见,交款人可先将现款直接送交出纳科照收后,由出纳科将所收数目开单交营业科。

(2)营业科照实收数目制收入传票,并填制收款单据(单据如有存根的,应在存根上盖"已制传票"戳记),由制票员在传票上盖章后,将传票交出纳科。

(3)出纳科根据传票所记数目,与实收数目核对无误后,即记入收入账,在传票上盖"收讫"戳记,并由出纳科长盖章后,将传票送还营业科。

(4)传票由营业科长盖章后,连同收款单据送交行长盖章。

(5)将收款单据给交款人,同时根据传票将收入数目记入辅助账并结余额后,将传票交会计科。

五、凡付出款项时,应照下列手续办理:

(1)支款人将取款单据交营业科时,应先核对印鉴,检查余额,必要时先请示行长,认为可以照付后,即照数制付出传票,并在取款单据上盖"已制传票"戳记,先由制票员及营业科长盖章,再将传票连同取款单据送交行长盖章后,即将传票交出纳科。

(2)出纳科应先认明行长图章,然后照数付款。

（3）出纳科付款后，即记入付出账，在传票及附属单据上盖"付讫"戳记，并由出纳科长盖章后，将传票送还营业科。

（4）营业科根据传票记入辅助账后，将传票交会计科。

六、关于各种营业之特有手续另定之。

第三章　会计事务

七、传票应妥慎保存，不得遗失。每日营业事务结束后，应将传票按照规定次序汇订成册，顺序编号。同时，须检查传票上之职名处，是否皆由关系人盖章。如有遗漏，应请求补盖。

八、已订好之传票，应先送会计科长检阅，逐一盖章，并盖章于纸捻之一端，再送交行长在纸捻之另一端盖章后，才可据以记入主要账。

九、先根据传票记入日记账，再由日记账转记总账（记账后，记账员须在传票上盖章），然后照总账各科目余额制成日计表。

十、日计表制成后，须将各辅助账余额表及库存表与各科目余额一一核对相符，先由制表员盖章，再由会计科长盖章，然后送交行长核阅盖章。

十一、关于会计上一切办法，另于会计规则中说明之。

第四章　出纳事务

十二、出纳地点，尤其是库房内，非出纳人员不得自由进出。但经行长指定的人，不在此限。

十三、凡付出传票，须先经行长或者指定之代理人盖章，才可付款。

十四、出纳科非有付出传票，不得付款给任何人。而非银行之财产，或未经正当手续代人经管之物品，则不得贮藏库内。

十五、会计科长每三日应检查库存现金一次，行长每月应临时检查库存二、三次。

十六、每日查库完毕后，出纳科长应在库存簿上盖章，并制库存表送交行长核阅。

十七、银元满五十元，各种钞票满一百张，均须封好，并于封口加贴封签，标明种类及数目，由经手点算人盖章，对内负责。

十八、凡整封之银元、银两、钞票等满一定数目时，均须用布袋或木箱装成一件，标明数目，分类保存。

十九、每日出纳事务结束后,库房门即须封锁。

第五章 附 则

二十、代理金库之出纳会计事务,均依照本规则办理。但属于营业科应办手续,则由会计科指定专人办理之。

二十一、本规则将依照营业发展情形,随时增订或修改之。

一九三六年(编者)

国家银行西北分行记账规则

一、传票要经复核,才可为收付及记账之凭证。

二、账簿内所记事实,要与传票内所记相同,不得随意增减或添注。如传票中有遗漏字数、计算不确、事实不明等,应由原制票人补注或更正,并盖章证明,然后记账。

三、传票、账簿、表单等,如有写错时,要在写错处画红线二道,注销更正,并由原记账员在更正处盖章证明,不得随意涂改,或用刀刮皮擦和用药水消灭字迹。在更正数目字时,要全条取消重写,不得只更正写错的几个字。

四、账簿上的红线,如有划错时,要在红线的两端用红色划"×"消去,并在该"×"处由原记账员盖章证明。

五、如全页账簿记错或重揭二页时,要在该页上用红色划交叉线二条,并在该线的交点处由原记账员盖章证明。

六、登记账簿或表据,其事实要正确明了,字迹要整齐清楚,不得草率参差,字体大小以占格子三分之二为度,数目字以占格子二分之一为度。

七、各账记完后,要详细核对一次,以免错误。

八、各种账簿及传票,每页记完,要接记次页时,要将收付各结一总数,记在末行,在摘要栏写"过次页"三字,再将上页收付总数和余额,移入次页第一行,并在摘要栏写"承前页"三字。

九、如须将账簿上各条数目合计时,要先划一红色加线(即横线),然后将总数写上,如剩有数行空格时,要划一红色废线(即斜线)。

十、要换新簿时,如旧簿中剩有空页时,要在该空页上盖红色"本页作废"印子。

十一、凡已制传票之单据或存根,要盖"某月某日已制传票"及"付讫"印子。

一九三六年(编者)

中华苏维埃人民共和国
中央政府西北办事处布告

统一战线区域的金融问题

在苏区与友军统一战线之间的金融流通，应采取特殊的过渡办法。兹特规定如下：

（一）苏维埃机关或部队，进驻到友军区域，为保证商业自由及尊重当地市场习惯，在苏票未能在当地流通以前，一般的须使用友军的白票、现洋，但在苏维埃及部队中，仍以苏票为法定票币。

（二）为保证进驻友军区域的抗日红军、抗日机关人员日用品的充分供给，责成贸易局及国家银行营业部大批购入，有计划地分配各机关人员，不得向市场争购。

（三）原有苏区内，仍使用苏维埃法定票币，不得使用白票及现洋。关于群众日用品的供给，责成国民经济部遵照以前命令，加强及推广合作社的组织，输出苏区土产，以调剂输入的工业品。经过贸易局、国家银行营业部有计划地分配与各合作社，转分配与群众。……这是保障现金不外流、促进群众生产、抵制日本劣质人的顶好办法。这办法应为全国区域所仿效，而且是必须仿效的。各级机关人员，须向群众解释宣传，不得以目前某些地方部队使用白票，发生对苏票信仰的动摇。如有故意破坏金融，进行反革命活动的，查明定予严办。

（四）延安城防司令部前布告（暂不用苏票），系指延安城说的，与其他地方无关，各地方不得误会。

主　席　博　古
一九三七年一月十五日

边区银行呈请准予焚毁前苏维埃时代账簿传票及单据

事　由	拟办	批　示	备　考
为呈请准予焚毁前苏维埃时代账簿传票及单据事		经富春同志看后，如无保留之必要，即由党务委员会派李国华同志或组织部再派一人，边委派一人，会同审查后烧毁之。 高自立 七日	民国廿七年十二月十二日已如数点交焚毁。特此证明 黄亚光 刘景范
附件			

收文　　　字第　　　号

呈为呈请准予焚毁前苏维埃时代账簿、传票及单据事,窃查职行成立于去年十月初,原为前苏维埃时代之国家银行所改组,而国家银行则创始于一九三五年之冬季,即中央红军到达陕北之时,迄去岁九月底结束时,已二年之谱,时虽不久,但会计手续数度转变,账簿、单据亦随而增加,此项苏维埃时代之账簿、单据,一因银行已结束,二因时过久,本已失其效力,又值日寇疯狂侵略,武汉失陷,边区形势亦紧张。为避免万一计,倘有移动,则此无用之物,实难以运转。特此呈请贵主席团俯念上情,准予派员查核该项账簿、传票、单据等,并当众焚毁,俾便早日结束旧事也。谨呈

边区政府主席团

陕甘宁边区银行行长曹菊如谨上

十一月一日

账簿、传票、单据细目列后:

计开

一九三五年十二月份起至一九三六年十二月份止

总账五本	日记账五本	总账余额簿三本
往来存款账一本	暂时存款账一本	特别往来存款账一本
本票账一本	兑换账一本	兑换账一本
生金银买卖账一本	物品买卖账一本	暂记欠款账一本
各种损益账一本	营业开支账一本	兑换券印制费账一本
现金类别账三本	现金收入账三本	现金付出账四本
库存簿五本	物品买卖账一本	账簿目录簿一本

一九三七年一月份起至一九三七年九月底止

总账三本	日记账四本	总账余额簿四本
往来存款账一本	定期放款账一本	暂记欠款账一本
物品买卖账一本	生金银买卖账一本	兑换账一本
营业开支账一本	兑换券印制费账一本	各种损益账一本
现金类别账二本	库存簿二本	现金收入账一本
现金付出账一本		

一九三八年

总账一本

一九三五年十二月份

传票二十六本
  一九三六年一月份起至一九三六年十二月份止
一月份传票三十本 二月份传票二十八本 三月份传票二十九本
四月份传票三十本 五月份传票三十本 六月份传票十四本
七月份传票十七本 八月份传票十五本 九月份传票二十七本
十月份传票二十五本 十一月份传票十七本 十二月份传票十八本
  一九三七年一月份起至一九三七年十二月份止
一月份传票十六本 二月份传票十七本 三月份传票二十五本
四月份传票十八本 五月份传票十八本 六月份传票二十一本
七月份传票十一本 八月份传票十三本 九月份传票十四本
十月份传票八本 十一月份传票三本 十二月份传票二本
  一九三八年一月份起至五月份止
一月份传票二本 二月份传票一本 三月份传票一本
四月份传票一本 五月份传票一本
一九三五年度往来存款收据存根一本 一九三五年度本票存根一本
一九三五年度本票存根一本
  一九三六年至一九三七年
往来存款收据存根五本 本票存根三本
二联临时收据存根一本 支票登记簿一本
支票存根二本 用过的往来存款记数折二本
用过的特别往来存款记数折十五本
陕甘宁办事处传票账簿单据等一捆
四、五、六、七、八、九月份营业开支决算单据六捆
  一九三六年至一九三七年营业部账簿单据
营业统计簿一本 物品买卖明细账一至十二共十二本
第一批物品买卖明细账一至九共九本 第二批物品买卖明细账五本
第三批物品买卖账一至四共四本 营业日报表三月至五月共三本
各县合作社买货登记表 分配各机关货物账一本
旧发票一本

中华民国二十七年十一月一日

边区金库呈请准予焚毁前苏维埃时代账簿及传票单据

事　由	拟　办	批　示	备　考
为呈请准予焚毁前苏维埃时代账簿及传票单据事	由边府主席团决定，将总账保存，其他毁掉如何 富春	民国廿七年十二月十二日已如数点交焚毁。特此证明 黄亚光　刘景范	字第　　号 年　月　日　时刻
附件			

收文　　　字第　　　号

呈为呈请准予焚毁前苏维埃时代账簿、传票及单据事,窃查职库成立于去年十月初,原为前苏维埃时代之国库总金库所改组,而国库总金库则创始于一九三六年八月初,迄去岁九月底结束时,已一年之谱,时虽不久,但会计手续数度转变,账簿、单据亦随而增加,此项苏维埃时代之账簿、单据,一因国库已结束,二因时过久,本已失其效力,又值日寇疯狂侵略,武汉失陷,边区形势亦形紧张。为避免万一计,倘有移动,则此无用之物,实难以运转。特此呈请贵主席团俯念上情,准予派员查核该项账簿、传票、单据等,并当众焚毁,俾便早日结束旧事也。谨呈

  边区政府主席团

陕甘宁边区总金库主任曹菊如谨上

十一月一日

  账簿、传票、单据细目列后：

  计开

  一九三六年八月份起至十二月份止

总账一本	日记账二本	总账余额簿一本
收入账一本	付出账一本	兑换账一本
库存簿一本	暂记账一本	总分库往来一本
现金类别账一本	支票登记簿一本	

  一九三七年起至同年九月底止

总账一本	暂欠款一本	往来账一本
付出账一本	收入账一本	日记账一本（装两本）
库存簿二本	兑换账一本	现金类别账一本

总账余额簿二本

一九三六年八月份传票十五本	九月份传票二十五本
十月份传票二十一本	十一月份传票十四本
十二月份传票十八本	
一九三七年一月份传票十六本	二月份传票十七本
三月份传票二十六本	四月份传票十七本
五月份传票十八本	六月份传票十七本
七月份传票十六本	八月份传票十三本

九月份传票十二本　　　　　　　十月份传票八本

十一月份传票四本　　　　　　　十二月份传票二本

一九三八年六、七、八月份传票一本

一九三八年一、二、三、四、五月份传票七本

一九三六年支付命令二包　　　　一九三六年各分支库来往单据一包

一九三六年各机关领款收据一包　一九三八年三联收款书三本

一九三六年解款书存根一本　　　一九三六年借款收据存根一本

一九三六年陕甘宁分库单据一捆

一九三六年(定边)毛泽东经手账单据一捆

一九三七年暂存款收据一本　　　一九三六年二联收款书一本

一九三七年三联收款书四本　　　一九三七年临时收据存根一本

一九三七年银行财政部(金库)月计表一捆

一九三七年支付命令一捆　　　　一九三八年三联收款书存根一本

一九三六年三联支票存根一本

五、陕甘宁根据地的金融

中
华
民
国
二
十
七
年
十
一
月
一
日

金库工作报告(摘要)

一、金库沿革及其组织制度改革的状况：

边区金库,是由苏维埃时代中央金库转变来的。到今天,有数次的变更,大概分述如下：

苏维埃时代到改变为边区金库——一九三五年冬到一九三七年秋季——这个时期,金库制度是委托金库制,会计上是单独成立系统的。

在一九三五年冬季,中央到达陕北,陕甘晋银行并入国家银行,总库即已成立。次年春季,后令各省县成立了分支库,当时中央财政部之命令,直接发至县级,及至夏季,中央退出瓦窑堡移至志丹。七、八月间,省分库直归省财政部领导。会计上重新建立,县支库归省领导,总库对分库成为间接的关系,中央财政部的命令,亦不发到省分库去了。省分库开始亦整理各县的支库(陕北省较好)。到三七年秋季,苏区改为边区,省亦取消,分支库等亦随之而结束。只有中央金库改名为边区金库。

……

陕甘宁边区金库
一九四一年八月

边区金库工作情况

简略的边区金库沿革

一九三五年冬季,中央到达陕北。三六年春,即成为中央金库,直属于国库局,当时省县之金库尚未健全组织。到秋季开始成立省金库,中央与地方金库分开,中央金库与地方金库不发生直接关系,在保管形式上是代理制。抗战开始后,金库随着政府的改变名称,亦改为边区金库,没有下级金库之组织。三八年一月建立了三边分库,三九年秋季财厅会计科与金库合并,改为存款制。四〇年冬季成立了靖边分库,陇东分行接收了庆环分库,关中分库虽未脱离行政上的联系,但不密切,始终由二科代理。总计,在四〇年底,直属边区金库之分库有:三边、靖边、陇东、关中四个。

陕甘宁边区金库
一九四一年下半年

银行报告(摘要)

银行的历史:

陕甘宁边区银行,是国共重新合作后的名称。它是继承了中华苏维埃国家银行的传统,由陕甘晋银行改变而成的。在陕北省苏维埃时,陕甘晋银行只是印发票子、十万元兑现洋、补助军费而已,及至民国二十四年冬,中央红军来到陕北,中华苏维埃国家银行工作人员参加陕甘晋银行工作,遂改陕甘晋银行为中华苏维埃国家银行西北分行。这时银行的工作,也只是代理金库发行钞票(百万余),不兑现(法币发行后可兑法币),保证军费的支付而已。到了双十二事变后,抗战爆发,统一战线形成了,银行乃有今日之名。改为陕甘宁边区银行后,由于资金未能固定及无主要营业,故仍只是财政厅的支付机关。二十七年三月,正式结束了老银行的一切账目,建立会计出纳及营业部门。此时,中心工作是集中力量于光华商店,同时在商业上作了小型的放款。是年八月始,发行光华代价券,发行的目的在于平稳物价、活跃市场及补助辅币之不足,同时亦可以略补财政支出的用度。

……

陕甘宁边区银行
一九四一年十月

发行问题

检查总结初稿之三(摘要)

一九三一——一九三六年,是发行苏票时期。在国内和平尚未建立以前,中华苏维埃国家银行西北分行发行过苏票约九十万元,流通于陕北苏区。抗战以后,停止苏票流通,中华苏维埃国家银行改为陕甘宁边区银行,并以法币收回苏票,边区境内从此成为法币流通区域。

银行工作检查委员会
一九四三年五月二十七日

代理金库工作（摘要）

金库的组织制度及范围的变更

金库的组织、制度及范围，随着环境和政策的变更而变更的。现在陕甘宁边区金库是经过下列的阶段变更的。

一九三五年冬，中央到达陕北，开始创立了金库组织，那时称为苏维埃国库，归国库局直接领导，组织上有陕北省所属之各县支库、陕甘省分库（现在的关中分库）、陕甘宁省分库（现在的陇东分库）。现金的保管制度上，是采取委托制，会计单独成立系统。范围包括党政军的收入与支出，国库局的支付命令，直接发到县支库交款的。

到一九三六年秋初，在财政上分开地方财政与中央财政，而国库组织亦变为中央国库与地方省分库，各分库属于中央财政部与省财政部。省金库先后建立了陕北、陕甘、陕甘宁省之金库，省分库领导之下，有县支库，但组织并不健全，保管制度与范围仍然相同。中财部的支付命令，不发至省分库支款；省财政部之支付命令，则发至县支库支款。

一九三七年，统一战线正式成立，苏维埃政府改为陕甘宁边区政府，取消了省政府，而国库亦改为陕甘宁边区金库，省分库与县支库亦随之取消，因当时是休养民力的政策，免征税收，不需要有金库的下层组织。只有陕甘宁省分库与陕甘省分库，改为庆环分库与关中分库。保管制度仍未变更，只收支范围缩小了，只有政府与群众团体的。党与军的收支，单独划出去了。

陕甘宁边区银行
一九四三年

边区银行工作总结(摘要)

苏维埃国家银行时代,除去一些金库的收支工作及苏票的印发工作,而曾经在不同的时期也经营了些银行业务。在一九三六年春季,银行曾代理政府发放农贷款数十万元,帮助农民春耕,后因环境变化,未能收回,但对刺激生产上讲,是不无小补的。后又因刺激小商人贩运外货进口,放出小额短期商业贷款,也曾起了一些作用。三六年秋季,银行随政府转移志丹,当时因苏票发行额较大,且日用品缺乏,因此银行特设营业部,经过白区商业关系,运进大批布匹,借以吸收苏票,并稳定价格。三七年初,银行移至延安,边区内外环境变更,但银行业务仍未超出原苏维埃时代的业务范围。

陕甘宁边区银行
一九四三年

六、陕甘宁根据地的财政

中华苏维埃共和国
中央政府西北办事处训令（第一号）

西北革命运动，已突飞地开展。为着要求革命战争的迅速胜利与扩大，必须在财政上予以切实保障。因此财政工作须明确地、坚决地根据下列原则，急求改进。

第一，苏维埃的财政束源，根本和地主资产阶级不同，他们把负担加在劳动者身上，我们就要把负担主要地加在剥削阶级身上。在革命战争时代，我们的财政来源，最大部分应该是夺取敌人资财与对于剥削阶级（地主、豪绅、军阀、官僚反动分子、富农、大商人等）的没收与征发。因此，红军游击队，每一战争必须注意敌人及剥削阶级的资财之夺取与征集。地方政府对于没征工作必须加强，反对一切对于此项工作的消极以及随意浪费和贪污等。

第二，收入与支出须绝对的统一，部队地方政府所有收入，解缴金库，其开支则按照预算发给。因此，这项预算决算须严格执行，一方面便于财政上的统筹支配，另一方面使浪费偏枯等不易发生。

第三，我们不仅反对浪费，而且要求特别节省。在我们未占领比较富裕地区以前，收入是有限的，一钱一票都要用在争取革命战争的胜利上面。因此，节省运动急需提倡。这一运动不仅在部队和地方政府中，且应普及于一切革命群众。

第四，为着金融流通的便利，发行票币是需要的，但票币形式急需统一，发行数量应不超过市场的需要，以免发生其他弊端。

第五，关于土地税、营业税、关税等各依次开始进行，但须先使群众了解纳税的意义，同时要根据累进原则，便富裕的人负担数多。

为要完成这一任务，责成中央财政部、军委供给部明确地、坚决地根据上列原则，定出具体的计划和办法，在财政上保障大规模革命战争的迅速胜利。

主　席　博　古
一九三五年十一月十六日

没收暂行条例

中华苏维埃共和国中央政府西北办事处核准颁发

第一章 总 则

第一条 为推翻封建势力,消灭地主、豪绅、军阀、官僚反动分子的经济基础,发动群众革命斗争,正确进行没收工作,特颁布本条例。

第二条 凡各级苏维埃政府、临时革命政权、肃反机关以及红军部队、地方武装等,进行没收工作时,均应遵照本条例之规定执行。

第二章 没收的标准

第三条 凡反动政府所有的公共财产,除教育、卫生、慈善事业的财产外,全部没收之。

第四条 凡日本帝国主义所有的工厂企业、教堂及其他一切财产,均全部没收之。但其他帝国主义在一定条件之下,某些产业可不没收。

第五条 凡属下列成分,或有下列成分之一者,应没收其全部财产,并得逮捕其主要家人罚款。

(一)专靠收租或放债为生,而自己不劳动的地主与高利贷者。

(二)勾结反动官僚军队,包办诉讼、包抽捐税的绅士,与身任反动区长或等于区长以上的职务,平素压迫群众,而为群众所痛恨者。

(三)曾主使压迫群众革命斗争,为群众所痛恨,或逮捕和残杀过革命群众与领导过反动武装抵抗红军者。

(四)在反动政府机关任主要职务官僚与在白军中任高级官长者。

(五)阴谋反革命活动,企图危害苏维埃政权,经肃反机关证实,决定没收其财产者。

第六条 商人兼地主的,只没收其地主部分的财产,不没收其商店。但白区中的商人,其生活的主要来源,大部仰给于商店,而地主部分的财产只占小部分者,亦可暂不没收其地主部分的财产。

第三章 没收的手续

第七条 凡经苏维埃政府决定没收之财产,须先由政府派人标封,然后发动群众,由政府派人协同前往没收。没收时,财政部没征科必须派人参加,以便提取没收之金银货币及其他贵重物品。

第八条 为保证正确的阶级路线,红军在白区进行没收时,对每一对象,须先向当地二人以上群众详细调查,得有确实证明填具表格,经连队指导员审查后,送交团以上之政治机关批准,才可执行。

第九条 如连队在白区单独行动,或住地距团政治处较远时,连指导员得受团政治处之委托,执行批准没收之权,但事后必须负责报告政治处。

第十条 红军在新占领之城市,没收豪绅、地主、反动分子的财产之批准权,仍归驻扎该地之最高政治机关,如已成立地方临时革命政权,则归当地之革命委员会批准之。

第十一条 凡已成立正式政权的地方,红军在该地只可进行调查与帮助工作,不得直接行使批准或执行之权。

第十二条 凡进行没收财产时,须遵守下列各点:

(一)须尽量发动当地群众参加。

(二)须在没收地点张贴布告,说明没收理由,并向群众做口头解释。

(三)非执行没收机关指定之人员,不得擅入没收地点参加没收工作。

(四)执行没收之人员,事前事后均须经过检查;所没收之金钱或物品,须照第四章规定办法处理,私人不得擅取。

第四章 没收品的处理

第十三条 没收所得之财产,除第十四条至第十七条各项应归公有外,其余应尽量发给当地群众。在城市所没收之物品,除发给城市贫民外,并须注意发给四郊农民。

第十四条 各种货币及生金生银等,凡系地方政府所没收者,应如数交纳当地金库;如系红军部队所没收者,则应交团以上政治部(处)之没征科。

第十五条　凡可以拍卖现金之物品、军用品以及机关部队需要用之物品,地方政府没收者,应交县以上财政部没征科,红军部队没收者,应交团以上政治部(处)之没征科或供给机关,分别处理。

第十六条　凡高价之珍贵物品(如古代书画、古代铜瓷器皿、玉石珠宝、高价之货等),须注意搜集鉴别,妥为保存。无论各地方政府或红军部队所没收者,均应交中央财政部处理。

第五章　收款交款的手续

第十七条　凡没收所收入之款,统称为筹款收入,暂不分细目。

第十八条　各级没征科收入款项时,应填给交款人以二联收据,收据上须盖上机关公章及负责人私章。

第十九条　区财政部所收之筹款,须如数交县财政部没征科,县没征科直接收入之款,以及所收各区交款,均应如数交纳该县支金库,并将支金库所给之收据,作为现款解交省财政部没征科;省没征科直接收入之款,则交该省分金库,并将分库所给之收据,以及各县交来之金库收据,解交中央财政部转账。

第二十条　各级政府之行政经费及其他各机关应领之经费,均须具领向当地金库支领,绝不得于没收款未交金库以前,直接向没征科携用。

第二十一条　红军中所收没收之款,应交上级政治部之没征科转解中央财政部,但各级供给机关得在预算范围内具领条向同级没征科交款,由没征科将领条交上级没征科转账。

第二十二条　凡县以上及红军中师以上之没征科,收到下级没征科交来现款或等于现款之单据(如金库收据、供给部领条等)时,均须给以二联解款收据。

第二十三条　各级没征科均应具备日记账、总账各一本,凡筹款收入、解交上级等往来款项,应分别登入账内,记账时须将单据号数注明,以便检查。每月终须将收付数目开列清单,报告上级。

第六章　附　则

第二十四条　关于没收机关之详细的出纳手续及会计细则,另行制定颁布之。

第二十五条　本条例增删修改之权,属于中央财政部。

中央财政部
一九三五年十一月

中华苏维埃共和国临时中央政府西北办事处财政部、粮食部联合通知

各机关各部队马粮,原规定每月向粮食部领取豆子,因马匹不能全部吃豆,因此又要将豆兑草;同时,粮食部有豆也不够供给整个马粮需要,特重新规定办法如下:

(一)骑兵马每月向粮食部领取豆子九斗(每日三升计),向财政部领钱二元四角(每日八分计)。

(二)马(或骡)每月领豆子六斗(每日两升计),领钱一元二角(每日四分计)。

(三)驴子每月领豆子三斗(每日一升计),领钱九角(每日三分计)。

特此通知,望各机关、部队编制预算时注意。

财政部部长　林伯渠
粮食部部长　邓　发
一九三五年十二月九日

中央财政部命令(第一号)

兹制定暂行会计出纳规则,特颁布之。此令。

中央财政部部长　　林伯渠
一九三五年十二月十日

财政部暂行会计出纳规则

第一章 总 则

第一条 中央财政部为统一会计出纳手续起见，在金库会计系统尚未单独建立以前，特颁布本暂行规则，凡各级财政部、各征收机关、红军中各级没委（没收委员会）、各费支出机关均须照此办理。

第二条 红军中没收委员会之会计手续，军团没委与省财政部同，师没委与县财政部同，团没委与区财政部同。

第三条 会计年度以每年一月一日开始，至同年十二月三十一日终止。

第四条 会计出纳事务，每月须整理一次，其整理完结之期，区财政部不得逾次月二日，县财政部不得逾次月七日，省财政部不得逾次月十五日。

第二章 收 款

第五条 各级财政部、各征收机关以及红军中各级没委，直接收入筹款及其他款项时，均须填给缴款人以三联收据（第一表）。此项收据，须照中央财政部规定之格式大小，并须盖财政部公章及财政部长私章。但区财政部所用之收据，须由县财政部在骑缝上盖好公章后下发。

第六条 区财政部收入款项时，须填具三联收据，以存根一联存查，收据一联发给缴款人，报查一联则于解款时，连同现款送交县财政部备查。

第七条 县财政部直接收入款项时，由主管各科（如筹款收入由没收科）填具三联收据（第一表）。以存根一联存查，收据一联发给缴款人，报查一联于每日收款事务结束后，连同所收现款汇交会计科。

第八条 县财政部收到区财政部或本部各科缴款时，应填具四联收款书（第二表）。以存根一联存查，正收据一联发给缴款机关收存备案，副收据一联连同报告一联,送交省财政部转账。省财政部转账后,截留副收据一联存查,以报告一联转送中央财政部核记。

第九条 省财政部或直属县财政部收到本部各科缴来款项时,应填具三联收款书(第三表)。以存根一联存查,正收据一联发给缴款各科收存备案,副收据一联送交中央财政部核记。省财政部或直属县财政部各科直接收入款项时,其手续与第七条县财政部同。

第十条 中央财政部收到直属各机关缴款时,应填具二联收款书(第四表)。以存根一联存查,收据一联发给缴款机关收存备案。

第十一条 收款书之会计科目栏,须照规定之岁入科目,视缴款性质分别填入。如缴款机关同时有数种科目不同之款缴来时,必须每款各填一联收款书,以清眉目,而便登记。

第三章 支 款

第十二条 各机关一切支出,统由财政部支付之。但省县财政部如果没得到中央财政部之支付命令,不得付款给任何机关。区一级各机关经费,须向县一级管辖机关领取,绝不得将收入之款,在未缴到县财政部以前擅自动用。

第十三条 县一级各机关每月支领经费,应先期编具预算×××(行政费预算书只需三份),送省一级管辖机关,由省一级各机关汇编全省预算书三份,连同各县预算书各三份,送交中央主管部门,由中央各部汇编分类预算书二份,连同各省各县预算书各二份,送交中央财政部核发。

第十四条 中央各部及其他直属机关,每月应领经费,于接到核准预算通知书后,直接携领款收据向中央财政部支领。

第十五条 省一级或直属县各机关每月应领经费,由中央财政部填发三联支付命令(第五表)。以第一联为存根,第二联送交省财政部照发,第三联送交中央主管各部转发领款机关持向省财政部领取。

第十六条 省财政部接到领款机关交来第三联支付命令时,须与中央财政部所发第二联支付命令核对相符,即照额发款给领款机关。省财政部付款后,将第二联支付命令留存备查,将收回之第三联支付命令加盖"某月某日付讫"戳记,送交中央财政部备案。

第十七条 县一级各机关每月应领经费,由中央财政部填发四联支付命令(第六表)。以第一联为存根,第二联发交省财政部转账,第三联发交县财政部照付,第四联按级转发至领款机关并持其向县财政部领款。

第十八条 县财政部接到领款机关交来第四联支付命令时,须与中央财政部所发第三联支付命令核对相符,即照颁发款给领款机关。县财政部于付款后,将第三联支付命令留存备查,而将收回之第四联加盖"某月某日付讫"戳记,送交省财政部。省财政部则根据第四联所盖戳记之支付月日,在第二联加盖"某月某日由某县财政部付讫"之戳记并登记后,仍将第四联转送中央财政部备案。

第十九条 各机关领到上级管辖机关发来支付命令时,须填具领款收据,送交上级机关备案。

第二十条 各机关每月所领经费,有余额应将余存之款,交还同级财政部,不得留用下月。财政部收到此项送还款时,须照第八条至第十条收款办法,发给收款书。退款机关则将财政部所给收据连同月份计算书缴至上级管辖机关换取收据。

第二十一条 省县财政部对中央财政部所发支付命令,如不能一次付清时,可照余存数目发凭票给领款机关,作为暂存款,以后即照凭票付款。但领款机关第一次向财政部支款时,财政部必须将领款机关所持之支付命令收回,转送上级备案。

第二十二条 省财政部暂不得发支付命令向县财政部支款,如有必要直接向县财政部支款时,可照第二十六条解款办法处理。

第二十三条 前方红军每月应领经费,除照本章规定办法领取外,在未领到本部支付命令以前,得由各级供给部具领条向同级没委预支,由没委将领条当现款按级解交中央财政部,向总供给部转账。

第四章 解 款

第二十四条 省县财政部所有收入之款,除酌留一部分支付本级各机关经费外,余款应交上级。非得上级之许可,不得存留不解。

第二十五条 中央财政部收到省财政部或直属县财政部解款时,应填具二联解款收据(第七表)。以存根一联存查,收据一联发给省财政部备案。

第二十六条 省财政部收到县财政部解款时,应填具三联解款收据(第八表)。以存根一联存查,收据一联发给县财政部备案,报告一联送交中央财政部核记。

第二十七条 中央财政部收到县财政部直接解款时,应填具三联解款收据(第九表)。以存根一联存查,正收据一联发交县财政部备案,副收据一联送交省财政部转账。

第五章 账 簿

第二十八条 各机关一切账簿,每一年度更换一次。

第二十九条 各账簿一经启用,无论主要账、辅助账,已用完或未用完,均由各机关首长与会计人员负责保管。

第三十条 各种账簿、单据、表格、书类,不分种类,均须至少保存两年以上。

第三十一条 各种账簿启用时,应在首页填具下列各项,并由机关首长与会计签名盖章。其式样如下:

机关名称		签名盖章	财政部长
账簿名称及号数			(姓名)印
本账簿总页数	本账簿共　页		会计科长
启用日期	公历　年　月　日		(姓名)印

第三十二条 各账簿应于末页填具下列各项,并由经管该账簿人员盖章。其式样如下:

经管本账簿人员一览表

职 务	姓 名	盖 章	接管			移交			备 考
			年	月	日	年	月	日	

第三十三条 各种账簿均须按页编号。凡分户记载之各种账簿,须加编目录于首页。

第三十四条 区财政部应备具下列账簿:

(一)日记账——即流水账,记载每日一切现金及转账款项之收付数目。

(二)总账——即老账,内分下列各户,由日记账过入之。

1.筹款收入——凡没收款、罚款及其他筹款收入,均归入此户。

2.解县财政部——凡缴县财政部之款,归入此户。

第三十五条 县财政部应备具下列账簿:

(一)日记账——记载每日一切现金及转账之收付数目。

(二)总账——内分下列各户,由日记账过入之。

1.各机关筹款收入——每一筹款单位立账一户,如某区筹款收入、保卫局筹款收入等。凡各机关缴来之筹款,均分别抄入该机关户下。

2.杂项收入——凡不属于没收款、罚款等,筹款所收之项,均归入此户。

3.退还款——凡各机关退还经费余额之款,均抄入此户,只要批明某机关退还,不必每一机关立账一户。

4.解省财政部——凡解交省财政部之现款及照中央财政部支付命令付出之款,均抄入此户下。

5.暂记——凡各机关暂存暂欠之款,如领款机关交来支付命令尚未付清之款等,均每一机关立账一户,如某机关暂存款、某机关暂欠款。

第三十六条 省财政部应具备下列账簿:

(一)日记账——记载每日一切现金及转账之收付数目。

(二)总账——按科目分户,记各科目每日之收付总账,由日记账后入之。其科目分类如下:

1.筹款收入;

2.杂项收入;

3.退还款;

4.解中央财政部;

5.暂记;

6.现金。

以上二种为主要账。

(三)筹款收入账——以各县财政部及直属各征收机关为单位分户,详记各单位筹款收入数目。各单位之收入合计数,应与总账筹款收入科目之余额相同。

(四)杂项收入账——以征收机关为单位分户,详记各单位杂项收入数目。各户之合计数,应与总账杂项收入科目之余额相同。

(五)各县财政部往来账——记各县往来数目,每县立账一户。各户余额之合计数,应与总账各县财政部往来科目之余额相同。

(六)暂记账——记暂存暂久数目,按机关分户。各户余额收付相抵之总数,应与总账暂记科目之余额相同。

以上四种为辅助账。

第三十七条　凡各费支付机关应具备下列账簿:

(一)日记账——记每日一切现金收付数目。

(二)支出分类账——按各费支出科目分户。

(三)单据粘存簿——将各费单据按支出科目分类粘存。每一科目之单据,其金额总数须与支出分类账该科目之累计数相同。

此外,如管辖有下级机关及有暂存暂欠账目者,可加设往来总账一种。

第三十八条　各级财政部除以前各条规定之账簿外,经管现金出纳人员,应另有账簿登记。

第六章　记　账

第三十九条　每条账必须有单据为凭,根据单据逐条过入日记账,由日记账过入总账与辅助账。过账时,必须注明单据号数。

第四十条　记账均以国币为本位,以元为单位,小数至厘为止,厘以下四去五收。

第四十一条　凡收付与本位币市价不同之银两铜元或其他货币时,均用定价法(即以市价为标准,规定统一价格)折合本位币记账,绝不得于同一账簿内列记数种货币本位,但原币数目仍须注明,以便考查。

第四十二条　每日应记之账,要当日记完,不得延至次日。每天账目记完后,必须详细核对一次,以免错误。

第四十三条　登记账簿及填制单据等,其摘要事实,要详细正确明了,字迹宜整齐清楚,不得草率。

第四十四条　账簿表单等之数目文字,如有写错时,应将原码注销,重新写过,并在写错处由原记账员盖章证明,不得随意涂改或用刀刮。

第七章　报　告

第四十五条　区财政部每月底应填收支月报表一份,送县财政部查核。

第四十六条　县财政部每逢十日应填收支旬报表二份,每逢月底应填月份收支报告表二份,分送省财政部及中央财政部各一份。

第四十七条 省财政部每逢十日应填收支旬报表一份,每月会计事务结束后,应填月份收支报告表一份,送交中央财政部。

第四十八条 区一级各机关每月应编月份支付计算书一份、收支对照表一份,连同单据粘存簿,送县一级管辖机关审核。

第四十九条 县一级各机关每月应编全县支付计算书三份、收支对照表三份,连同单据粘存簿,送交省一级管辖机关。

第五十条 省一级各机关每月应编全省支付计算书二份、收支对照表二份,连同各县计算书、收支对照表各二份,送交中央主管各部。

第五十一条 中央主管各部每月应汇编分类支付计算书一份、收支对照表一份,连同各省各县计算书、收支对照表各一份,送交中央财政部。

第五十二条 月份支付计算书,区一级机关应于次月二日以前编好,县一级机关应于次月七日以前编好,省一级机关应于次月十五日以前编好,中央各部应于次月二十五日以前编好,送交上级机关。

第八章 现金出纳手续

第五十三条 现金出纳的地方,非经管出纳人员,不得自由出入。

第五十四条 各级财政部会计科,应具备现金收付盖章簿一本,将收付数目随时逐条登记。收入之款应先由出纳人员在该条数目上盖章,然后财政部长根据此簿签发收据,付出之款应先由财政部长在该条数目上盖章,出纳人员方可根据此簿付款。

第五十五条 会计科长每日应与出纳人员检查库存一次,财政部部长每月至少应检查库存三次,并盖章于库存簿中证明之。

第五十六条 凡收入之款,须当面点清。现洋满五十元,一元钞票满一百元,小票满十元,均由经手人、点算人封好,并于封口上盖章,对内负责。不满一包之零数,须由经管出纳人员亲自点算。付出款项,须叫领款人当面点收,出纳人员应声明出门以后,对外不负责任。但解款到上级财政部时,须由护送人当面点交,如发现短少,仍须原经手点算人负责。

第五十七条 每日库存现金,必须与日记账库存数目相符。未经会计科记账,出纳人员绝对不得直接付款给任何人。如发现库存现金与账上应存数目不符,三日内不能查出原因者,应报告上级。

第五十八条 凡不执行第五十三条至第五十六条之规定手续,致出现错误时,各关系人员应分别负赔偿之责。凡违反第五十七条之规定者,除负责赔偿外,应受严重处分。

第九章 附 则

第五十九条 本规则如有未尽之处,得由中央财政部随时增删或修改之。

第六十条 本规则自一九三六年一月一日起施行。

支出凭证单据证明规则

第一条 各机关支出凭证单据之证明,均照本规则办理。

第二条 凡支出以正当受款人或其代理人之收据为主要证明,其他凭证单据均为参考附件。

第三条 凡收据须由正当收款人或其代理人亲笔签名盖章。不识字者,得由经手人开单,使其画押或盖章证明。

第四条 凡收据须填明实收数目、日期及付款机关之名称。

第五条 凡支出非有收据不能证明,但事实上不能取得收据者,得由经手人开单叙明理由,并签名盖章证明之。

第六条 购买物品,应由卖主开具发票,注明货物数量、价格、实收现金数目、日期及书明某机关查照字样,并于实收数目上盖卖主印章,作为收据。如另具有收据者,仍应附具发票。

第七条 凡购买物品,没有发票或收据不能证明,但事实上不能取得发票或收据者,得由经手人开单,并注意购买地点及不能取得发票或收据之理由,签名盖章以证明之。

第八条 凭证单据上有杂列各种市价不同之货币者,应注明折合本位币总数及折合价率。

第九条 原凭证单据所开名目、价值、数量等,如有不甚清楚之处,且不能使受款人补填完备者,应由经手人另加注明,于数目字上盖章,并附说明。

第十条 各机关应备单据粘存簿,将各凭证单据,按交付计算书科目,分类粘存,依次编号于每类单据之上,注明所属科目,并于每月支付结束后,在每类单据之下,注明合计张数及金额。每一科目之合计金额,须与支付计算书该科目之实支数相符。

第十一条 本规则如有未尽之处,得由中央财政部取得审计委员会之同意,随时订定之。

各级财政部组织纲要

一九三五年十二月

（一）财政部在中央隶属中央政府驻西北办事处设部长一人，省县区市在执委会下称省县区市财政部，省县设部长、副部长各一人，区市设部长一人。

（二）省县区市财政部在行政方面直属于上级财政部，绝对执行上级命令，但同时受同级执委会及主席团的指导与监督。

（三）中央省县财政部之下设财政委员会，中央五人至七人，省县以三人至五人组织之，各级委员由各同级主席团分别委任，财政委员会职务系专门讨论计划建议关于财政上一切事宜，开会以部长为主席。

（四）下级财政部长经各该级执委或主席团选出后，必须送上级批准。

（五）中央财政部暂设下列各科：

1. 没收征发科；2. 税务国产科；3. 会计科；4. 文书科；5. 管理科。以上各科各设科长一人，视事务繁简设科员若干人。

（六）省县财政部设没收征发科、税务国产科、会计科，各设科长一人，科员若干人。

（七）中央财政部各科掌管如下：

1. 没收征发科——管理没收豪绅地主及一切反动财物和一切征发，并保管各种财物事宜。

2. 税务国产科——管理簿记账单预计算，管理一切税收、国有财产事宜。

3. 会计科——管事簿记账单预计算及一切会计事宜（内设一专员管理款项的保管与出纳，及金库等事宜）。

4. 文书科——管理会议记录、文书的保存事宜。

5. 管理科——管理部内一切生活、杂务人员的教育及会计庶务事宜。

（八）省县财政部各科掌管如下：

1. 没收征发科——管理没收豪绅地主及一切征发，并保管一切财物事宜。

2. 税务国产科——管一切税收国有财产事宜。

3. 会计科——管簿记账单预计算及一切会计事宜（内设一专员管款项的保管与出纳，及金库所管的事宜）。

附注：区或市财政部得酌量各地事务繁简，大区连部长共设三人，小区二人，大市与县同。

（九）在工作有必要时得聘专门人才，设专门的财政会议，以解决某种任务。

（十）为督促部务的进行，在中央与省级得设财政巡视员若干人。

中央财政部通知(第二号)

一、为正确地建立预算和决算制度起见,特重新规定行政费科目及开支限度,重印表格,并填制式样发下,以便参考仿效,遵照办理。

二、审查各县送来的预算,对开支估计多不确实,填制方法也不合格式,这样的预算,事实上没有作用。各县一月份的预算,责成省政府代为重新编过。二月份的预算,各县应于接到此通知后,依照新定科目和开支限度,仿照发下式样,重新编过,最迟要在一月二十日以前送到中央财政部。以后的预算,要按月编送,下一个月的预算,要在上一个月十五日以前(如三月份的预算要在二月十五日以前)送到中央财政部。不编预算,就不发款;如编送太迟,以致不能及时领到支付命令的,不得向财政部借款。

三、月份计算书(即决算)一定要按月编送。各县除立即补编去年十二月的计算外,以后每月计算,须于次月七日以前编好(如一月份的计算,要在二月七日以前编好),送交上级。如一月份的计算在二月内未送到上级的,即不发三月份经费。

填制计算书时,除实支数外,应将本月预算核定数填入,并将实支数与预算数比较的增减数目,填入比较数一栏,如实支数超过预算数,则于"增或减"一行填一增字;如实支数少于预算数,则填一减字(仿照发的式样)。无论预算或计算,每一科目必须详细说明,以便审核。

四、以后一切开支,要注意取得单据,连同计算书送交上级;无单据的开支,不能批准。兹将取回单据办法列下:(1)工作人员伙食和客饭——用发下的伙食客饭表,照每日实际人数填记,作为单据。(2)烤火费由经手人打领条。(3)鞋袜费由受款人打收条,或将受款人姓名列成一单,由各人签押或盖章。(4)路费由出发工作人员打收条。(5)马料由马夫打收条。(6)纸张文具、印刷、邮电、灯油、购置等费,要取得卖货人的发票(即清单)。如无法取得清单,要由经手买货人打条子。(7)区乡经费要区政府打领条。关于单据的详细规定,可参阅支出凭证单据证明规则(此规则附印于会计出纳规则之后)。

五、行政费预计算,应由主席团负责编制。一切开支要另有账簿登记,不得与财政费的账合记一本。但技术上(如填预计算、记账等)财政部会计科应负责帮助。对手续上如有不明了之处,可随时写信来本部询问。特此通知。

附:行政费科目及开支限度表一张、预算表九张、计算表九张、伙食客饭表十张、工作人员花名册十张、预算计算填法式样各一张

部　长　林伯渠

一九三六年一月八日

中华苏维埃人民共和国中央政府驻西北办事处命令(第二号)

兹制定抗日基金筹募条例及没收汉奸卖国贼财产条例,特公布之。此令。

主　席　博　古
一九三六年一月二十日

附一

抗日基金筹募条例

第一章 总 则

第一条 为发动群众抗日斗争,充裕民族革命战争经费,保证抗日红军武装部队给养,特颁布本条例。

第二条 凡各级抗日基金筹募委员会,各抗日基金筹募专员,进行筹募抗日基金时,均应遵照本条例之规定执行。

第二章 抗日基金筹募委员会的任务与组织

第三条 抗日基金筹募委员会,只有筹募捐款之权,而无没收之权。凡决定没收之汉奸卖国贼的财产,均由地方财政部或红军没委照没收汉奸卖国贼财产条例执行处理之。

第四条 抗日基金筹募委员会(以下简称筹委会)的任务如下:

(一)宣传组织群众,扩大抗日力量。

(二)募集与保管支配抗日基金。

(附注)除中央筹委会外,其余各级筹委会只有筹募之权,而无保管支配之权。所筹集之款,要集中到中央筹委会保管支配。

第五条 中央筹委会由中央政府指定七人组织之,设主任一人、副主任一人,进行下列工作:

1. 计划并指导下级筹委会一切工作。

2. 保管与支配抗日基金。

第六条 红军中各军团、各师、各独立团均组织筹委会,由同级政治部指定委员三人组织之,以同级没委主任为当然委员,设主任一人,执行第四条所定任务,并指导所属筹募专员进行工作。

第七条 红军中团以下,得按照需要,在各部队单位设筹募专员一人,依照军事组织系统,分别隶属于军或师筹委会之下。

第八条 在已经建立正式革命政权或临时政权的地方,省、县、区各组织筹委会,由同级主席团指定委员三人组织之,以同级财政部长为当然委员,设主任一人,执行第四条所定任务,并指导所属筹委专员进行工作。

第九条　各级村、各工厂作坊、街道以及各机关、各群众团体,均得按照需要设筹募专员一人,依照行政组织系统,分别隶属于省、县、区筹委会之下。

第十条　凡游击队、抗日义勇军以及地方武装等部队,每一行动单位,组织筹委会须在其行动区域内,按照情形指定筹募专员。

第十一条　下级筹委会在工作上,应受上级筹委会之指导,并经常向上级做报告。但由于技术上的关系,会计系统则附属于地方财政部或红军没委之内,即筹委会所收之款,不必直接缴上级筹委会,可缴同级财政部,或红军没委,按级转解中央财政部,转交中央筹委会保管支配。其项目与存款,中央审计委员会得随时审查之。

第十二条　中央筹委会受中央财政部的指导与监督,各级筹委会除受上级筹委会指导外,地方筹委会应受同级政府主席与财政部长的指导与监督。红军中的筹委会应受同级政治部与没委的指导与监督。

第三章　动员与奖励办法

第十三条　在扩大民族革命基础、争取广大群众的原则下,应在各种会议上,尤其是在白区与新区,充分进行广泛深入地政治动员,解释抗日救国的十大纲领,党团中央与中央政府的宣言,使有钱的出钱,有力的出力,有知识的出知识。无论谁,都站在抗日的统一战线上,进行民族革命战争。

第十四条　凡筹委会已成立的地方,应立即而且经常地进行普遍的募捐运动,大量筹集抗日基金。在进行宣传工作时,要使群众知道第十五条至第二十条的奖励办法,并要使群众晓得捐款必须取得经中央筹委会盖印之一定格式的抗日基金收据,以防止不良分子乘机欺骗舞弊的行为。

第十五条　募捐时,要正确地执行阶级路线与群众路线。对白区与新区的豪绅地主,要按照他的财产力量,经过群众的推动,用"毁家纾难"的口号,尽量劝募。而对于工农劳苦群众,则要完全出于自愿,绝对不得带有丝毫的强迫。

第十六条　凡资本家自动捐助抗日基金一千元以上或工农劳苦群众捐助五十元以上者,除给正式收据外,应由中央筹委会发给奖状及一等银质抗日奖章,并单独登报表扬之。

第十七条　凡资本家自动捐助抗日基金五百元以上或工农劳苦群众捐助

二十元以上者,除给正式收据外,应由中央筹委会发给奖状及二等铜质抗日奖章,并用大字登报表扬之。

第十八条　凡资本家自动捐助抗日基金一百元以上或工农劳苦群众捐助五元以上者,除给正式收据外,由中央筹委会发给三等布质奖章,并登报表扬之。

第十九条　凡自动捐助抗日基金一角以上者,均给予正式收据。自动捐助抗日基金一元以上者,除给正式收据外,不分阶级成分,一律由当地筹委会将捐款人姓名及所捐数目定期开单张贴通衢,以资奖励。如捐款人在名单上不见自己的名字或数目不符时,可向当地筹委会责问。如发生纠葛时,捐款人可持收执向政府控告。

第二十条　在争取广大群众统一抗日战线原则下,凡自愿毁家纾难大量捐助抗日基金的豪绅地主,除给正式收据外,另由筹委会按照情形,分别发给证明书贴在捐款人门口,允许其照常安居,不准私人任意侵犯。

第二十一条　凡经宣布没收其财产之汉奸卖国贼,将其家人逮捕勒交之罚款,不论数目多少,均不适用上列之奖励办法。

第四章　收款和缴款手续

第二十二条　各筹募专员,均须向筹委会领取二联空白抗日基金收据。此项收据,由中央筹委会在骑缝上盖好公章发下,使用时须由经手之筹募专员签名盖章。

第二十三条　凡捐助抗日基金数目满一角以上的,均须由筹募专员填给中央筹委会印发之抗日基金收据。如故意不给收据,或不用中央筹委会所发之收据者,经手人应受处分。

第二十四条　凡捐助之款,其数目不满一角的,可由经手人以机关、团体、工厂、村屋等为单位,开列名单,合给一总收据,并向捐款人公布其数目。

第二十五条　如派人到群众大会场、市集戏院及其他群众集合地点募捐,无法发给收据者,事前应由筹委会备具小木箱或竹筒,加以封锁(如扑满),只留一缝可容银钱投入,将此箱或筒交筹募专员领去,随时将募得之款,当面投入,每次或每隔几日将箱或筒交到筹委会,当面打开点交,并由筹委会填抗日基金收据给经手之筹募专员。

第二十六条　每一筹募专员,每次得向筹委会领取一本至数本收据,每本收据一经用完,须在存根封面上填明款项总数,连同所收之款,缴交筹委会,取得筹委会三联收据为凭。如一本收据尚未用完,而募捐仍继续进行时,可等用完后再缴款。倘一本收据虽未用完或全本未用,而因某一次募捐运动已经结束,或机关已变更或解散时,须将所剩空白收据全数交回。

第二十七条 各级筹委会收到筹募专员交来捐款和收据存根时,应填具三联收据,以存根一联存筹委会备查,收据一联发给筹募专员,报查一联连同现款,每日汇交同级财政部或红军没委,取得财政部或红军没委收款书为凭。

(附注一)各级财政部或红军没委收到筹委会缴款时,应填给收款书,另立捐助科目处理之。

(附注二)游击队、抗日义勇军以及地方武装的筹委会所收之款,应就近交到当地财政部,取得收款书为凭,并须将财政部收款书向中央筹委会换取收据。

第二十八条 除中央筹委会外,其余各级筹委会及筹募专员,无支配动用抗日基金之权。所收之款,在未缴交财政部或红军没委以前,不得擅自支给任何人。

第二十九条 各级筹委会应备具日记账、总账各一本,将所收入之款及交到财政部或红军没委之款,分别详细登记,每十日填具旬报表向上级筹委会报告一次(省或军筹委会应报告中央筹委会;县或师筹委会除报告中央外,应以一份报告省或军筹委会;区筹委会只报告县筹委会)。

第三十条 抗日基金收据由中央筹委会统一印发,每本十五张,以五本为一批,每批附登记表一张,按级发给各筹委会使用。下级筹委会领到收据时,应具收条交上级备案,俟每一批之收据存根完全收回后,即将原附表格详细填明,连同存根按级数归中央筹委会,取得上级收条为凭。

第三十一条 凡筹募专员向筹委会领用收据时,须每本填具收条一张,交筹委会保存,俟一本用完,将存根缴还时,即将原收条取回。

第三十二条 抗日基金收据,必须妥慎保存,存根必须缴还,如有遗失,经手人应受处分。各级筹委会必须另立账簿,专记收据之领用、发出与存根之收回缴还。

第五章 附 则

第三十三条 本条例如有未尽之处,得由中央筹委会呈请中央政府批准修改之。

第三十四条 本条例自公布之日施行。

附二

没收汉奸卖国贼财产条例

第一章 总 则

第一条 为发展民族革命战争,消灭破坏抗日的汉奸卖国贼之经济基础,顺利地驱逐日本帝国主义出中国起见,特颁布本条例。

第二条 凡各级苏维埃政府、临时革命政权、肃反机关以及红军部队、地方武装等,进行没收汉奸卖国贼财产时,均应遵照本条例之规定执行。

第二章 没收的标准

第三条 凡日本帝国主义在华的工厂企业、铁道、矿山、银行及其他一切财产,均全部没收之。

第四条 凡奸卖国贼集团所有的公共财产,均全部没收之。

第五条 凡有下列行为之一者,即为汉奸卖国贼,应没收其全部财产,并得逮捕其本人或其主要家属勒交之。

(一)勾结日本帝国主义,出卖民族利益者。

(二)阴谋破坏抗日团体,企图捣乱抗日后方,危害抗日政权,经肃反机关证实者。

(三)抗日武装到达该地时,故意逃避,企图以消极办法反对抗日,或口是心非,破坏筹募抗日基金的豪绅、地主,甘心做汉奸卖国贼者。

第三章 没收机关的任务与组织

第六条 没收机关的任务如下:

(一)调查汉奸卖国贼,向批准机关提出意见。

(二)执行没收汉奸卖国贼的财产,并依照第五章之规定处理之。

(三)没收款之收纳、登记及缴解。

(四)没收物品之保管、登记及拍卖。

第七条 各省县区均于财政部之下建立没收科,直接受该级财政部长之领导。县以上得视工作繁简,酌置科员一人至数人,其工作复杂者,并得分特务、会计、保管等股。

第八条 红军中各军团、各师,均由同级政治部指定一人,同级供给部指定一人,并其他一人(此人由政治部提出,得中央财政部同意后,即委为没委主任)共三人组织没收委员会(以下简称没委),设主任一人,专责管理没收事宜。在工作必要时,得设特务、会计、出纳、保管各科,酌用科长、科员各若干人。

第九条 红军中每团各设没收专员一人,管理没收事宜,按照军事组织系统隶属于师没委之下。

第十条 游击队、地方武装等部队,均按照需求,分别组织没收委员会或设没收专员,依据情形,分别直属于中央财政部或省县财政部之下。

第十一条 红军中各级没委,除受中央财政部之领导外,各下级没委应受上级没委之领导(即师没委受军没委之领导)。同时,在政治上、工作上应受政治部之领导与监督。

第四章 没收的手续

第十二条 凡已建立正式政权的地方,没收汉奸卖国贼的财产,须由政府主席团决定或批准,然后交财政部没收科执行之。

第十三条 红军在白区进行没收时,事先要经过详细调查,在有确实证明后,填具报告,经连队指导员审查,再送团以上之政治机关批准后,才可执行。

第十四条 如连队在白区单独行动,或驻地距团政治处甚远时,连指导员得受团政治处之委托,执行批准没收之权。但事后必须负责报告团政治处。

第十五条 红军在新占领之城市,没收汉奸卖国贼财产之批准权,概归驻扎该址之最高政治机关。如已成立地方临时政权后,则归当地革命委员会批准之。

第十六条 凡已成立正式政权的地方,红军在该地只可调查与帮助工作,不得直接行使批准或执行之权。

第十七条 凡进行没收汉奸卖国贼财产时,须遵守下列各点:

(一)要尽量发动当地群众参加。

(二)要在没收地点张贴布告,说明没收理由,并向群众做口头解释。

(三)非执行没收机关指定之人员,不得擅入没收地点,参加没收工作。

(四)执行没收之人员,事前事后均须经过检查。所没收之金钱或物品,须照第五章规定办法处理,私人不得擅取。

第五章 没收品的处理

第十八条 没收品处理分配之权,属于财政部没收科或红军中之没收委员会。但地方政府主席团与土地部或红军政治机关与供给机关,得向财政部或没委提出意见,协商决定之。

第十九条 没收所得之财产,除第二十条至第二十三条各项应归公有外,其余应尽量发给当地群众。在城市所没收之物品,除发给城市群众外,并宜注意发给四乡群众。

第二十条 各种现洋、钱票、生金、生银、公债、股票、证券等,凡是地方政府所没收者,应如数由财政部接收,缴纳金库;红军部队所没收者,则由没委接收,转解中央财政部。

第二十一条 凡可以拍卖现金之贵重物品、军用品以及整批货品等,均由地方财政部或红军没委接收处理,或作价交供给机关接收处理之。

第二十二条 凡高价之珍贵物品(如古书、古画、古代铜瓷器皿、玉石、珠宝、钻石及高价皮货等),须注意搜集鉴别,妥为保存。无论地方政府或红军部队所没收者,均应缴交中央财政部处理。

第六章 会计手续

第二十三条 凡直接没收汉奸卖国贼之款,或逮捕其本人及家属勒交之款,以及没收品拍卖之款,会计科目总称没收款。

第二十四条 地方财政部没收科及红军没委之会计出纳手续,均照中央财政部颁布之会计出纳规则办理。

第二十五条 没收之款,非得中央财政部之支付命令,不得擅自动用。但红军中师以上供给部,得在预算范围内,具领条向同级没委支款,由没委将领条按级解交中央财政部,向总供给部转账。

第七章 附 则

第二十六条 本条例如有未妥之处,得由中央财政部呈请中央政府批准修改之。

第二十七条 本条例自颁布之日起施行。

中华苏维埃人民共和国
中央政府驻西北办事处布告

为筹募抗日基金事

为着充裕民族革命战争经费,保证抗日武装部队给养,除宣布没收日本帝国主义在华的一切财产,作抗日经费,没收汉财奸卖国贼的土地财产,分给工农及灾民难民,以改善群众生活外,特号召全国不愿做亡国奴的人起来进行普遍的筹募抗日基金运动,大量筹集抗日基金。

一、凡进行动员募捐时,须正确地执行阶级路线和群众路线。对工农群众要其完全出于自愿,绝对不得带有丝毫的强迫。

二、凡一切抗日捐款,须取得中央抗日基金筹募委员会盖印之一定格式的抗日基金收据。

三、凡自动捐助抗日基金达下列数目者,均分别由中央抗日基金筹募委员会给予奖励。

1. 工农群众捐助五十元以上、资本家捐助千元以上者,给奖状及一等银质抗日奖章,并单独登报表扬之。

2. 工农群众捐助二十元以上、资本家捐五百元以上者,给奖状及二等铜质抗日奖章,并用大字登报表扬之。

3. 工农群众捐助五元以上、资本家捐助百元以上者,给三等布质抗日奖章,并登报表扬之。

4. 凡捐助一百元以上者,一律由当地抗日基金筹募委员会将其姓名及所捐数目公布于通衢。

四、凡自愿毁家纾难,大量捐助抗日基金的豪绅地主,除给正式收据外,由当地抗日基金筹募委员会分别发给证明书,允许其照常安居,不准私人任意侵犯。

五、凡有乘机借用抗日名义,欺骗群众,窃取抗日捐款者,一经查出,即予严厉处罚。此布!

中华苏维埃人民共和国临时
中央政府驻西北办事处(印)
一九三六年一月二十五日

中央财政部通知(第三号)

第一,为着革命发展的需要,提高各机关工作效率,以较少的工作人员,担负起更多的工作任务,尽量发挥工作人员的能力,而使工作更加紧张起见,中共中央局与中央政府办事处特将各机关工作人员酌量减少,重新规定工作人数如下:

(一)各级党部工作人数:(1)中心区县委不得超过十一人。(2)边区县委不得超过十四人。(3)中心区区委不得超过五人。(4)边区区委不得超过七人。

(二)各级青年团部工作人数:(1)县委不得超过十人。(2)区委不得超过四人。

(三)各级苏维埃政府工作人数:(1)县苏政府不得超过三十人。(2)区苏政府不得超过九人。(3)乡苏政府普遍地规定一人脱离生产。但有下列条件之一的,可以增加一人:管辖地区在二十里以外的;全乡人口在一千五百人以上的;地当交通要道的。

(四)政治保卫局工作人数(并保卫队在内):(1)大县不得超过五十人。(2)中县不得超过四十人。(3)小县不得超过二十八人。(4)区特派员一人。

以上规定的人数,是最高限度的。各机关应立即按照实际情形,尽量减少。以后各机关编造预算和计算时,其人数不能超过这一规定数目,否则不能批准。

第二,奉中央政府指示,各机关工作人员的夏衣,按下列标准发给:(一)家在白区未分土地的,每人发两身。(二)家在苏区已分得土地的,每人发一身。(三)保卫队不分家,在白区或苏区,每人均发两身。(四)每身夏衣按一元八角计算,将款发给各机关自行缝制。

各机关接此通知后,就按上列标准,将所需之款编制预算,并照发下的表格,填制裁减后的工作人员花名册,连同预算送来(区乡工作人员由县一级汇总预算,花名册也由县一级汇送)。只有预算,无花名册的,要等花名册补来后才发款。

第三,各机关工作人员的鞋袜费,系根据工作人员距离家庭的远近为标准,重新规定如下:(一)省一级工作人员每人每月三角。(二)县一级工作人员每人每月两角。(三)区乡工作人员每人每月一角(以脱离生产的为限)。(四)保卫队每人每月三角。以后可照此标准预算开支。

第四,一月来预算制度,虽大部分已经建立,但一般的还不健全,主要缺点在于:(一)不确实——有的不站在节省原则上,随便浮报;有的把许多意料中的必要开支未估计到,随时追加预算;有的不按预算开支,自由超过。结果是失了预算的作用。(二)不按期——有的预算送到本部时,时间已将过去(如二月份的预算,至今还有未曾送来的),这样姗姗来迟的预算,在财政的通盘筹划上即失了作用,而领款机关不能及时领到支付命令,就不免自收自用,乱挪乱扯,结果是破坏了财政统一。

针对这些缺点,要求各机关今后应当:(一)把编制预算看作一种重要事情,要经过本机关各部门负责人开会讨论,站在节省的原则上,正确地估计必须的支出。预算一经确定,应绝对按照预算开支,非特别事故,确非事前所能料到之开支,不得追加预算。至于事前未追加预算或报告上级,而在预算范围以外自由开支的,负责人应受到严格的批评或处分。(二)预算必须按期编送,宁可备早,不可太迟,陕北省各县最迟要在上一个月十五日以前送到本部;陕甘关中各县须按路途远近,备早送来。大约预算到中央后,要经过七天才能办好必经手续,并计算路程,要使支付命令能于前月底寄到领款机关才好。以后不造预算或不按期编送的,各级财政部不得自由借款给该机关。

第五,决算制度至今尚未很好地执行,尤其各县党团县委,至今还没编过决算,这不但使财政上无从统计确实的开支,而多余之款不按月退还,纵不流于浪费,亦妨碍了财政之周转。今后县一级各机关,必于每月七日以前,将上月份决算编好,送交上级。同时,多余之款,要交还同级财政部,并将财政部所给收据缴交各该上级。如一月份的决算,在二月内尚未送到本部,或有款不退还的,即不发给三月份经费,或照预算核定数按七成发给。

第六,各机关所经收的捐助款与没收款,必须缴交同级财政部,绝对不得留着自用,破坏财政统一。

最后,我们要了解:一切开支,应服从于民族革命战争,浪费了一文钱,等于削弱了战争的一份力量。因此,各种非必要的开支,应采取紧缩政策,广泛地开展节省运动与筹募抗日基金运动。同时,要厉行财政统一,这是目前充裕抗日经费、解决财政上在发展中所遇到的困难之必要办法。望各机关切实注意执行,是为至要。

部　长　　林伯渠
一九三六年二月十三日

中央财政部通知(第四号)

要求各机关首长注意预算与计算

奉中共中央局与中央政府指示,在目前民族革命战争猛烈地开展形势中,为保证前方红军与后方机关的供给起见,必须正确地建立完密的预计算制度,使财政上有所根据,以便通盘筹划。同时,对各机关经费,得在不妨碍工作条件下,尽量紧缩,防止浪费贪污,以收节流之效。为此,特印发《编制预计算说明》小册子一种,详述预计算的各种办法。望各机关首长切实注意,把预计算看作一种重要事情,在会议上提出讨论,严厉督促,彻底执行,不得任一个技术人员随便办理。在所有的规定中,除预算书编送日期,及省一级机关,应汇编全省总预计算两项,得于七月份开始执行外,其余各项均应于编制六月份预计算时实行,并将要点摘录于下:

(一)各机关预算,须经过机关会议的讨论决定,由各机关首长负责编送。预算书及计算书上,须由各机关最高首长(党团书记、政府主席、保卫局长等)签名盖章负责,否则作为无效。

(二)预算要正当确实,不得故意扩大。事前要详细估计,便无遗漏。非预料不到的临时开支,不得追加预算。如确系意料不到之临时开支,则必须追加预算。不经过追加手续而自由超过的,概不批准补发。

(三)每月预算书要于上月十五日以前,由汇编该预算之最高机关送到本部。不编预算的,不发款;不按期编送的,可由上级机关代列,按九成发给。

(四)预算要说明开支理由,否则概不批准。

(五)省一级以上机关,对下级预计算,应经过审核,附加按语,并须汇编全省及中央总预计算。

(六)各机关首长,对本机关开支,应随时考察审核,不使发生浪费贪污。

(七)各项开支,必有单据为凭,否则概不批准。

（八）各项经费不得互相流用，特别是临时费，不能移作经常费之用。每月多余之款，必须如数退还。

部　长　　林伯渠
一九三六年五月一日

附：编制预计算说明

编制预计算说明目录

第一编　预　算
　　一、预算的重要性
　　二、预算要正当确实
　　三、追加预算
　　四、编送预算的日期及份数
　　五、省以上汇编机关应注意事项
　　六、编制预算的科目
　　七、预算书填制法
第二编　计　算
　　一、计算的重要性
　　二、开支的限制
　　三、单据的重要和单据粘存法
　　四、各项开支的说明和取得单据的办法
　　五、余款的退还
　　六、编送的日期及份数
　　七、计算书和收支对照表填制法
第三编　会计手续
　　一、编送预算及领款的程序
　　二、编送计算及核准的程序
　　三、记账法
　　四、簿单格式及用法

第一编 预 算

一、预算的重要性

在目前发展的形势中,财政上不免遇到发展中必有的困难,而不得不量出为入,随时筹划。所以支付预算,更有其特殊的重要性。因为事前要有正确的支付预算,才能预知每月必需的开支数目,然后才好按支付必需的数目,去设法筹款应付。否则,收支漫无计划,结果将不免影响到民族革命战争之顺利与迅速发展。今后要求各机关首长,深刻注意到这一点,把编制预算看作一种重要的事情,真正负起责任来,不要仍然看作一种单纯的技术工作,任一个会计人员随便去办。编也好,不编也好,迟早也不管,多少也不问,既不督促,又不审核。这种忽视预算的现象,是应该立刻纠正的。

二、预算要正当确实

编制预算最重要的一点,在于列数的正当与确实。预算得多了,随意浪费,这是一种罪恶!另外,有一些机关,故意把预算扩大些,其用意是要多准备点钱,免得要求追加的麻烦,横竖用不完还是退还的(陕北省财政部的同志传授给省内务部的预算秘诀就是如此)。这种故意多报的旧官僚习气,应坚决反对。因故意扩大预算,纵不流于浪费,亦不免一时加重了财政的支付。意料中必需的临时开支,必须详细估计,列入该月份预算内。过去有些机关,今天要办训练班,就临时追加一个预算;明天要开会,又来一次追加。一月中甚至有追加二三次以至六七次的,这是证明了该机关工作的毫无计划。同时使财政上临时增加了一笔预算外的开支,也同样是不对的。为求支付预算达到最高度的正确起见,在新的会计条例上已明文规定:"各机关预算,须经过该机关会议讨论决定,由该机关首长负责编送。"即每月编制预算时,应集体地从各方面详细估计,使无遗漏,并参照上月份预算,加以初步审核,站在节省原则上,应免的要免,可减的要减。最后,由该机关首长在预算上签名盖章,切实负责。如无机关首长盖章或签字的预算,概作无效。

三、追加预算

预算决定后,无计划地一再追加,使财政上临时增加了一笔意外的支付,足以影响到整个财政计划,上面已经说过了。因此,新的会计条例上特有"非有重大事故或特殊变迁,不得请求追加"的规定。但是有些机关,追加是没有,却常常自由超过,以"用过了再说"的办法,把计算送来不说明任何理由,便要求补发,这使原来的预算等于无用。追加预算已经不好,不要求追加而自由超过,那更是不合法的行为。以后各机关须严格注意:非事前估计不到的临时开支,不得追加预算;而确系事前估计不到的意外开支,则必须追加预算。如未经过追加手续而自由超过的,中央财政部决定不承认此项开支。

还要说明的是:追加预算,不一定就要领款,也不是不领款就可以不追加,因会计条例上规定了款与款、项与项之间不得互相流用。就是说,所属机关的经费,不能移作本机关之用,临时费也不能移作经常费之用。比如经常费因特殊原因要超过,同时临时费内却有余款可以拨抵,就不必再领款,但仍然要追加,并说明某项之下尚有余款,请求准予拨用,才合手续。如不请求追加,将其他项下之款自由移用,中央财政部同样不能承认此项开支。

四、编送预算的日期及份数

预算不按期送到,就会失了预算的作用,这道理是很明显的。但过去能够按期送到的,却很少很少。今特严格规定:如汇编该预算之最高机关,如西北中央局、各省苏政府、西北保卫局等,应于每月十五日前将下月份预算送到中央财政部。至于各下级应何时编送,由各汇编该预算之最高机关,根据这一原则,按照路途远近,定出具体日期,严令下级遵照。

各机关预算,其每月应编送的份数,原则是:中央财政部存一份,各该上级机关各存一份,核准后退还该机关一份。今分别具体规定如下:

党团县委四份	省委三份	中央局二份
县保卫局四份	省局三份	西北保卫局二份
县教育部四份	省教育部三份	中央教育部二份
县内务部四份	省内务部三份	中央内务部二份
县苏政府三份	省苏政府二份	中央政府各部三份
总务处二份		

这里,又使我们不能不说话了。过去许多机关的预算书,送到中央财政部的只有一份,我们当然无法退还,而编制机关及其上级机关,也不要求退还。这里充分证明了:(一)编制机关只当预算是一种单纯的领款手续,而忽视了预算的主要作用。只要钱拿得到手,核准的内容怎样,是不管的。这足证明了编制机关不但不打算遵照核定数开支,而且不打算遵照自己的预算数开支,结果预算是预算,开支是开支,核减是核减,超过是超过,这是最不允许的严重现象。(二)编制该预算的上级机关,仅仅机械地起了收发传递作用。对下级的预算,

既不审查,也不登记,就用不着参考比数的材料,当然也不要存留一份以备考查了。如果编制机关真正地要执行预算,则非要求退还一份无以遵照。如果该上级机关真正负起了整个系统的预算责任,则非留存一份无以考核。在这一点小问题上,就可以看出个别系统的机关,对预算是如何的忽视呀!

以后编制预算不足规定份数的,必须责成该上级机关代补。

五、省以上汇编机关应注意事项

过去大部分的省一级以上机关,只做了收发传递工作,而未尽到应有的责任。既如上述,今特规定其应负如下责任:

(一)对所属下级关于编制预算的各方面,经常给以指示和督促。对所属范围内的整个预算,应对中央财政部负完全责任。

(二)对下级预算,应做初步审核(特别是对于人数与临时费的审核),列具意见,另纸写明,粘于原预算之上,以供参考。未经该上级机关审核之预算,中央财政部概不接受。

(三)规定下级编送日期,保证按期送到。

(四)省一级各机关,要汇编本系统的全省预算,中央一级要汇编本系统之支付总预算,连同各省县预算,同时送来,否则中央财政部亦不接受。

关于这一点,会计规则上早有明文规定,但是没有一个机关能做到。其原因在于各县预算不能按期送到,甚至同一省所辖之各县,预算送到之期,有先后相差至半月以上的,因而总预算也无法编成。为解决这一困难,在新的会计条例中,有如下的规定:"各机关预算,如不按期编送者,得由编制各该上级预算之机关,查照该机关上月份预算核定数,或比照类似或相等机关之本月份预算数,按九成先行列入上级预算(即全省预算或中央总预算),一面严令照代列数补送预算书,并予该机关首长以相当处分。"

这样一来,省以上的总预算,总该可以编成了。但这不过是间一为之的不得已办法,不应当着经常合理的办法。不要以为有了这一办法,就放松了对下级的督促。如该机关事后不照代列数补送预算书,或连续二次以上的预算不按时送到,则我们所采取的办法是预算不到不发款。如因不能及时领到经费,致工作上受到妨碍时,该机关首长应负责任。

六、编制预算的科目

过去预算科目虽有规定,但不分项目,流用之弊甚大。今特将各机关经费,分为经常、临时二类,重新规定如下。

（一）县政府行政费预算科目如下表：

款	项	目	说明
所属机关经费		OO区	各区乡经过列此项,不分目。
		OO区	
		运输队	粮食部运输的开支列此项,应另附预算。
本机关经费	临时费	其他	凡临时发生之开支,得在此项下另立科目。
		训练班	训练班的一切开支列此目。
		服装	工作人员的衣服鞋袜等费列此目。
		修理	修理房屋器具之费列此目。
		购置	购置较有永久性的器具等费列此目。
		杂费	不属于上列各目的零星费用列此目。
		医药	工作人员因病吃药和津贴病员的疗养费列此目。
	经常费	灯油	点火所用的油和灯等费列此目。
		邮电	寄信所用的邮花电话电报等费列此目。
		印刷	印刷所用的器具油墨等列此目。
		文具	办公应用的笔墨等列此目。
		纸张	办公印刷所用的纸张列此目。
		路费	凡出发三十里以外工作所发路费列此目。
		马料	应照上级规定匹数,不得自由增加。
		客饭	向他的收钱,不付客饭。其油菜钱列入此目。但其机关工作人员到政府吃饭要收钱。凡未经发给生活费的群众,如因工作关系,必须在政府吃饭。
		烤火费	按人数规定发给,但四月份以后此目应取消。
		鞋袜费	县政府本身工作人员照规定应发的鞋袜钱列此目。
		工员伙食	县政府本身工作人员的油盐柴炭钱列此目。

（二）保卫局预算科目，照上表在经常费项下，加"保卫队员伙食""案犯伙食""擦枪费"三目。在临时费项上加"侦察费"一目。

（三）党团预算科目，照中央局规定科目执行。

七、预算书填制法

预算填写的合乎程式方法与否，对审核登记上有很大关系。今特填一式样，并加说明如下：

（一）预算书上端应填编制机关名称、年度及月份，下端应填编制时的年月日。

（二）科目栏，除照规定印好的科目外，如动员赤卫军参加作战和后方勤务，以及新扩大的红军，集中到县时的伙食等费，其科目未有规定的，应视开支性质，另立科目名称，填入临时费项下。

（三）本月份预算数栏，照该机关会议决定之预算数，按项目用黑字一一填入。

（四）各区经费，应以区为单位，每区列数一条，不得各区合列一条。

（五）预算数填毕后，先将经常费、临时费两项，各合一总数，用红字填入经常费小计及临时费小计一行内，再将本机关经费与所属机关经费各合一总数，用红字填入本款合计一行内，然后全部合一总数，用黑字填入总计一行内。

（六）说明要越详细越好，并应注意下列各点：1.伙食费、鞋袜费、烤火费要说明现有人数和准备增加或减少的人数；2.马料要说明牲口种类和匹数；3.纸张、文具、印刷、杂费要说明买什么和买多少；4.邮费要说明发信几封；5.灯油要说明几盏灯，每盏用油多少；6.购置、修理要说明购置什么、修理什么，如何估计，并要得到上级批准才可开支；7.临时发生之开支，如预算科目所无的，尤要特别详细说明；8.训练班、运输队应另附预算表，同时应在预算书说明内写"另附预算表"，其所附预算表，必须同时送来，附属预算表亦应照以上规定详细说明；9.各区经费应说明该区工作人数多少，办公费多少，共有几个乡，多少工作人员。如某一项目应说明的事由过多，说明栏填不下的，可另用一张纸来写，在纸端写明"某项目说明"字样，而在预算书说明栏内，则只写"另纸说明"四字。

以后的预算，特别是临时费，如无说明的，概不批准。如确系紧要开支，因无说明未得批准，致工作上受妨碍时，各该机关首长应负责任。

（七）预算填制完毕复算无错后，先由会计或总务人员签名盖章，再送该机关首长核阅后，由首长签名盖章负责，并加盖机关公章。

公历 1936 年 7 月份

支 付 预 算 书

编制机关：某某县政府

款	项	目	本月份预算数	上月份预算核定数	说　明
本机关经费	经常费	人员伙食	19.34	18.00	现有 30 人，准备加 2 人，以 31 天计算。
		鞋袜费	6.40	6.00	现有 30 人，准备加 2 人，以 30 人计算。
		客饭费	1.24	1.24	每天平均 2 人计算。
		马料费	5.27	5.10	骡子 2 匹，每天每匹 6 分；驴子 1 匹，每日五分发给。
		路费	3.00	8.00	以出发三十里以外者，每匹价二元。
		纸张费	4.00		东昌纸二十刀，每刀价二元。
		文具	0.88		笔六枝，每枝八分；墨四锭，每锭一角。
		印刷	2.40		油墨半瓶，蜡纸 20 张，油墨瓶一元四角，蜡纸每张五分。
		邮电	0.61		平信 20 封，快信二件，单挂号一件。
		灯油	2.25		灯五盏，每盏每晚一两二钱，计用油十一斤四两，每斤价二角。
		医药	2.00	2.00	照规定限度预度。
		经常费小计	47.89	35.34	
	临时费	购置	0.75		
		修理	9.60		修理签子 3 个工，每工二角五分。
		训练班	14.00		计划扩红 100 名，每名准备 7 天伙食。
		新战士伙食			
		临时费小计	24.35	35.34	
	本款合计		72.24	43.42	
所属机关经费	输运队		45.25	15.80	另附预算表
	第一区		15.80	16.50	区 9 人，大乡 1 个，小乡 4 个，共 6 人。
	第二区		16.50	14.36	区 9 人，加小乡 1 个，加 1 人。
	第三区		14.36		区 8 人，大乡 1 个，小乡 3 个，共 5 人。
	本款合计		91.91	90.08	
总计			164.15	125.42	合计（签名盖章）

主席（签名盖章）　　　　　　　　　　　　　　　　　　　　1936 年 6 月 7 日编制

第二编 计 算

一、计算的重要性

计算是预算之结束,有预算而无计算,则预算的执行无从考察。余款无凭以收回,不但影响财政的收入,而且贪污浪费不免由此而生。所以计算和预算是相互为用的,其重要性也不能有所差别。

计算的要点,在于报销数目的实在,没有浪费与浮报。浪费是一种罪恶,而浮报则为贪污舞弊,应受法律制裁的犯罪行为。所以各机关首长,对各种开支应随时加以考察。其数目较大,或临时性质的开支,必须亲自批准。计算编成后,尤要加以审核,然后签名盖章,负责编送。否则,发现贪污浪费,该机关首长是应负责任的。

二、开支的限制

"月份支付总数,非有特别原因,事前追加预算,得上级核准者,不得超过该月份预算核定数",这是会计条例上规定了的,并在上编"追加预算"一段中说明过。"如未经过追加手续,而自由超过的,中央财政部绝不承认此项开支",这是应该绝对执行的。

另一方面,检查各机关过去的计算,很多的总的数目上不超过,而在某一项之下,则大大地超过。如预算了扩大红军的临时费,结果,红军的扩大没有达到预定数目,而这一笔钱,却流用到办公购置上面去了。在这不超过预算总数的掩盖之下,很容易使各机关开支流于浪费。为此,特将收支科目分为"款""项""目"三级,加以限制。在会计条例上规定的原则是:"预算核定之经费,款与款、项与项之间,不得互相流用。同项内各目,如确有正当理由,得互相流用,但须于说明栏内详叙理由。"这就是说,所属机关经费,不能移作本机关经费之用;临时费项下之款,不能移作经常费之用;同属临时费项下的特种临时开支(如扩红费、侦察费等),也不得移作购置修理之用。只有经常费项下各目之款,可以互相流用。如违反这一规定,某一项目自由超过的数目,中央财政部也不承认。所用去之款,决在下个月预算数内扣回。如有特别情形,经常费估计要超过,而临时费项下尚有余款时,要照追加预算手续,报告上级批准后,才可拨用。

三、单据的重要和单据粘存法

计算的要点,在于数目的实在;要证明数目是否实在,就是靠单据。关于计算要附送单据这一点,过去已经发了几次通知,但还有绝大多数的机关没有送来，就是有也不完全。既无单据，便无法彻底审查，贪污浪费之事，也就无法发现。今特严格规定，以后凡未有附单据的计算，概作无效。一面严令追补，一面将下月经费扣留三成（即按七成发给，直到单据送来后，才照数补发）。

每月的单据，数量颇多，如不分类粘存，既易散失，又不便审查，所以必须用单据粘存薄。其格式如下：

单　据　粘　存　簿
文具费

┌─────────────────────────────┐
│   │
│　（单据粘在此处）   │
│   │
└─────────────────────────────┘

用法说明：（一）此簿每一科目用白纸一页（如计算书上有二十个科目，就用纸二十页），另加封面，装订成册。

（二）每页上头，按预计算科目次序，填写科目名称。如第一页写"工作人员伙食"，第二页写"鞋袜费"……

（三）每支出一笔钱，就要有一张单据，按单据性质，分别粘于各科目之下。如属于工作人员伙食的单据，粘于工作人员伙食一页内，属于购置费的单据，粘于购置费一页内。

（四）单据要分类顺序编号。如第一张文具费的单据，应编文字一号；第二张文具费单据，就编文字二号。第一张购置费单据，应编购字一号；第二张购置费单据，就编购字二号。

（五）如每张单据包含二种科目——如买纸和买墨的单据合作一张时，要看属于哪一科目的钱多，就把单据粘于哪一科目内。如纸线比墨钱多，就把单据粘在纸张一页内，在文具一页内，应另写一张条子，注明"买墨几条，共钱多少，发票附在纸张费第几号内"，以便核查。

（六）凡附属单据（如伙食费、客饭表等）不另编号，只注明"第几号附属单据"。

（七）每月底要将各科目的单据，分别合一总数，另用纸条开明张数、钱数，粘于该科目单据之上。其格式如下：

┌─────────────────────────────┐
│　工作人员伙食单据，自工字一号至三号，共主要单据三张，附属单据三张。│
│　　　　　　　　　　　　　　合计支出大洋壹拾捌元正│
│   │
└─────────────────────────────┘

（八）每一科目的单据之合计数，要与支出分类账该科目本月份之支出数相同，同时要与计算书该科目之实支数相同。

（九）单据粘存簿封面上，要写明"某机关、某月份单据粘存簿"。总之，一句话：每一条账要有一张单据，所有单据要按科目分类粘存。

四、各项开支的说明和取得单据的办法

为使各机关明了开支的手续起见，特将各科目的计算方法、取得单据办法分别详细说明于下，以便遵照执行。

（一）工作人员伙食——这一科目的开支，过去发现了如下的弊端：1. 实际上现有工作人数，还不足上级规定的人数，也照规定人数报销。常常弄成领伙食与领衣服的人数不同，领鞋袜与领伙食的人数又不同，处处露出马脚。2. 伙食费不照每天实际人数计算，在职十天半月的，也领一个月的钱，甚至有非"因病"或"因公"而离开工作，请假回家十天半月以至几个月的，也同样领伙食、发鞋袜。3. 未得上级批准，自由超过规定人数。

今后规定：1. 每天要清查人数，有多少人吃饭领多少钱，不得虚报。2. 出发工作的，仍照常发给，但管理伙食的人，要将钱交与出发人领去。3. 无故离开工作请假回家的，不发伙食钱。4. 未得上级批准，不得自由超过规定人数。

伙食费每十天应清算一次，由管理伙食的人具领条及伙食费，向总务处领取（管理伙食的人，每月一日可立借条向总务处先借十天的钱，到了十日，就填一张伙食表，并照确实数目，具正式领条报销，还清借款，然后再借下十天的钱）。

领条格式如下：

今领到六月一日至十日人员积数共三百九十二名伙食费大洋伍元捌角肆分正。

附：伙食表一张

经手人×××（盖章或打手印）

一九三六年六月十日

说明：领条是主要单据，要写明日期、人数及钱数，经手人要盖章。如无私章，则用右手中指打手印。

伙食费格式如下：

伙 食 费
公历1936年6月1日至10日

日 期	人 数	应领伙食钱	说 明
一日	三十二人	陆角肆分	
二日	三十人	陆角	调走二人
三日	二十九人	伍角捌分	请假回家一人
四日	二十九人	伍角捌分	
五日	二十九人	伍角捌分	
六日	二十九人	伍角捌分	
七日	二十八人	伍角陆分	调走一人
八日	二十八人	伍角陆分	
九日	二十九人	伍角捌分	销假一人
十日	二十九人	伍角捌分	
合计	二百九十二人	伍元捌角肆分	

总务处长(签名盖章)　　　　　　　　经手人(签名盖章)

说明:1.每日要清查人数,照填此表。2.人数增减要说明原因。3.出发工作的伙食,仍要列入表内,不得另领。4.此表要经管伙食人签名盖章,并由总务处长盖章证明。5.此表由各机关自画使用。

(二)鞋袜费——照现有实在人数发给。但:1.一个月中请假二十天以上的不发。2.从别机关调来的,应加考察,如原机关已经发过的不得再发。

鞋袜费的单据,可由会计员将现有工作人员的姓名列成一单,每发给一人,即由领款人在其姓名下签名盖章或打手印。其格式如下:

月份　　袜费单据

担任什么工作	姓 名	在职几天	鞋袜费收到后本人在此表盖章
主 席	张 三	全 月	印
总务处长	李 四	全 月	印
会 计	赵 五	二十三天	印
勤务员	钱 六	十八天	手印
合 计	○○人	实领大洋○元○角正	

说明:1.发鞋袜费必须照此表填写,逐一盖章或打手印,方准报销。2.有了此表,可不必再造花名册。

(三)客饭——过去各机关报销客饭,有两个毛病:1.许多机关的计算上,只说明每天平均几人,这显然是不确实,而近于浮报。2.滥开客饭,就是说,对毫无工作关系的闲人,随便叫他吃饭;其他机关的人来吃了饭,不问他收钱,这都是浪费。

今后规定:1.凡无工作关系的闲人,不得开客饭。2.凡领过生活费的其他机关人员,到别机关吃饭,或上级到下级巡视及下级到上级商量工作的人员,吃了饭要照数给钱,不得报销。3.只有未经发生活费的群众,因工作关系的或为开会等原因,其他机关的人,偶然来吃一顿饭的,才可报销客饭。4.客饭要照每天实在顿数计算,不得大约估计。

客饭也同伙食一样,要每十天清算一次,由经管伙食人具领条及客饭表向总务处报销。

领条格式如下:

```
今收到
七月一日至十日客饭八顿,合洋捌分正。
附:客饭表一张
                                经手人○○○(签名盖章)
                                一九三六年七月十日
```

客饭表格式如下:

客 饭 表

公历 1936 年 7 月 1 日至 10 日

日 期	顿 数	应领钱数	说 明
一日	三顿	三分	
二日			
三日	一顿	一分	
四日			
五日			
六日			
七日			
八日	四顿	四分	
九日			
十日			
合计	八顿	八分	

说明:1.填此表手续与伙食表同。2.此表由各机关自画使用。

(四)马料——各机关马匹,不得超过上级规定数目。马料钱可按实际情形,每十天半月或每一个月发给一次,由马夫具条领取。马夫如不识字,可请人代写,由他本人打手印。领条格式如下:

```
                        今领到
        骡二匹
六月份           全月草料洋伍元壹角正
        驴一匹

                              经手马夫〇〇〇手印
                              一九三六年六月〇日
```

(五)路费——路费的规定是:1.出发工作,路途在三十里以外的,照规定数目发给。2.只按路上的日期计算,到达目的地后不发(如县到省开会,只照路上来回天数计算,住省开会的日期不发)。3.非因工作出发的(如请假回家等),不发路费。

路费的报销,要在出发的人回来后,按照实在天数具领条领取。但出发前,可按大概数目先行借用。领条填法如下:

```
  今因(某种事故)出发(某地方)工作来回在途日期共六天,实领到路费大洋参角正。

                          (领款人职务、姓名,盖章或打手印)
                                  一九三六年〇月〇日
```

(六)纸张、文具、印刷、杂费——这四种费可站在节省原则上,在预算限度内开支。所买的东西,应尽可能取得卖货人的发票(即清单)。如确实无法取得单据的,可由经手人开单。其式样如下:

```
  今在某处向(某人)买到扫帚叁把,扣大洋叁角陆分正。
  因(某种原因)无法取得发票。

                          经手人〇〇〇(盖盖或打手印)
                                 一九三六年某月某日
```

(七)邮费——每月可估计需用邮票多少,作一次向邮局购买,交收发科集中贴用,不得各部门用。邮费以邮局发票为主要单据,收发科的报告为附属单据。报告的方式如下:

> 六月份邮票收付报告
>
> 　　上月原有邮票壹角六分正。
> 　　本月现买邮票贰元正。
> 　　本月共发平信八十封,用邮票壹元陆角正。
> 　　本月共发快信三封,用邮票贰角肆分正,除后尚存邮票叁角贰分正。
> 　　　　　　　　　　　　　　　　　　　　收发○○○(盖章打手印)

　　说明:收发科发出信件必须登记,月底即照登记簿计算。

　　(八)医药费——买药吃的,应将药单请药铺注明钱数,加盖药铺图章作为单据。疗养费应由该机关首长打条子。

　　(九)购置费——应先得上级批准后,才可按预算开支。其取得单据办法,与纸张、文具等费相同,但其数目较大的,应经过该机关首长核准。

　　(十)修理费——事前应得上级批准,才可按预算开支。事后应由经管人开列清单,由机关首长核准后,才可报销。其修理应用之材料,仍要照购置费办法取得单据。清单式样如下:

> 　　今将修理办公厅费用列下:
> 　　泥水五个工,工资洋壹元。
> 　　木匠六个工,工资洋壹元贰角。
> 　　买木板贰块,大洋陆角。
> 　　合计洋贰元捌角正。
> 　　附:木匠、泥水收条二张,木板发票一张,请审核准予报销。
> 　　　　　　　　　　　　　　　　　　　　　　管理科长○○○印

　　(十一)临时发生的开支(如新战士伙食等)——此项开支,事后应由总务处开单,请机关首长核准。清单填法如下:

> 　　　　　　　　　　　　　　　计　开
> 　　一区新战士二十名,二日至七日共六天伙食洋贰元肆角。
> 　　二区新战士十名,四日至七日共四天伙食洋捌角。
> 　　三区新战士三十名,五日至七日共三天伙食洋壹元捌角。
> 　　以上共新战士六十名,共伙食洋伍元正。请审核准予报销。
> 　　　　　　　　　　　　　　　　　　　　　　总务处长○○○印
> 　　　　　　　　　　　　　　　　　　　　　　○月○日

（十二）运输队经费——过去许多县份编送计算书时，未附送运输队的计算表，只照预算数目报销，这显然有弊。说是开支数恰与预算数相符吧，当然不会这样凑巧，不然，则多余之款，非浪费即贪污，这是由于县苏总务处不负责任，不督促运输队编计算。有人说，运输队到了月底常常出发未回，编计算有点困难。我想这也不成问题，因运输队的伙食、津贴、马料都有规定的数目，每月照规定发给，与出发未回并没有什么关系。如果说运输队出发多带了钱，月底不能算清，就无钱退还，这也没有关系。因钱既带去，不能退还，可在下月经费内扣回，而这笔钱就在下月报销。因此，决定以后每月运输队的计算，必须与县苏计算同时送来，否则认为计算尚未编好，必须退还重编，仍将下月经费扣留三成，等计算重新编好寄来后再补发。运输队计算，总务处要加以审核，并由主席盖章负责。运输队各种开支，同样要有单据。取得单据办法，与前列各项相同。

（十三）训练班开支——要另附计算表，各费都要照前列各条办法，取得单据。

（十四）区乡经费——过去各县对于区乡工作人员伙食，只照上级规定人数发给，而不加以考察，是否实在有这么多人，这是不对的。今后应在上级规定范围内，照实有人数发给，领款时须具领条作为报销单据。领条填法如下：

```
    今领到县政府发来○月份经费计
            办公费伍元正
  区政府工作人员九人伙食费伍元肆角
            鞋袜费玖角
                伙食办公费玖元陆角
  大乡二个，小乡二个，共八人
            鞋 袜 费 捌 角
    合计贰拾壹元柒角
                    第二区政府主席○○○印
                        经手人○○○印
                      一九三六年○月○日
```

（十五）保卫局的侦察费——如因秘密关系，不便将用途开单据报销时，要以保卫局长的条子为凭。

五、余款的退还

"各机关每月经费结余之款，应如数缴交同级金库，不得流用下月。"这是会计条例上所规定的。退还的手续很简单,就是将每月用不完的钱,如数交与同级金库,由金库照给正式收款书。退还机关则应将金库的收款书,连同计算书送交上级,由该上级机关换给退还款收据。

过去有些机关,每月余款不照手续退还,或已退还,又不照手续将金库收款书连同计算书送交上级。使我们为清理手续起见,不得不在下月经费内扣还。这个办法,会使各县逐月的支付统计不确实,还是不好。以后决定:各机关每月余款,如不照手续退还,将金库收款书按到中央财政部的,则按情形,照应退数目在下月经费中扣留一倍至数倍的钱,等到将金库收据寄到后,再照数补发。

六、编送的日期及份数

编制计算的日期,县一级机关应于次月五日以前编好付邮,寄交省一级管辖机关;省一级机关除编制本机关计算外,应汇编全省计算书,连同各县计算书,于次月十五日以前付邮,寄交中央一级管辖机关;中央主管各部应于次月二十五日以前编好上月份总计算送到中央财政部。如不按期送到者,中央财政部得暂将下月经费扣留,等计算书寄到后,再照数补发。如因不能及时领到经费,以致工作上受到妨碍时,其责任须由各机关首长自负。

各机关计算书应编送的份数,也与预算书一样。本机关自存一份,各上级机关存一份,送中央财政部一份。但计算书经过该上级机关时,可截留一份,只以最后一份送中央财政部。如各县保卫局的计算书应抄四份,可先留出一份存县备查,以三份送省保卫局,由省截留一份,以二份送西北保卫局,再由西北保卫局截留一份,仍以一份送中央财政部。

省一级各机关,对各县计算书,必须加以审核,列具意见,另纸书明,粘于计算书之上,以备参考。

七、计算书和收支对照表填制法

计算书的填制法,除参照预算书填制法(一)(二)(四)(五)各项外,要注意下列各点:

(一)照支出分类账各科目每月开支总数填入"实支数"栏,将本月份预算书上之核定数填入"预算核定数"栏。

(二)如实支数比预算数少,就在"增或减"栏写一"减"字,将减少数目填入比较数之金额栏;如实支数比预算数多,就在"增或减"栏写一"增"字,将增多数目填入比较数之金额栏。

月 份 计 算 书

编制机关：某某县政府　　　　　　　　　　　　　　公历 1936 年 7 月份

款	项	目	实支数	预算核定数	增或减	金额	说　明
本机关经费	经常费	人员伙食	18.08	19.84	减	0.81	比预算少加一人实31人
		鞋袜费	6.20	6.40	减	0.20	比预算少加一人实31人
		客　饭	1.20	1.24	减	0.22	
		马　料	5.27	5.27			
		路　费	3.60	3.00	增	0.60	
		纸　张	5.40	4.00	增	1.40	因订帐簿多买纸一刀
		文　具	0.64	0.88	减	0.24	
		印　刷	2.00	2.40	减	0.40	
		邮　电	1.00	0.61	增	0.39	尚存邮票三角
		灯　油	2.00	2.25	减	0.25	
		医　药	1.70	2.00	减	0.30	
		经常费小计	47.86	47.89			
	临时费	修　理	0.75	0.75			
		训练班	9.10	9.60	减	0.50	
		新战士伙食	12.80	14.00	减	1.20	
		临时费小计	22.65	24.35			
	本款合计		70.51	72.24			
所属机关经费	运输队		43.57	45.25	减	1.68	
	第一区		15.80	15.80			
	第二区		16.50	16.50			
	第三区		14.36	14.36			
	本款合计		90.23	91.91			
总　计			160.74	164.15	减	3.41	

主席○○○[印]　　　　　会计[印]　　　　　1936年8月4日编

（三）说明栏，只要说明什么原因增加、什么原因减少及其他必要事项，因计算既附有单据，就可不必再说明用途了。

（四）计算以分为单位，不计厘数，五厘以上作得一分，五厘以下，概不计算。

附：收支对照表填法。

计算书必附收支对照表，以便对账。其填法如下：

七月份经费收支对照表

收本月经费支票〇字〇号164元1角五分

本月计算实支160元7角4分

退还金库　　　　3元4角1分

共收164元1角5分　　共支164元1角5分

〇〇〇县政府总务处长〇〇〇印

会计〇〇〇印

一九三△年△月△日

第三编　会计手续

一、编送预算及领款的程序

（一）县一级机关：1. 先根据实际情形，参考上月的预算和计算，编制预算草案。2. 交会议讨论决定。3. 照决定数目抄录预算书四份，交本机关首长盖章后快信寄交省一级管辖机关。

（二）省一级机关除照县一级办法编制本机关预算三份外，于接到县一级送来预算后：1. 要详细审核，附具意见，另纸写明，粘在原预算书上。2. 填制不合程式的要代修正，不足规定份数的应代补足。3. 汇编全省预算书三份。4. 将全省预算三份、省本身预算三份，连同各县预算各四份，快信寄交中央主管各部。

（三）中央主管各部，对各省县预算，亦加以审核，并汇总预算二份，连同各省县预算送中央财政部。

（四）中央财政部将预算转送中央审计委员会核准后，由会计局通知国库局发支付命令。

（五）会计局将各种预算各截留一份，其余连同支付命令通知，发交中央主管各部。

（六）中央主管各部：1. 接到支付命令通知后，应填领款收据，连同命令通知,持向总金库领款(中央经费向总库现领,各省经费请总库转发支票向分库领取)。2.将省县预算各截留一份,其余连同支票发交省一级所属机关。

(七)省一级机关:1.收到支票后,应具领款收据,送中央主管各部存查。2.在支票背面签名盖章后,持向分库领款(省经费向分库现领,各县经费请分库转支票向支库领取)。3.将各县预算截留一份,其余一份连同支票寄交各县所属机关。

(八)县一级机关:1.收到支票后,应具领款收据送省级管辖机关存查。2.在支票背面签名盖章后,持向支库领款。3.支库对支票之款,如不一次付清时,应取得支库凭票为凭,以后可陆续持凭票向支库领款,但第一次支款,必须将支票交还金库。

附注:一、如无中央级机关管辖的(如各省行政费),省县预计算均可照规定少编一份,由省直接送交中央财政部。二、为避免转发的麻烦起见,各省经费得由国库局发命令到分库支取,各县经费得由总库发票到支库支取。

二、编送计算及核准的程序

(一)县一级机关每逢月底:1.将支出分类账各科目各结一总数。2.各科目单据各结一总数,与支出分类账核对,是否数目相符。3.将结余之款退交支库,取得收款书为凭。4.根据支出分类账填制计算书四份、收支对照表四份。5.将计算书、收支对照表各三份,连同单据粘存簿、金库收款书一并寄交省一级管辖机关。

(二)省一级机关除照县一级办法编制计算书、收支对照表各三份外,于接到县一级寄来计算书后:1.要详细审核,附加意见另纸写明,粘于计算书上。2.填制不合法的要代修正,不足规定份数的应代补足。3.汇编全省计算书、收支对照表各三份。4.将各县计算书截留一份,以其余二份连同省本身计算二份,并单据粘存簿、金库收款书一并送交中央主管各部。

(三)中央主管各部对各省县计算,亦应加以审核,各截留一份,并汇编总计算书一份,连同各省县计算各一份,并单据粘存簿、金库收款书送中央财政部。

(四)中央财政部将计算转送中央审计委员会核准后,由会计局填发核准计算通知书及退还款收据,交中央主管各部。

(五)中央主席各部转发核准计算通知书及退还款收据,交省一级所属机关。

(六)省一级机关应转发核准计算通知书及退还款收据,交县一级所属机关。

(七)县一级机关应将核准计算通知书及退还款收据留存备案。

三、记账法

(一)县一级机关记账法如下:

1. 领到上级发来支票时,即持向支库领款,在日记账上收上级机关来账(如县政府应收省政府来账),并由日记账过入往来账内上级机关户下。

2. 支票之款,如支库未一次付清时,应向其取得凭票,在日记账上付支库去账,以后即持凭票向支库取款,直收支库来账,并由日记账过入往来账的支库户下。

3. 开支之款,首先要将单据粘存编号,根据单据在日记账付各科目的账,再由日记账过入支出分类的账该科目之下。

4. 凡属预支之款,如先借伙食费、预支路费等,应记暂记,先登日记账,过入往来账,等报销后再收回暂记,转付各科目开支账。

(二)省一级机关记账法如下:

1. 省一级本机关支出记账手续,与县一级机关同。

2. 收到上级发来支票时(包涵各县经费在内),应收上级来账,转发支票给各县时,应付各县去账。

3. 接到上级发来核准计算通知书及退还款收据时,应付上级去账,转发核准计算通知书及退还款收据时,应收各县来账。

4. 对全省每月经费,省一级机关应负责向中央财政部按月结算。

四、簿单格式及用法

县一级机关应备下列账簿:

1. 日记账;

2. 支出分类账;

3. 往来账;

4. 单据粘存簿。

省一级机关除备上列四种账簿外,应备下列单据:

1. 核准计算通知书;

2. 退还款收据;

3. 发款通知书附领款收据。

以上各种簿单,分别说明如下:

(一)日记账,即流水账。一切收付必须先记入此账,然后根据此账过入支出分类账与往来账。日记账每隔几日要小结一次,每月要总结一次。账上实存数目要与所存现金数目相同。

日记账格式，仍用当地普遍的流水账，记法暂不规定，如能用新式账簿更好。

（二）支出分类账格式如下：

支 出 分 类 账
（文 具 费）

1936年		单据号数	摘　要	预算数	实支数	累计数
月	日					
7	1		本月核定数	3.00		
7	3	1	笔十支		0.90	0.90
7	10	2	墨五条		0.50	1.40
7	25	3	印泥一盒		1.00	2.40
			本月共支		2.40	
			本月减支		0.60	
				3.00	3.00	
8	1	1		2.00		
8	9	2	笔五支		0.50	0.50

说明：

1. 支出分类账，按预算科目每目立账一户。支出款项时，按其性质分别由日记账过入各科目户下。

2. 每月开始，先照预算核定数记入"预算数"一栏，于摘要栏写"本月核定数"。

3. "单据号数"栏记单据粘存簿上所编的单据号数，"摘要"栏写用途、数量及价格等，"实支数"栏记支出数目，"累计数"栏记逐次支出的合计费。

4. 每月底要总结一次，先将实支数合一总码，在"摘要栏"写"本月共支"四字。次将预算数与实支数比较，如实支数比预算数多，就算超过，将超过数目用红字记入"预算数"栏，并于"摘要"栏写"本月超过"；如实支数比预算数少，就算减少，将减少数目用红字记入"实支数"栏，并于"摘要"栏写"本月减少"字样。

5. 每月总结后，仍可接记下月的账。

（三）往来账，即老账的一种，是属于暂记和预支性质的。县一级的往来账，约要分下列各户：

1. 上级机关(如省政府)——每月领来经费及月底报销退还之款,均记入此户,每月要结清一次。

2. 支库——记支票尚未付清的暂欠款。

3. 其他预支伙食、路费等,均可临时另立科目。

省一级所用往来账,对所属各县应每县立账一户,每月发给各县经费及月底报销退还之款,均分列抄入该县户下,每月要结清一次。

往来账格式,仍用当地普遍老账,记法都照习惯,不另定,如能用新式账簿更好。

(四)单据粘存簿,格式及用法详见第二编。

(五)省一级用的核准计算通知书格式如下:

存　　根

○○县政府○月份计算实支金额○百○十○元正
右款业经中央财政部准予报销

○省政府主席印

公历一九三○年○月○日　○字第　　号

字　　第

核准计算通知书

○○县政府○月份计算实支金额○百○十○元正
右款业经中央财政部准予报销

○省政府主席印

公历一九三○年○月○日　○字第　　号

说明:省一级机关接到上级核准计算通知书后,应填此书转发各县备案。

(六)退还款收据格式如下:

存　　根

今收到
○○县政府退还○月份经费金库收款书○字○○号
　金额○十○元○角正

○○省政府主席印

公历一九三○年○月○日　○字○○号

```
┌─────────────────────────────────────────────────────────────────┐
│                    字      第      号                            │
│                    退 还 款 收 据                                │
│   今收到                                                         │
│ ○○县政府退还○月份经费金库收款书○字○○号                       │
│    金额○十○元○角正                                            │
│                                           ○○省政府主席印      │
│                              公历一九三〇年○月○日  ○字第○○号│
└─────────────────────────────────────────────────────────────────┘
```

说明:省一级机关接到县一级退还款时,应给此收据。

(七)发款通知书(附领款收据)格式如下:

```
┌─────────────────────────────────────────────────────────────────┐
│                    发 款 通 知 书                                │
│   兹寄上○月份经费(支票○字○号)金额○○元正,至希查收,持向○○县支库领│
│ 取,并将附上的收条填好,加盖公章及○○私章,寄回我处备案。此致    │
│ 某县某机关                                         ○省某机关    │
│                                                      ○月○日   │
└─────────────────────────────────────────────────────────────────┘

┌─────────────────────────────────────────────────────────────────┐
│                    发 款 存 根                                   │
│   发给某县○月份经费支票○字○号                                 │
│ 金额○○○元                                                     │
│   领款收据已于○月○日寄到                                      │
│       公历一九三六年○月○日                                    │
│                                              编○字第○号       │
└─────────────────────────────────────────────────────────────────┘

┌─────────────────────────────────────────────────────────────────┐
│                    领 款 收 据                                   │
│                                              编○字第○号       │
│    今  收  到                                                    │
│ 某机关发来○月份经费(支票○字○号)                              │
│    金额○○○○元                                                │
│                                          某县某机关首长印      │
│                                          公历一九三六年○月○日 │
└─────────────────────────────────────────────────────────────────┘
```

说明:

1.上级发款给下级时,应将通知书及存根上之月份、支号数、金额各项填好,以发款存根一联存查,以通知书领款收据联连同支票寄交下级。

2.下级机关接到支票后应将领款收据填好,由首长签名盖章,寄回上级机关。

3.上级机关接到下级回领款收据时,应在存根上填明收据已于某月某日寄到。

中央财政部颁发暂行会计条例

一九三六年六月一日

第一章 总 则

第一条 中央财政部为建立金库制度,完密会计手续,特颁布本条例。凡各级财政部、各征收机关、各级金库、各费支出机关均须照此办理。

第二条 会计年度以每年一月一日开始,至同年十二月三十一日终止。

第三条 会计局得随时派员分赴各机关指导关于会计事项,并检查账簿单据等。省县财政部亦得随时检查分支库之账簿及单据。

第二章 收款之程序

第四条 各级财政部、各征收机关所收之款,必须如数缴交金库,绝对不得于未缴纳金库以前,擅自动用。

第五条 区财政部及县一级征收机关(县财政部没收科、抗日基金筹募委员会、政治保卫局裁判部、地方武装部队等)收入款项时,须填具三联收据,以存根一联存查,收据一联发给缴款人,报查一联送财政部备查。

第六条 支库收到区财政部或县一级征收机关缴款时,应填具四联收款书,以存根一联存查,正收据一联发给缴款机关携回备案,副收据一联送交分库转账,报告一联交县财政部登记。

分库接到支库收据后,应填具五联收款书,以存根一联存查,正收据一联交省财政部,副收据一联连同报告、报查各一联,送交总库转账后,截留副收据一联存总库备查,以报告一联、报查一联分别转送国库局会计局核记。

第七条 分库收到省一级征收机关缴款时,应填具六联收款书,以存根一联存查,正收据一联发给缴款机关,副收据一联连同报告、报查各一联送交总库转账后,仍以报告一联、报查一联分别转送国库局会计局核记,副报告一联则由分库直接送交省财政部备案。

第八条 总库直接收入款项时,应填具四联收款书,以存根一联存查,收据一联发给缴款机关,报告一联送国库局,报查一联送会计局。

第九条 收款书之会计科目栏,须按照规定之岁入科目,视缴款性质分别填入。缴款机关如同时有数种科目不同之款缴来时,必须每款各填一收款书,以清眉目,而便登记。

第三章 支款之程序

第十条 各机关一切支出,统由金库支付之。但各级金库非有中央财政部之支付命令,或上级金库之支票,不得付款给任何机关。如有特别情形,事前得上级之许可者,不在此限。

第十一条 各机关每月支领经费,应先期照章编具支付预算书,送中央财政部核发。

第十二条 中央各部所管经费,由中央财政部发三联支付命令,以存根一联存查,命令一联送交总库照发,通知一联发交领款机关。领款机关接到支付命令通知后,应另具四联领款总收据,以第一联存查,以其余三联连同支付命令通知持向总库领款。

总库接到支付命令通知后,与中央财政部所发命令核对相符,并由领款人将领款收据三联完全交到后,即照额付款。总库于付款后,将总收据中之第二联截留备查,余二联送国库局核记后,仍以第四联转送会计局。

第十三条 应由省一级转发之经费,由中央财政部发四联支付命令,以存根一联存查,命令一联送交分库照发,副命令一联通知总库查照,通知一联发交领款机关。领款机关领到支付命令通知后,应另具四联领款总收据,以第一联存查,以其余三联连同支付命令通知,持向分库领款。分库接到支付命令通知后,付款手续与总库同。分库于付款后,留支付命令一联备查,将收回之支付命令通知,加盖"某月某日付讫"戳记,连同所取领款总收据三联,送交总库分别存转。

第十四条 中央财政部不直接命令支库付款,县一级各机关经费,应由领款机关商请总库或分库转发支票到支库领取。

第四章 预算及计算

第十五条 预算及计算,各分为收入、支出两种,由各机关照规定期限及份数,按级汇编递送中央财政部。

第十六条 凡机关预算,须经过该机关会议(如行政费应由政府主席团会议)讨论决定,由该机关最高首长负责编送。

第十七条 预算一经核准后,非有意外重大事故或特殊变迁,不得请求追加预算。

第十八条 凡机关预算不按期编送者,得由编制各该上级预算之机关,查照该机关上月份预算数,或比照类似或相等机关之本月份预算数,先行列入上级预算,一面严令照代列数补送预算书,并予该机关首长以相当处分。

第十九条 月份支出计算书,应附经费收支对照表及单据粘存簿。

第二十条 月份支付总数,非有特别原因,事前追加预算得上级核准者,不得超过该月份核定预算数。

第二十一条 各机关每月经费结余之款,应如数缴交同级金库,不得流用下月。

第二十二条 预算核定之经费,款与款、项与项之间不得互相流用。同项内各目,如确有正当理由,得互相流用,但须于说明栏内详叙理由。

第五章 账簿及登记

第二十三条 各机关一切账簿,每一年度更换一次。

第二十四条 各账簿一经启用,无论主要账、辅助账,已用完或未用完,均由各机关首长与会计人员负责保管。

第二十五条 各种账簿均须按页编号。凡分户记载之各种账簿,须加编目录于首页。

第二十六条 每条账均须有单据为凭,各种单据须分类编号,妥慎保存。

第二十七条 记账均以国币为本位,以分为单位,不记厘数。五厘以上作得一分,五厘以下则除去不算。

第二十八条 凡收付与本位币市价不同之银两铜园,或其他货币时,均用定价法(即以市价为标准,规定统一价格)折合本位币记账,但原币数目仍须注明,以便考察。

第六章 报告之编制

第二十九条 区财政部每月底应填收付月报告表一份,送县财政部查核。

第三十条 县财政部每逢十日应填收入旬报表二份,每逢月底应编月份收入计算书二份,分送省财政部及中央财政部。

第三十一条 省财政部每逢十日应填收入旬报表一份,每月会计事务结束后,应编月份收入计算书一份,送中央财政部。

第三十二条 分支库除照规定表格报告上级金库外,应另具库存表一份、月份收支对照表一份,报告同级财政部。

第三十三条 总库每日应填库存表、日计表各二份,每月须填收去对照表二份,报告国库局与会计局。

第七章 附 则

第三十四条 金库会计出纳细则及红军没委之会计手续另定之。

第三十五条 本条例修改之权属于中央财政部。

第三十六条 本条例自一九三六年八月一日起施行。

中央政府西北办事处、
中国工农红军总政治部命令

查各机关、各部队在布置驻屋、购买物品方面,发生了许多不守纪律甚至侵犯群众利益的事。为了巩固新都,争取群众和使保安全县迅速变为模范抗日根据地计,这些现象急需严厉禁止。兹特规定如下:

(一)各机关、各部队驻扎民房,须顾群众必需的住屋,不得强迫群众搬家。遇有群众回家而无房子住时,须即让出一部分房子与群众居住,宁可使自己住挤些,不能使群众无房子住或不够住。

(二)各机关、各部队的采买人员下乡去购买柴、草、蔬菜、猪、羊等时,应自己去运回,不得动员群众运送,使群众疲劳,妨害耕作。以后无论何人(供给人员在内)不得上级政府或上级政治机关的准许时,不得到乡下去自由动员养殖牲口。

(三)各机关、各部队不得大批定购柴粮食,垄断市场,自相惊扰。如已订购者,须照中央粮食部通知,报告粮食调剂局处理。

(四)禁止拆毁民房或庙堂。

(五)购买物品时,要说服群众使用国币,不准使用现洋或白票,致破坏苏维埃国币信用。

(六)各机关、各部队不得争买,致抬高市价。

上列各条,应严厉执行,并需向全体工作人员、指挥员、战斗员公布解释,不得违背。今后如有违反上列各条者,当照苏维埃和红军的纪律处罚。

中央政府西北办事处主席　　博　古
中国工农红军总政治部主任　　杨尚昆
一九三六年七月七日

中央财政部收入支出决算表

一九三五年十一月至一九三六年七月

资产负债表
1935 年 11 月份起至 1936 年 7 月份止

负债		资产	
摘要	金额	摘要	金额
暂存款	1,175.780	总供给部	14,206.720
银行借款	794,609.720	邱创成	200.000
存款证	60,064.820	延安县财政部	55.000
		外交部	60,000.000
		高笃诚	171.890
		陕北省财政部	158.470
		志丹县财政部	247.470
		中央政府总务处	200.000
		陕甘省工委会	1,000.000
		中央粮食部	500.000
		库存现金	182,909.720
		不符	596,201.050
合计	853,850.330	合计	355,850,320

（暂欠款）

收 入 决 算 表
1935年11月份起至1936年7月份止

科目		金额		备考
款	项	项	款	
没收款	中央没收款	4,493.810		
	红军没收款	422,460.126		
	陕北省没收款	140,024.135		
	陕甘省没收款	38,942.347		
	关中省没收款	9,997.960	615,918.384	
捐助款	中央捐助款	13,002.863		
	红军捐助款	1,100.000		
	陕北省捐助款	938.678	15,041.536	
	退还款	55,001.866	55,001.866	
	邮政收入	284.000	284.000	
	中央杂项收入	187,141.947	187,141.947	
	不　符	596,201.050	596,201.050	
	合　计	1,469,588.783	1,469,588.783	

收 入 决 算 表
1935年11月份起至1936年7月份止

科　　目		金　额			备　考
		目	项	款	
没　收　款					
中央没收款					
	中共中央局	297.21			
	中财没收局	1,512.704			
	西北保卫局	848.062			
	陕北省委	1,885.84	4,493.816		
红军没收款	清涧军分区	444.536			
	总供给部	405,917.84			
	一方面军	3,400.00			
	十五军团	4,391.73			
	第三十军	5,240.02			
	沿河游击队	3,066.00	422,460.126		
陕甘省没收款	陕甘省财政部	88,942.347	88,942.347		
关中省没收款	关中省财政部	9,997.96	9,997.96		
陕北省没收款	省财政部	81,644.173			
	延川县财政部	4,329.924			
	清涧县财政部	8,152.00			
	秀延县财政部	4,383.344			
	绥德县财政部	5,250.569			
	望瑶市财政部	203.07			
	子长县财政部	3,258.456			
	赤源县财政部	4,517.707			
	安塞县财政部	3,477.678			
	延安县财政部	2,423.381			
	延水县财政部	4,990.302			
	米脂县财政部	2,585.545			
	安定县财政部	2,914.386			
	吴堡县财政部	4,766.798			
	靖边县财政部	1,960.02			
	延长县财政部	4,663.792	140,024.135	615,918.384	
捐　助　款					
中央捐助款	中央筹委会	13,002.863	13,002.863		
红军捐助款	红军捐助款	1,100.00	1,100.00		
陕北省捐助款	延川县	108.375			
	安定县	151.908			
	秀延县	42.46			
	绥德县	340.94			
	延安县	113.596			
	延长县	16.90			
	靖边县	76.67			
过　次　页					

收 入 决 算 表
1935年11月份起至1936年7月份止

科 目		金 额			备 考
		目	项	款	
承 前 页					
	子长县	72.724			
	延水县	13.10	938.678	15,041.536	
退还款					
退还款	中央一级	53,057.365			
	陕北省	284.212			
	绥德县	126.537			
	子长县	137.565			
	延长县	122.17			
	延水县	116.67			
	延川县	55.36			
	安定县	154.166			
	米脂县	10.432			
	清涧县	154.168			
	延安县	240.088			
	安塞县	43.06			
	横山县	258.699			
	秀延县	66.61			
	吴堡县	36.65			
	赤源县	4.385			
	陕甘省	78.38			
	靖边县	55.39	55,001.866	55,001.866	
邮政收入					
邮政收入	西北邮政局	284.00	284.00	284.00	
杂项收入					
中央杂项收入					
	财政委员会	78,264.00			
	红军学校	203.03			
	总供给部	2,833.50			
	一军团	382.955			
	红校政治部	12.00			
	杂 项	1,437.042			
	陕北省教育部	300.00			
	中共中央局	103,709.42	187,141.947	187,141.947	
不 符		596,201.05	596,201.05	596,201.05	
合 计		1,469,588.783	1,469,588.783	1,469,588.783	

支 出 决 算 表
1935年11月份起至1936年7月份止

款	科目 项	金额 项	金额 款	备考
军事费	前后方军事费	681,407.704		
	军事被服费	134,556.920		
	军事特别费	20,000.000		
	地方武装费	10,623.640	846,588.264	
行政费	中央行政费	10,174.543		
	陕北省行政费	39,595.294		
	陕甘省行政费	8,063.515		
	关中省行政费	198.250	58,031.602	
政治保卫费	中央政卫费	9,135.168		
	陕北省政卫费	10,770.658		
	陕甘省政卫费	5,268.581		
	关中省政卫费	968.610	26,143.012	
津贴费	党团津贴费	44,177.830		
	群众团体津贴费	5,858.370	50,036.700	
教育费	中央教育费	4,183.506		
	陕北省教育费	10,865.492		
	陕甘省教育费	1,157.930	16,206.928	
	内务费	41,932.308	41,922.308	
	财务费	26,968.489	26,968.489	
	经济建设费	800.000	800.000	
	外交费	3,021.010	3,021.010	
	资本支出	200,000.000	200,000.000	
	杂项支出	142,909.515	142,909.515	
	粮食支出	56,950.960	56,350.960	
	合计	1,469,588.783	1,469,588.783	

支 出 决 算 表
1935年11月份起至1936年7月份止

科 目		金 额			备 考
		目	项	款	
军 事 费					
前后方军事费	总供给部	681,407.704	681,407.704		
军事被服费	总供给部	134,556.32	134,556.92		
军事特别费	总供给部	20,000.00	20,000.00		
地方武装费	陕北省军事部	979.74			
	基干游击队	2,234.00			
	葭县	622.78			
	米脂县	639.84			
	清涧县	732.90			
	安塞县	286.46			
	子长县	147.60			
	靖边县	128.00			
	延长县	257.60			
	延水县	365.26			
	绥德县	926.58			
	秀延县	382.14			
	赤源县	72.00			
	吴堡县	825.90			
	横山县	442.10			
	赤安县	1,098.82			
	延川县	115.80			
	安定县	223.10			
	定边县	8.60			
	延安县	144.42	10,623.64	846,588.264	
行 政 费					
中央行政费	中央政府总务交	6,767.218			
	中央财政部	734.341			
	中央国民经济部	717.50			
	中央仓库	131.508			
	中央土地部	235.696			
	中央粮食部	1,332.78			
	中央外交部	145.50	10,174.543		
陕北省行政费	陕北省政府	8,125.775			
	赤源县	412.885			
	秀延县	3,184.017			
	清涧县	2,646.293			
	延长县	2,026.502			
	安塞到	1,899.560			
	绥德县	2,315.47			
过 次 页					

支 出 决 算 表
1935年11月份起至1936年7月份止

科　目		金　额			备　考
		目	项	款	
承前页					
	延水县	1,629.835			
	望瑶市	512.65			
	延安县	1,988.283			
	延川县	1,789.344			
	子长县	2,211.395			
	吴堡县	1,951.77			
	米脂县	1,416.85			
	靖边县	967.27			
	安定县	2,279.57			
	横山县	2,105.735			
	赤安县	1,013.21			
	红宜工作委员会	179.40			
	宜川县	289.26			
	红泉县	233.64			
	葭县工作委员会	236.10			
	甘谷驿特区	180.48	39,595.294		
陕甘省行政费	陕甘省苏	2,921.007			
	鄜县	1,052.48			
	中宜县	857.45			
	肤施县	467.40			
	甘洛县	437.28			
	红泉县	455.448			
	宜川县	1,115.73			
	华池县	284.94			
	陕甘宁省政府	471.78	8,063.515		
关中省行政费	新正县	198.25	198.25	58,031.602	
政治保卫费					
中央政卫费	西北保卫局	9,135.163	9,135.163		
陕北省政卫费	赤源县	254.106			
	秀延县	852.262			
	清涧县	853.718			
	延长县	709.19			
	安塞县	599.595			
	绥德县	674.453			
	延水县	621.20			
	望瑶市	253.343			
	延安县	623.494			
	延川县	669.908			
过次页					

支 出 决 算 表
1935年11月份起至1936年7月份止

科　目	金　额			备　考
	目	项	款	
承 前 页				
子长县	648.835			
吴堡县	672.821			
米脂县	562.948			
靖边县	657.05			
安定县	254.981			
横山县	540.574			
陕北省分局	598.98			
葭　县	93.88			
赤安县	629.32	10,770.658		
陕甘省政卫费 陕甘省肃反会	1,648.641			
红泉县	410.32			
中宜县	333.18			
甘洛县	360.40			
宜川县	416.71			
肤施县	430.24			
鄜　县	498.12			
延长县	524.52			
安塞县	367.71			
绥德县	357.62			
延水县	431.80			
望瑶市	73.46			
延安县	430.63			
延川县	360.99			
子长县	405.90			
吴堡县	334.21			
米脂县	396.43			
靖边县	463.64			
安定县	456.02			
横山县	473.83			
赤安县	450.64			
陕甘工作委员会	3,600.00			
党　校	5,560.72			
陕甘省委	1,777.63			
红区特宜工委	43.85			
葭县工委会	43.30			
清涧城市工委会	1.28			
葭　县	72.40			
葭米工作委员会	8.65			
志丹县	84.76			
过 次 页				

支 出 决 算 表
1935年11月份起至1936年7月份止

科　目		金　额			备　考
		目	项	款	
承　前　页					
	吴堡县	119.94			
	安定县	878.894			
	横山县	272.12	10,865.492		
陕甘省教育费	陕甘省	458.16			
	陕甘人民剧社	215.25			
	宜川县	400.52			
	中宜县				
	红泉县	84.00	1,157.98	16,206.928	
津　贴　费					
党津贴费	中共中央局	8,149.67			
	陕北省委	2,855.61			
	鄜县	243.73			
	中宜县	161.80			
	肤施县	145.57			
	甘洛县	300.16			
	红泉县	224.44			
	宜川县	241.62			
	党团特别费	3,459.24			
	华池县	68.12			
	蒙古工作委员会	498.74			
	赤源县	121.37			
	秀延县	647.21			
	清涧县	656.85			
	庆华县	250.39			
	陕甘宁省分局	259.67			
	华池县	85.30			
	赤安县	130.62			
	安边县	218.18			
	庆阳县	119.39			
	靖边县	107.42	5,268.581		
关中省政卫费	关中特区肃反委员会	968.61	968.61	26,143.012	
教　育　费					
中央教育费	中央教育部	2,179.58			
	人民剧社	1,250.526			
	西北纺织学校	783.40	4,183.506		
陕北省教育费	陕北省	1,376.552			
	秀延县	474.90			
	清涧县	1,476.698			
过　次　页					

支　出　决　算　表
1935年11月份起至1936年7月份止

科　目		金　额			备　考
		目	项	款	
承　前　页					
	延长县	816.20			
	安塞县	221.30			
	绥德县	1,185.607			
	延水县	1,551.052			
	望瑶市	154.50			
	延安县	509.39			
	延川县	1,736.74			
	子长县	91.599			
	陕甘宁省委	267.45	34,761.57		
团津贴费	少共中央局	1,497.47			
	陕甘省委	533.98			
	鄜　县	97.66			
	中宜县	44.24			
	肤施县	123.38			
	甘洛县	94.54			
	红泉县	131.64			
	宜川县	235.89			
	陕北省委	1,001.01			
	赤源县	128.90			
	秀延县	533.65			
	清涧县	494.67			
	延长县	360.64			
	安塞县	347.00			
	绥德县	316.58			
	延水县	280.60			
	望瑶市	87.82			
	延安县	259.88			
	延川县	336.47			
	子长县	303.80			
	吴堡县	309.91			
	米脂县	356.27			
	靖边县	249.31			
	安定县	423.96			
	横山县	345.61			
	赤安县	124.34			
	葭　县	159.44			
	志丹县	157.68			
	陕甘宁省委	65.37			
过　次　页					

支 出 决 算 表
1935年11月份起至1936年7月份止

科　　目	金　额			备　考
	目	项	款	
承　前　页				
庆阳县	14.05	9,416.26		
群众团体津贴费 抗日救国会	579.10			
陕北省互济会	332.47			
全总执行局	4,9747.80	5,858.87	50,036.70	
内　务　费				
内务费　　内务费	25,416.80			
抚恤费	11,599.153			
邮政费	4,451.642			
建设费	95.542			
救济费	10.032			
选举费	359.904	41,932.308	41,932.303	
财　务　费				
财　务　费　　印刷费	355.44			
运送费	55.404			
镕银费	56.123			
储款利息	26,207.717			
杂　支	293.805	26,968.489	26,968.489	
经济建设费				
中央国民经济部	800.00	800.00	800.00	
外　交　费				
中央外交部	3,021.01	3,021.01	3,021.01	
资　本　支　出				
资本支出 国家银行西北分行	200,000.00	200,000.00	200,000.00	
杂　项　支　出				
杂项支出　　收回国票	106,271.765			
还陕甘银行款	28,521.67			
银水损失	3,170.371			
杂　支	4,641.809			
迁移费	303.90	142,909.515	142,909.515	
粮　食　支　出				
粮食支出　　中央粮食部	56,950.96	56,950.96	56,950.96	
合　　计	1,469,588.783	1,469,588.783	1,469,588.783	

六、陕甘宁根据地的财政

各项收入统计表(一)
1935年11月份起至1936年7月份止

科目	月份	十二月份	一月份	二月份	三月份
没收款	中央没收款	2,008,340	159,240	8,800	119,100
	红军没收款	5,286,266	16,152,194		28,252,430
	陕北省没收款	75,885,223	10,501,430	15,299,591	9,869,474
	陕甘省没收款	4,788,740	4,577,700	5,005,909	5,892,700
	关中省没收款				3,614,100
	小计	87,368,569	31,390,564	20,308,800	42,847,804
捐助款	中央捐助款			2,879,174	6,339,640
	红军捐助款				
	陕北省捐助款			15,900	100,708
	小计			2,895,074	6,440,348
	退还款				
	邮政收入				
	中央杂项收入	81,330,032	70,900	424,531	335,328
	合计	168,698,601	31,461,464	23,628,405	49,623,480

各项收入统计表(二)
1935年11月份起至1936年7月份止

科目	月份	四月份	五月份	六月份	七月份	合计
没收款	中央没收款	77,970	526,412	487,630	1,161,824	4,498,916
	红军没收款	6,482,290	221,914,886	26,400	149,445,710	422,460,196
	陕北省没收款	17,220,429	9,838,807	1,858,681		140,924,135
	陕甘省没收款	6,126,810	616,700	432,100	11,455,688	38,942,847
	关中省没收款	5,962,450	421,410			9,997,960
	小计	35,819,949	233,318,665	2,804,811	162,063,222	615,918,834
捐助款	中央捐助款	2,458,400	864,325	295,924	164,900	13,002,363
	红军捐助款				1,100,000	1,100,000
	陕北省捐助款	490,998	180,584	120,698	29,840	938,878
	小计	2,949,398	1,045,859	416,622	1,294,740	15,041,586
	退还款			969,485	54,032,381	55,001,866
	邮政收入			284,000		284,000
	中央杂项收入	9,225	467,014	20,656,324	83,858,598	187,141,842
	合计	38,768,567	234,831,038	25,181,242	301,248,986	873,387,758

各项支出统计表(一)
1935年11月份起至1936年7月份止

科目\月份	十二月份	一月份	二月份	三月份
军 费	188,172,614	82,915,410	76,581,190	96,618,200
行 政 费	4,000,250	5,502,724	7,026,265	11,855,882
政 卫 费	2,058,587	8,721,513	2,618,889	5,290,888
教 育 费	2,058,561	1,666,874	1,824,926	2,362,208
党津贴费	8,178,788	8,271,645	2,665,727	3,558,764
团津贴费	314,987	1,350,722	1,076,154	1,453,770
群众团体津贴费	766,700	818,500	1,100,000	957,400
内 务 费	602,820	2,950,114	4,189,842	4,788,758
财 务 费		170,100	166,555	8,166,102
经济建设费				
外 交 费			565,000	403,000
资本支出		200,000,000		
粮食支出			2,500,000	4,500,000
杂项支出		184,852,799	1,256,848	1,290,280
合 计	146,150,252	486,719,901	100,964,846	141,210,407

各项支出统计表(二)
1935年11月份起至1936年7月份止

科目\月份	四月份	五月份	六月份	七月份	合计
军 费	46,846,820	235,442,871	129,968,395	45,108,004	846,588,264
行 政 费	8,087,868	7,517,578	6,249,595	7,842,190	58,081,892
政 卫 费	4,101,094	2,809,641	2,745,060	2,802,890	26,148,012
教 育 费	8,008,174	2,868,540	2,715,450	190,000	16,206,938
党津贴费	4,511,966	5,030,581	8,663,194	8,862,960	84,761,577
团津贴费	1,817,870	1,360,950	1,487,846	551,481	9,416,000
群众团体津贴费	780,270	650,000	520,000	266,000	5,858,870
内 务 费	8,426,989	6,892,900	9,650,250	6,528,180	41,832,000
财 务 费	16,218	55,404	48,820	18,844,280	26,968,482
经济建设费			800,000		800,000
外 交 费	511,000	150,000	54,780	1,887,250	3,021,030
资本支出					200,000,000
粮食支出	24,002,820	28,844,340	2,000,000	104,800	56,950,930
杂项支出	2,158,886	2,710,258	545,321	595,853	142,809,570
合 计	102,212,475	289,888,568	165,468,001	87,529,888	1,469,533,783

六、陕甘宁根据地的财政

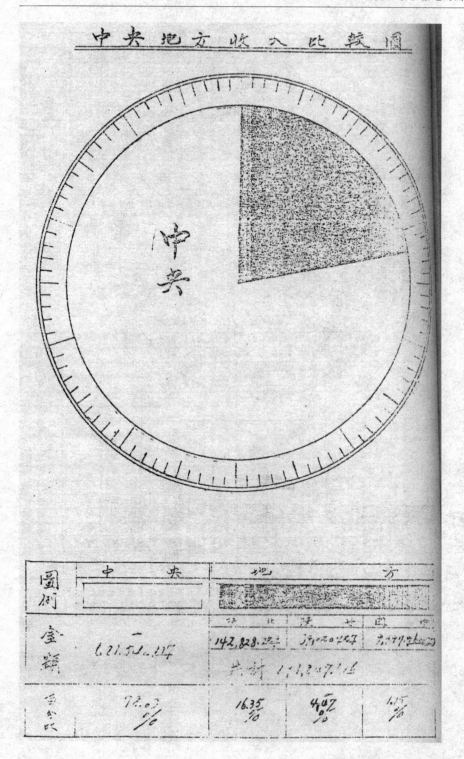

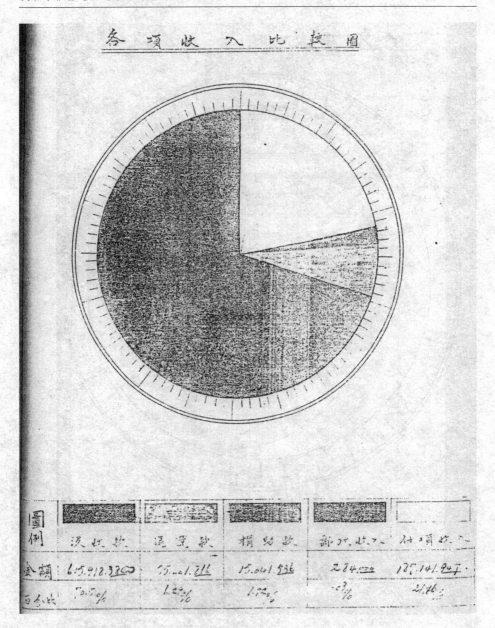

中央地方支出比较图

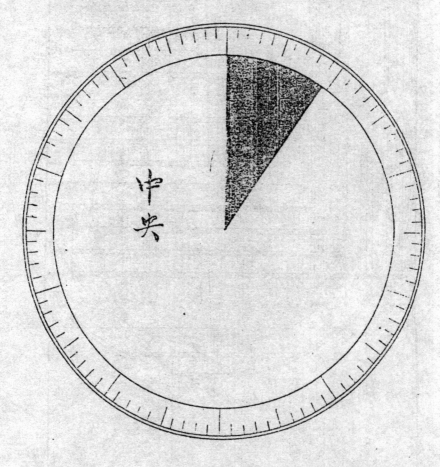

图例	中　央	地　　　　　方		
		陕出	陕甘	陇中
金额	1,331,810.769	109,406.891	27,204.236	1,166.860
		共另 137,777.987		
百分比	90.625%	7.444%	1.851%	0.080%

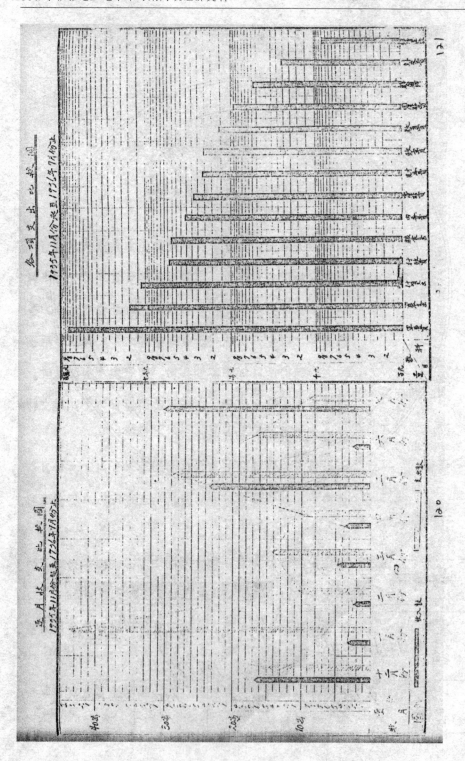

地方财政条例

一九三六年七月

第一条 各省地方财政,责成中央财政部照本条例指示监督之。

第二条 地方财政以省为单位,由省财政部负责筹划全省之财政。根据中央财政部核定之预算,保证收支适合。省属各县之收支,仍统一于省财政部之下,保证省范围内之特殊行政区域或某些县份,因事实上有必要时,得仿照本条例之规定,在省财政部监督之下,建立特区或个别县份之地方财政。

第三条 中央财政部得随时派员往各地省指导关于财政方针及会计事项,并得检查地方财政机关之账簿、单据及库存现金等。

第四条 中央财政与地方财政收支范围之划分,由中央政府明令规定之。

第五条 地方财政之会计年度,均以国家财政之会计年度为准。

第六条 各省地方财政,应照规定日期,编制全省收支预算书,送交中央财政部核定之。

第七条 各省地方财政收支,如进行下列各项设施的,应事前报由中央财政部核准施行。一、新设收入项目。二、改变征收标准。三、改变原定税率。四、募集地方公债。五、增加支出项目。六、改变开支限度。

第八条 各省地方财政收支结余之款,中央财政部得随时指令缴解一部或全部。至年度结束时,则必须将余款全部缴解中央财政部,或以中央财政部名义储存省库,非有中财部命令,不得自由支配。如地方财政入不敷出时,中央财政部可在预算限度内,予以相当协助。

第九条 省财政部、省金库应将收支情形,按旬、按月、按年编制旬计表、月计表、年计表报告中央财政部与中央总金库。

第十条 各省地方财政,应于每月收支结束后,编制计算书,于年度终了时,编制决算书,送交中央财政部查核。

第十一条 各省地方人民,对于本省财务行政上有所建议或呈诉时,中央财政部有交议、考查及指示改定之责。

第十二条 本条例有修正之必要时,由中央财政部呈由中央政府核准修正之。

陕北省会计制度

一九三六年七月

第一章 总 则

第一条 陕北省政府为建立地方财政,统一全省会计,特制定本会计制度。凡本省各级财政部、各征收机关、各金库、各费支出机关,均须照此办理。

第二条 会计年度以每年一月一日开始至同年十二月三十一日终止。

第三条 经中央明令划归本省之收入为岁入,全省一切支出为岁出。岁入、岁出均应编入总预算与总决算。

第四条 省财政部得随时派员分赴全省各机关,指导关于会计事项,并检查账簿单据及库存现金等。县财政部对县区各机关,亦得执行同样职权。

第五条 省政府应组织审计委员会,审查一切支出与收入。

第二章 收 入

第六条 各机关及地方武装部队所收之款,必须如数缴纳金库,不得于缴纳金库之前擅自动用。但因特别情形,事前经财政部核定,准予坐支抵解者,得在收入款内如数坐支。事后仍须分别报告。

第七条 区财政部及县一级征收机关与地方武装部队等,收入款项时须填具三联收据(第一表),以存根一联存查,收据一联发给缴款人,报查一联送县财政部备查,而所收之款则应随时送交金库。

第八条 各县分库收到区财政部或县一级征收机关及地方武装部队缴款时,应填具五联收款书(第二表),以存根一联存查,正收据一联送交缴款机关,报告一联交县财政部核记,副收据一联连同报查一联送交省金库转账后,仍以报查一联转送省财政部登记。

第九条　省金库直接收入款项时,应填具三联收款书(第三表),以存根一联存查,收据一联发给缴款机关,报告一联送交省财政部核记。

第十条　收款书之会计科目栏,须按照规定之岁入科目,视缴款性质,分别填入。缴款机关如同时有数种科目不同之款缴来时,必须每类各填一收款书,以清眉目,而便登记。

第三章　支　出

第十一条　各机关一切支出,统由金库支付之。但金库非有省财政部之支付命令,各县分库非有省金库之支票,不得付款给任何机关。如有特别情形,事前得上级之许可者,不在此限。

第十二条　各机关每月支领经费,应先期照章编县支付预算书,先由省级管辖机关核定后,汇送省财政部核发。

第十三条　各机关经费,概由省财部发三联支付命令(第四表),以存根一联存查,命令一联送交省金库照发,通知一联发交省级机关,领款机关接到支付命令通知后,应另具三联领款总收据(第五表),以第一联存查,以其余二联连同支付命令,持向省金库领款。省金库接到支付命令通知后,与省财政部所发支付命令核对相符,并由领款人将领款总收据第二、第三两联完全交齐,即照额付款。省金库于付款后,将总收据中之第二联截留备查,以第三联转送省财政部。

第十四条　省财政部不直接命令各县分库付款,县一级各机关经费,应由省级主管机关商请省金库转发支票到县分库支取。

第十五条　省金库向县分库支款时,应填具三联支票(第六条),以存根一联存查,支票根一联通知分库照付,支票一联发给领款机关持向分库领取。县分库接到领款机关交来支票时,须与省金库所发支票根核对相符,并由领款人在支票背面签名盖章,即照额付款。分库付款后,将支票留存备查,而在支票根上加盖"某月某日付讫"戳记,送交省金库存查。

第十六条　支付命令须盖有省财政部公章及财政部长私章,省金库支票须盖有省金库公章及主任私章,方能发生效力。已经付款之支付命令或支票,均应加盖"某月某日付讫"戳记,以资慎重。

第四章　预　算

第十七条　预算分为收入、支出两种,并按其性质及必要性,分为经常、临时两种。

第十八条　各县财政部、各级征收机关、各地方武装部队,应根据确实估计,编制收入预算书二份,于上月二十日以前送到省财政部。

第十九条　县级各费支出机关,应编制支付预算书三份,于上月十五日以前送到省级管辖机关。省级管辖机关应审核所属机关预算,附加意见,并汇编全省支付预算书二份,连同所属机关预算各三份,于上月二十日以前送到省财政部。

第二十条　省财政部应编制总预算草案,于上月底以前提交省政府主席团讨论通过后,造具收支总预算书,分别送呈中央财政部、中央审计委员会、省审计委员会备案,其已核准之各机关预算,由省财政部各抽存一份,发还各编制机关及汇编机关各一份。

第二十一条　各机关预算,须经过该机关会议讨论决定,由该机关最高首长负责编送。

第二十二条　预算一经成立后,在进行中非有意外重大事故或特殊变迁,不得请求变更预算或追加预算。

第二十三条　各机关预算,如有不按期编送者,得由汇编各该预算之上级机关,查照该机关上月份预算数,或比照类似或相等机关之本月份预算数,先行列入上级预算,一面严令照代列数补送预算书。

第五章　计　算

第二十四条　各县财政部、各级征收机关、各地方武装部队,须于次月五日以前,编制上月份收入计算书二份,送交省财政部。

第二十五条　县一级各费支出机关,应于次月五日以前编制支付计算书、收支对照表各三份,连同单据粘存簿送交省级管辖机关。省级管辖机关应汇编全省计算书二份,连同所属各机关计算书、收支对照表各三份并单据粘存簿,于次月二十日以前送交省财政部。

第二十六条　省财政部应编制收支总计算书,分别送呈中央财政部、中央审计委员会、省政府主席团、省审计委员会等审核备案。其已核准之各机关计算书,由省财政部各抽存一份,发各编制机关及汇编机关各一份。

第二十七条　收入计算总数,非有特别原因,一般不得少于收入预算数。支出计算总数,非经过核准追加,不得超过支付预算数。

第二十八条　预算核定之经费,款与款、项与项之间,不得互相流用,同项内各目,如确有正当理由得互相流用,但须于说明栏内详叙理由。

第二十九条　各机关每月经费结余之款,应如数按月交还同级金库,不得流用下月。

第六章　金　库

第三十条　金库负责掌管全省之现金出纳及保管事宜。

第三十一条　省政府所在地之金库为省金库,分设于各县之金库为分金库。

第三十二条　金库由省财政部管理之,其分设于各县之金库,工作上应受县财政部长之监督与领导,但县财政部无支配金库存款之权。

第三十三条　金库应设之账簿及出纳细则,由省财政部规定之。

第三十四条　分库应将每日收支之数据告省库,省库应将每日直接收支之数及分库报告之数,报告省财政部。

第三十五条　金库每月及每年末日,应将一个月及一年间收支总额造成月计表、年计表,送省财政部。

第七章　簿　记

第三十六条　各机关一切账簿,每一年度更换一次。

第三十七条　各种账簿一经启用,无论主要账、辅助账,已用完或未用完,均由各机关首长与会计人员负责保管。

第三十八条　各种账簿均须按页编号,凡分户记载之各种账簿,须加编目录于首页。

第三十九条　每条账均须有单据为凭,各种单据须分类编号,妥慎保存。

第四十条　记账均以国币为本位,以分为单位,不记厘数,五厘以上作同一分,五厘以下则除去不算。

第四十一条　凡收付与本位币市价不同之银两铜圆或其他货币时,均用定价法折合本位币记账,但原币数目仍须注明,以便考察。

第八章　附　则

第四十二条　本制度如有不完备处,得由省财政部呈请省政府主席团核准修正之。

第四十三条 本制度经省政府主席团议决公布施行,并呈函中央财政部备案。

苏维埃中央政府
关于建立地方财政的指示

一、为什么要建立地方财政

自主力红军西征以来,在陕甘宁扩大了纵横数百里的苏区。在陕北方面,由于坚持游击战争的结果,保持了基本的苏区。同时,抗日反卖国贼运动发展到了新的阶段,全国主力红军行将大会合于西北。主观的力量与客观的环境,均有利于大块地发展苏区。在日益开阔的版图上,各个区域行政上和工作上之各种不同的情况和环境,要求各个省区在工作上之创造性、独立性和灵活性。在财政方面,集中央通盘筹划的方式,需要加以变更和改变。尤其是会计上,各省县的收支,完全以中央为枢纽的办法,实不可能。因此,有建立地方财政制度的必要,而一般的省应该成这种地方财政制度之单位。

二、什么是地方财政

所谓地方财政,是以省为单位,在自给原则下,建立各省单独负责的财政制度。就是说,一切地方性的收入,都划归省财政部收入,一切有地方性的支出,概归省财政部支付,省财政部应在中央财政部领导之下,对本省收支负责筹划调剂的完全责任。但财政方针与收支概算,仍须经过中央财政部批准。收支状况,仍须定期报告。在概算范围内如入不敷出,中央仍可予以协助,收入有余,中央仍得指令缴解。

但组织方面,省财政部应健全各科的组织,确实施行会计制度。原设于省政府所在地之国库分库,应改为"某省金库";各县之金库,应称为"某省金库某县分库"。省库存款概归省财政部之分配,但仍须受中央总库之监督与指挥。在省政府主席团之下,应设审计委员会,负责审查全省一切收入与支出。

三、收支的范围

属于地方收入的,有:(1)省属地方武装部队之筹款;(2)地方政府所没收豪绅地主反革命分子的财产;(3)保卫局裁判部没收案犯的金钱、物品及罚款;(4)在地方所募的抗日基金;(5)农工商业的统一累进税(一部分);(6)各机关经费余额的退还款;(7)不属于上列各项的有地方性的杂项收入等数种。至于正式红军的筹款、对外的募捐、公债的发行、关税以及特种税收(如盐池的税收等),则归中央收入。如有必须委托地方代收的,仍须照数缴解中央。

属于地方支出的,有:(1)全省苏维埃政府的行政费;(2)全省党团经费;(3)全省政治保卫局经费;(4)全省教育费;(5)省属内务费;(6)省属地方部队的经费;(7)省属机关部队的粮食支出;(8)群众团体(如工会)津贴费;(9)不属于上列各项的有地方性的杂项支出等数种。至于中央直属各机关和正式红军的一切经费及各级邮局经费,概归中央支付。如委托地方购买中央各机关和红军所需的粮食,或如邮局经费及其他特种开支,必须委托地方政府代付的,仍由中央照数拨还。

四、省财政部的任务

地方财政建立后,就加重了省财政部的任务。省财政部应统筹全省财政,在概算范围内,保证收支之适合。首先必须确定财政来源与实行财政统一。同时,对于该省范围内特殊的行政区域(如陕北之神府、吴、葭、清、绥等区),在目前应给财政上之独立性。对于各县在财政上应在财政统一的原则下,给以适当的伸缩性。省财部应根据各县环境,在实际可能限度内,给以一定的筹款任务。建立金库制度,调剂各县的一切收入及适当的、有计划的分配。省财政部对于省属各地方部队及游击队,应会同军事部指定其筹款之任务。他们所筹之款项,应按期向省财政部报告,省财部得指令其缴解一部或全部。其留作部队自用者,亦应分别报告转账。各县游击小组之筹款及支付之调剂,应责成县财政部负担之。每月财政收入计划,应经过主席团讨论决定,省委、省苏要将财政问题列为经常议事日程之一。只有提高各方面对财政问题的注意,地方财政的建立,才能获得更大的效果。

关于建立地方财政的详细办法,业已着手起草。各省财政部应立即开始准备,并派人前来中央财政部接受关于建立地方财政的会计训练,务于九月底以前,先后在各省完全实行。

中华苏维埃 　中央政府驻西北办事处主席　　博　古
人民共和国

　　　　　　　中央财政部部长　　林伯渠

　　　　　　　一九三六年八月二十五日

关于残疾牺牲老病等抚恤的规定

为执行苏维埃优待伤亡残废战士的决定,特按照目前生活程度及国家财政状况,规定暂行办法如下:

一、凡红色战士因革命战争而成残废者,依下列标准发给残废证书及抚恤金:

(一)一等残废标准:①两目失明者;②脑神经丧失其记忆力或不能说话者;③脊柱神经失其作用,上肢瘫痪,下肢瘫痪,半身瘫痪,痉挛性瘫痪(如全身动摇不定),萎缩性瘫痪;④两手截断或两手瘫痪者;⑤一腿截断或残废者;⑥内肝损坏而他部不能完全代偿者;⑦口腔喉部失其作用不能咀嚼者。每年抚恤金大洋叁拾元。

(二)二等残废标准:①一目失明或两目差明者;②声带损坏说话不清者;③口腔因伤而不便饮食者;④两侧性面神经瘫痪或因伤后而经常头痛者;⑤一手一足下垂者;⑥大便自遗、小便失禁者;⑦下肢关节强直而行动不便者;⑧一部内脏损失甚轻而他一部尚能代偿者;⑨一手切断或瘫痪者。每年抚恤金大洋贰拾元。

(三)三等残废标准:①一目差明者;②上肢关节强直筋肉收缩伸张不开者;③手指足趾失去过半者;④生殖器因伤而失去一部分者;⑤两耳失听者。每年抚恤金大洋拾贰元。

(四)四等残废(即临时残废):凡伤愈后神经麻痹,运动不适,须足一年后才能恢复其原状者,给抚恤金一次大洋拾元。

二、凡机关工作人员,在革命工作中,因某种原因而致残废者,由内务部考查依照批准等级照给抚恤金。

三、凡红色战士因革命战争而牺牲者,对于其家属,一次总给抚恤金大洋贰拾元。其家属依照优红条例继续办理。

四、凡属在红军部队机关中工作者,在因伤病中或伤病后须休养身体,得斟酌情形,给以休养费由贰元至伍元。

五、老者优待费:①凡在红军中有服务五年以上者,年满四十五岁而退伍者,每年给优待费五元。②继续在红军中工作者,每年给优待费拾元。

六、退伍而家在白区的,得斟酌情形,除给以应需路费外,还须给以相当优待费。

七、上列规定由公布日起发生效力。

中央内务部部长　蔡树藩
一九三七年二月一日

中央政府西北办事处命令

一九三七年二月十二日于延安

为切实实行预决算制度，监督苏维埃财政方针之实行，严厉地反对贪污浪费，特设立国家审计委员会，并任命谢觉哉、徐特立、张云逸、莫钧涛、涂振农五同志为委员，以谢觉哉同志为主席。嗣后各机关部队之预决算书应即按期呈报该会审核，否则不得支领任何款项，仰一体知照为要。

主　席　博　古

中华苏维埃人民共和国中央执行委员会命令

一九三七年三月十三日

为了严格惩治贪污及浪费行为,特规定惩罚办法如下。

(一)凡苏维埃机关、国营企业及公共团体的工作人员,利用自己的地位,贪没公款以图私利者,依下列各项办理之:

(1)贪没(污)公款在五百元以上者,处以死刑。

(2)贪没(污)公款在三百元以上五百元以下者,处以二年以上五年以下的监禁。

(3)贪没(污)公款在一百元以上三百元以下者,处以半年以上二年以下的监禁。

(4)贪没(污)公款在一百元以下者,处以半年以下的强迫劳动。

(二)凡犯第一条各项之一者,除第一条各项规定的处罚外,得没收其本人家产之全部或一部,并追加其贪没之公款。

(三)凡拿用公款为私人营利者,以贪污论罪,照第一、第二两条处治之。

(四)苏维埃机关、国营企业及公共团体的工作人员,因玩忽职务而浪费公款,致使国家受到损失者,依其浪费程度处以警告、撤销职务以至一个月以上三年以下的监禁。

主　席　毛泽东

中央财政部、中央审计委员会通知

时局由战争状态转到和平,由两个政权对立的状态转到合作。因此,财政上的情况,也有个极大的转变。在这转变过程中,我们应该注意:

(一)原则上:1. 保持苏维埃红军刻苦节省的传统作风,防止浪费腐化的习气侵入。2. 在可能限度内,普遍地改善机关部队人员的生活。3. 逐渐减少消费的支出,增多建设的支出。

(二)健全各种制度:在战争时,开支上免不了一些零乱的、不经常的状况,现在应扭转过来。例如:1. 预算决算制度,预算上没有的,不许开支;某项费用业经规定限度的(如办公费、马乾费之类)不能超过。决算上的项目单据不能含混。2. 审计制度要认真审核,不仅看他是否合手续,并要看他用得当不当。在没设审委的地方,财部、供给部须负责审计。3. 遵守编制,各机关部队人员数目一经编制后,须绝对执行。4. 统一购买,前方集中于采买委员会,后方集中于贸易局。采买的东西,须经过一定的首长核准。兵工、通信、卫生等特殊材料的单子,须经过专门负责者审查(如买药,须经过负责医生组织的采买委员会审查),成批去买。过去因环境关系,采买不统一,不免有时买的货非必需,或者货不好,或者价钱上上当,现在须绝对避免。5. 其他。

(三)一些须要规定的事:1. 私人用费与公家用费严格分开,除办公用品及照规定发给各人的服食外,一切私人用费,不能出公家账。2. 宴会以八碗菜为限,不许办高价的酒席。3. 房子只要能办公,不许有不必要的修理。4. 有病就公案设立的医院治疗。私人购药请医,应归自理。5. 其他。

(四)加强供给人员的教育:过去的供给人员,特别是中下级供给人员,在新的环境中应付不来。有的不知道市价(人家说要多少,就是多少),有的不知道轻重(如三四十斤的猪,人家说有六七十斤,他也信了),有的不知道收藏钱(常常发现供给人员失钱的事,因为以前很少人偷钱,忘记了钱要收藏好)。对于应付人事、计划购买,也是老的一套。这些需要各机关部队时常开供给人员的会,讨论计划,负责人去参加,给以指示,使他学会新环境下的工作法子。在与新环境接触时,看见一些好吃好玩的事,供给人员有钱在手,容易发生腐化贪污,各负责人应时常考查,予以纠正。另一方面,机关部队的驻地相当固定,对于生产事业——种菜、养猪、养鸡、做鞋袜等,应极力发展,务使我们的物质生活,虽钱不加多,而能一天天改善。

各级各机关接到这一通知后,须详细讨论执行为要。

部　长　林伯渠
主　席　谢觉哉
一九三七年四月二十一日

中央财政部通知

五月二十九日于延安城

案奉苏维埃西北办事处布告，内开严禁鸦片在本境内栽种、运贩、吸食各办法，已由各政府遵照执行。为确守禁令，现对于各地查验处工作有如下规定：

一、关于烟土检查方面

1. 凡是外面运来烟土，企图在苏区贩卖者，或经过苏区之烟土而无准许证者，查出一律没收。现存在苏区之烟土，应自动向政府报告登记。登记后，由中央内务部、财政部会同查明发给出口执照，准予出口去售。若是数量、号码和出口执照有涂改等情，应即查确。故意弄弊者没收，并给予处罚。

2. 各区乡政府及查验处没收之烟土，一律交县财政部。县接到时，应即集中，距中央近的如保安、延安、赤安等，每月底应送中央；距省近的，所缴款项可交省财政部金库转账。报告和报查应送中央。区乡政府及查验处不准保存。

3. 私藏烟土者，不报告政府登记，查出一律没收。若群众报告或连烟土连人送政府，应照布告规定给赏报告人。

二、关于盐税方面

1. 一般收税查程照前规定执行，暂不变更。

2. 各查验处每月收入款项，距中央近的，如保安、延安、赤安等地，每月底联单报查收款送中央，若交通不便、距省近的，交省财政部金库转账。但报告和收税报查送中央财政部，以便统计，因为盐税是中央的直接收入。

3. 各查验处工作，应由各省县财政部直接领导、督促、检查，如有不妥当处，由省财政部处理。但处理后，仍须报告中央。

以上各项，请各财政部和查验处接通知后，立即开始进行，并请将进行经过报告。

中央财政部部长　林伯渠
一九三七年五月二十九日

中共陕甘宁边特区党委
中央财政部通知

一九三七年六月二十四日于延安

（一）自七月一日起，各级军事部、工会及青年救国联合会的经费，归并于各同级政府范围内预算。

（二）自七月份开始，党的经费独立。党所属机关，可按期直接向党中央编送预算，领取款子。

（三）自七月份起，党机关各级人数规定于下：

1. 县委八人至十人——书记一，组织部（大二、小一），宣传部一，妇女部一，抗战部一（边县），巡视员（大县一），秘书一，杂务人员二。

2. 区委三人至四人——书记一，组织兼宣传一，妇女一，抗战部一（边县）。

3. 乡支部——书记不脱离生产，每月发办公费一元。

（四）七月份各级政府机关预算，须按乡区县省将各级政府军事部、工会、青年救国会的花名册，编造一份，汇送中央国家审计委员会。特此通知。

花名册式样附后：

机 关 别	职 别	姓 名	备 考

中共陕甘宁边特区党委　　郭洪涛
中华苏维埃中央政府驻西北办事处财政部　　林伯渠

中央财政部通知

一九三七年七月五日于延安城

最近各机关管理经费的人员，不断发生失钱的事件（如青年救国会、外交部等），这对于国家财政有莫大的损失。自七月份起，特规定各机关领款的办法如下：

（一）凡按月持本部发的支付命令来本部领款者，得一次领完。但必须将不急用的部分全部存于银行，不得存于机关内或私人手中。

（二）凡各机关必须用款时，凡五元以上者，得随时凭存款银折随时向银行领取。

（三）存留的零用钱，须放在机关的箱内锁存，不得带在私人身上。

各机关首长，必须向管理经费的人员解释，遵守执行。如有不负责任遗失经费的，应严厉处罚。

中央财政部部长　林伯渠

中央财政部通知

一九三七年七月三十日

抗战已经开始,红军部队准备随时出发前线,杀敌救国。在此财政困难的情形之下,应以有限的收入,尽先供给前方经费。因此,八月份后方经费,当更加困难。现在各机关部队的预算,虽已先后核准,但款项何时可发,能否照数发足,还要看收入的情形来决定。现在的办法,只有将筹得之款,除尽先保证粮食外,概照预算数比例分配。各机关部队,对八月份开支,应注意下列各点:

(一)第一次所发之经费,应留作全月伙食及其他必不可少之开支。

(二)不必要之购置修理及一切次要开支,概应停止或暂缓。

(三)津贴可延至月底酌量情形发给。

望各机关部队首长,切实督促管理人员遵照办理。如不照通知执行,领到一部分经费,即任意开支,致吃饭发生问题时,应由各机关部队自己负责。特此通知。

中央财政部部长　　林伯渠

中央财政部通知

一九三七年九月九日

（一）九月份因各级机关工作人数，不能按照规定如期缩减至应有限度，使规定之经费总数不敷支配，因此不得不将办公费减少。兹重新规定如下。

1. 生活费、分区（或省）、县、区、乡各级工作人员，一律每人每月三元九角（内粮食二元、菜钱九角、津贴一元）。

2. 办公费（包括马料、客费、路费以及其他一切开支）：每乡三角，每区二元，县政府十二元，分区十五元（陕甘宁省政府得照两个分区计算，支三十元。）

以上规定，望各级政府坚决执行，无论如何不得超过规定数目，超过之数，应自行设法解决，本部概不承认追补。

（二）各级政府工作人数，务须迅速照中央政府办事处八月十五日通令缩编。在十月份预算中，如有超过规定之人数，概不发给生活费。至于十月份之办公费，能否酌量增加，当视财政情形，另行决定通知。

部　长　林伯渠

中央财政部工作概况

过去的

自到陕北以来,已有二十三个月了。在这二十三个月当中,已经支持下去了。各种经费之支出,在前一年半当中,除筹款收入外,发出一百六七十万元的苏票补助金融之周转;在后半年中,停止了筹款工作,收入是很少的,在苏区内即有盐税、土产出口税外,别无收入。只有整理过去收入,所存苏票提回中央,所有支出大部分靠外来财政供给。同时,收回苏票一百四五十万元,现在外边未收回苏票约二十万元之谱。在工作中,领导方面还存在着以下弱点。

1. 财政混乱:在建立预计算制度虽然很快进行,但一般预算多属空大,没有切实,随便追加;甚至不做追加预算,将收入款项乱行支出,用去再说。有此机关用了经费,不做计算;有些有计算,又无凭证报销。没有特别情形,随便超过,以致到现在还有这些现象。审计委会工作,一贯来是松懈不实际的。他们审查支出,只看有单据,不去检查内容是否用得适当。比如陕甘宁省苏在近一、二月来,每月常常超过二三百元,他也并不注意调他的支出凭单来审查,或派人去审查。

2. 贪污浪费:浪费现象不断发生,尤其过去比较多收款子之地方,不宜应购的东西,随便买来;不应这样多的东西,浪用公家财政多买一些。随便请客浪用公款,这里许多地方表现着的。因为浪费及过去有些收款不打收条等坏手续,发生贪污。有些借口失款,其实将款子个人贪污去了。去年有些县份打埋伏,不将款缴上级。甚至有些机关,随便存款,不把款子交给财政部的。

3. 忽视来源:在二月份当中,陕甘宁省财政部建议中财部征收农业税、商业税、店房租,中财部并不注意,也不答复该省财部,以致到现在拮据时期才来想及。所以在这几个月是忽视了商业税、店房租之收,形成了一个靠外来之财政一个支配之机关,忽视了开源方面的注意。

4. 中财部没有很具体的计划,对下级的指示,在陕甘宁省说来是很少的;至若派人出去检查与帮助下级,在陕甘宁省说来也是很少的。在中财部本身方面说来,对集体领导是很缺乏的,检查各局、各科与银行审委工作,也是很少的。因为检查工作的缺乏,所以过去发生库内有时钱数与账不符的现象。有时账多钱少,有时钱多账少;有时单据找不到。甚至有个人得了个人的礼物,而把白票换回送礼人的苏票,不送礼不换苏票的坏现象。中财部营业时,有个别人收了商人的礼物,而把商人贵货随便买来,减少公家之利润。工作人员松懈散漫,个别要求回家,想脱离工作。

5. 发动群众:过去打土豪时,有些只顾到为的筹款而进行打土豪,忽视了为的消灭封建势力,发动群众斗争,改善群众利益而进行打土豪。所以有些自己去打土豪,没有发动群众,甚至有些打了土豪,群众还不知道的;有些打了土豪,不分东西给群众的。这是很大的弱点。

6. 银行因财政问题,未能做银行应有之各项营业,只做些支出之手续,等于没有什么工作的样子。

今后的意见

一、开源方面

1. 土地所有权证估计每家三毛,边区约十万家,共可收三万元。

2. 救国公粮,估计平均每家一斗,可收一万担。将来党政群众团体保安队减至一万人,每人每年只有一担粮食,可以维持十个月之谱,只少两个月粮食,须用钱购买的。如果不止收一万担,多收一些,则可维持全部粮食之供给。

3. 商业税正在准备之中,约计每月可收二千元。

4. 盐税整理及土产出口税、皮毛税、甘草税准备整理到每月收二万元。

5. 边区山林准备制造材料(协同建设厅),如棺材木板等之出售,或者从快设法拍卖。

6. 其他矿产及各种税收,应由研究后再来讨论之。

二、现在预算数目,在吃饭(除军事费)、办公费项约需七万一二千元。内除粮食费二万元外,那时征收了救国公粮,就可不要这二万元了,除开这二万元外,只需五万一二千元。以后来源每月约三万二千元(内盐税等二万元、土地所有权证钱三个月收每月一万元、商业税二千元)。在五万一二千元中,除开来源三万二千元,尚不敷每月二万元,需向外边补充的。此事须等到十一月份才能完成这些任务的。

三、节流方面

1. 审委工作:在边区方面,严格执行真正预算,绝对不能随便超过分文,有特别情形另外。计算应付报销单据给审委严格审查,每部用费首长要经常检查支付数目与单据,或经首长批准才能用款之执行,下级收入不能随便扯来乱用。审委还要审查国营企业收支账目,如贸易局、粮食局、合作总社、银行、工厂等等机关。

2. 组织:边区各机关,如保安司令部、边区党委、青救会各个部门,切实规定工作人员,不能随便任何机关之增加人员。

3. 特费:非有万不得已要开支之款,不得随便乱行开支丝毛之特别费。

4. 节省方面:坚决实行节省运动,严格反对贪污浪费,尤其各机关首长要经常注意检查这些问题,节省委员会的工作深入到区乡去。

四、银行工作

银行单独工作,不能与财政厅混合。由公家拨一万元给银行作资本,银行应把这资本经营商业,重新建立营业部之组织与工作,使得业务发达,调剂金融,赚些利润,不要如以前一样做些收支,没有发展的工作。财厅支出只能照应有数目开支,不能随便向银行借款,把银行扯空。

五、领导方面

1. 本厅定出每月工作计划,各科定出每月计划。比如十月、十一月等以开源方面之土地所有权证、救国公粮、商业税为中心工作等之分别进行。财厅厅长及银行行长必须分开人来负责。

2. 检查制度:经常检查各科工作、检查金库账款及协同审委、民政厅检查银行工作与收支,派巡视员到各县及各税收机关去检查收支与帮助他们工作,建立巡视制度,责成下级报告制度。

3. 会议制度:三天开一次办公会(各科长的),各科每天汇报一次,集中办公,按时上下办公厅。

4. 适当分配干部的工作,教育干部以政治及工作、生活等之教育。加强支部之领导,支部与行政发生密切之关系。犯严重错误的,应开展斗争,而教育其他干部。

5. 训练班:将各县财经部多余之干部调来训练,开办一个税收训练班,准备派出各县各税收机关去工作的干部,十月份即开始办。

六、经济工作之建议

1. 大量发动群众,在山林中做(这些工作就是秋冬尚可大量进行的)棺材、做木板、做木器等之出售。公家可收山林款,群众可改善生活;大量烧木炭、挖药材及各地之情形而发展各种之生产合作社。

2. 扩展定盐之盐业,要定出具体计划,不要如过去每月却说扩大盐业,事实上没有多大进行之空谈。

3. 在延安建立一个大规模的工厂,将编余的人员及四川方面来革命工作之妇女等成立之,并找一批好工人来做领导,使得大规模生产各样用品,发展生产业,又可解决这批人员之生活。

4. 合作社:重新整理与发展消费合作社,要切实进行。

5. 畜牧业:西北是许多草地,可大量发展畜牧业,鼓励畜牧业之发展。同时,这些地区就大部分群众靠畜牧为生,也更容易发展畜牧业的,这是值得建设厅特别注意的。

6. 蚕业、蜂业、木耳等等及在各地实际之出产而注意开发。

7. 加紧秋收秋耕工作之完成。

附:以前建议财政厅组织纲要可以紧缩些。

张幕尧
一九三七年(编者注)九月二十六日

边府财政厅一年来的工作报告及今后工作意见

一九三七年十二月十一日

第一部分——一年来的工作情形

一、确定财政政策与原则

（一）反对苛捐杂税，但不反正当税收。征收的方法，不论对于农业、商业及其他税收，都采取统一与累进两个原则。

（二）发展边区境内各种小手工业。

（三）改善人民生活，发展人民各种生产的实际过程中，取得人民对政府的一些帮助。

（四）财政的负担，采取合理担负的方式，加于富有者身上。

二、财政收入的整理，税收方面

（一）盐税——为财政经常的大宗收入。原来陕北盐税在国民党政府管理之时征收的很重要，当红军来陕后，收复了陕北产盐地时，曾免征了一个时期，其后因为下列种种关系重新征收，不过税率比以前减低了许多。

（1）整理原有盐池，以便增加产盐数量。

（2）盐税免除时，边区盐价低廉，而邻区盐价昂贵，于是大批私盐贩运出境，边区盐价遂因之飞涨，因此边区人民实际上得不到低价食盐的便宜。

（3）征收盐税群众负担甚轻，每人每天至多不过一分钱。

（二）征收盐税的方法

（1）减低税率到五分之四以上（一百斤盐收得一元税）。

（2）提高盐价，改善人民生活。

（3）按照牲口的驮数征收，驴一驮约重一百五十斤，收税洋一元五角；骡马牛一驮约重二百余斤，收税洋二元二角五分；骆驼一驮约重三百斤，收税洋三元。

（4）自十月份起盐税又增加，每百斤增加百分之三十以上，即驴一驮二元，骡马牛一驮三元，骆驼一驮四元。

（三）营业税

陕北地方贫瘠，经济落后，加以连年内战，经济封锁，商业处于停顿状态。自西安事变后，边区政府当局竭力鼓励商人营业，提高陕北经济地位，更谈不到什么营业税。现在虽实施营业税的征收，但仅限于定边、庆环两分区，而不是普遍性的。至于该两分区的营业税的征收，有以下几个主要原因：

（1）定庆两分区较为丰富的皮毛、牲口、药材等与平津包头等地经营有大宗的贸易。

（2）定庆两分区在内战时，没有受到什么很大的影响，经济力量相当的好。

（3）营业税税率极低，仅占营业收入百分之二。

（四）救国公粮的征收

由于陕北贫困，又受内战损失，红军到达陕北后，迄未向农民征收一分钱。但农民分得了土地，已有四年之生聚积蓄，人民之生活逐渐地改善。自去年抗战开始，各方需财增多，不得不向农民征收救国公粮。去年开始征收了一次一万四千石救国公粮，今年征收一万石救国公粮。而征收的方法：

（1）按实际收获量抽百分之一到百分之五。

（2）每人一年内所收各种粮食不满三百斤者免收。

（3）不出劳动力的地主加倍征收。

（4）雇农减半征收。

（5）抗日军人家属免收。

（五）……（原文不清）

（六）斗佣的建立

在苏维埃时代，各市镇即有斗佣的征收，但那时收入均归当地互济会。自今年三月起，统一地归财政厅征收。征收的税率，每斗征收大洋五分。

三、各县财政科的建立

自去年苏维埃政府改变边区政府时，各县财政部合并于第一科。自合并后一年当中，而财政的收入确受了莫大损失。如自收自用、假造私账、贪污浪费等不良现象各县均已发生。主要原因：

（1）个别幼稚的干部，受了资产阶级的影响及引诱，从事贪污作弊。

（2）自合并第一科后，各县一科长不懂得财政制度，以致发生了许多贪污浪费、自收自用、假造私账等舞弊。

（3）对于财政工作整个领导得不够。

由于上述的原因，所以于今年八月间各县又建立了第四科，专门管理财政，同时提拔了过去财政的干部做科长。在这数月来将各县的财政整理现贪污浪费斗争，因此财政又走向于统一制度。在最近二月来，各县再未发生贪污浪费的现象。

四、公产的保管

在过去财政厅对于公有之财产，如土地、房屋、树林、牲畜物品等概未管理。自十月份起财政厅建立了公产保管科，所以开始造表统计各县所有之公产。

五、干部的培养

为了充分供给抗战的需用，而增加财政收入，于半年来培养出不少的财政干部。如派去三边收税的干部六个，庆环分区及直属各县派去八个担负财政干部，健全了财政厅各科的科员七个。

六、土地登记证行施

在一九三四年时，边区的土地即予人民分配，但那时人民虽分得了土地，因政府没有发给人民所有土地权证，所以使人民对于分得之土地，总是不很好地经营。为了保证人民所分得之土地利益及土地之经营，于今春开始登记土地，所收之登记土地手续费洋三万余元。

七、金库的建立

为了财政收入统一保管及支付，所以建立了金库制度。财政厅建立总金库，各分区建立分库，而分库属于总库，成为单独的系统。

第二部分——今后工作意见

一、统一财政一切收入及公有财产

在目前抗战紧急时期中，统一财政确是当前重要工作之一。因为一切抗战工作都要动员财力调节收入，才能够充实抗战力量。为了完成这个任务：

（一）各县一切收入——如盐税、牲口税、皮毛、烟酒、甘草等税，没收款、罚款、募捐、斗佣等项收入，均应缴纳于各县第四科，再解缴财政厅总金库及各分区分库。

（二）各机关、部队、团体及裁判机关，一切收入无论数目多少，都得随时交纳各县第四科及财政厅，保证没有自收自用、贪污浪费等现象。

（三）各县公有之财产——如土地、房屋、牲畜、树林、物品、器具等，均由财政厅登记保管，不得有所损失。

二、整理各种税收

（一）各种税收除盐税外，其他如营业税、救国公粮等均按照统一及累进两个税则，以不妨碍改善人民生活及反对苛捐杂税为原则而进行之。

（二）整理所有盐池，发动盐户增加产盐数量。

（三）加强定边税局及各分局查检处工作领导，使运盐商人勿有偷税现象，以增财政收入。

（四）制定统一的税票。

三、开支节省方面

（一）彻底检查每个机关的开支，纠正过去浪费的现象。

（二）自明年一月份起，每个机关的开支减少百分之二十，特别对于办公购置等项开支减低。

（三）提高每个机关干部对公物的爱护。

（四）发展各机关人员生产（种地、种菜、畜牧等），使每个机关做到自给的程度。

（五）财政厅所属各机关一切开支，均由财政厅统一地、合理地支配。

四、财政干部的教育问题

（一）加强财政厅干部及所属分区各县财政干部的政治教育。

（二）提高财政干部工作信心。

对于以上工作计划有不周详处请指示。

艾楚南　　曹菊如

陕甘宁边区财政概况

一、苏维埃时代的环境(1931—1937年)

(一)这一时期分为两个阶段

1.陕甘苏维埃时期：

一九三一年前后，在陕西党领导下，成立起了陕甘边与陕北两苏维埃，分配了地主的土地，取消了各种苛捐杂税。但由于战争的破坏与政权的刚刚建立，一切都在开始与草创中，加之外部受反革命的围剿、军事包围与经济封锁，这对苏维埃时代财政是很恶劣的环境。

2.中央红军到陕北后：

一九三五年，中央红军到达陕北后，统一起西北苏维埃政权的领导，八月一日发出停止内战、一致抗日的宣言，十月十五日部分地改变了土地政策，开始巩固内部政权。由于"八一宣言"的正确，很快地得到了全国人民、全国军队的拥护(主要是东北军与晋绥军)，反革命对革命的进攻日趋缓和，红军与苏区逐渐摆脱内战，走上准备抗日的阶段。

(二)收支的概况：

1.苏维埃时期有哪些支出呢？

战争环境，为了支持战争，所有的金钱大部分买了枪支、子弹与医药、纸张之类，所以军事支出占第一位。其次买一部分布匹补充衣服，不过这是很少的，因为当时的游击队，绝大多数由当地人民做成衣服，都是自己带来的，游击队又不讲究服装，这样即省了很多支出。

在当时供给量占最大数量的就是粮食。凡是工作干部，不论党政军民都由公家供给饭吃，甚至贫苦学生都由公家发粮食吃。津贴费没有，办公只发纸张，一切用品靠没收来解决，这也是节省支出的方法。

没收来的衣服，随时就分配给急需者，需要就是当时分配各种东西的标准。

2. 收入方面

苏维埃政权取消了一切苛捐杂税,同时不使人民有任何负担,所以财政没有定期的收入。收入主要地靠没收地主富农的财物与一切战利品。对地主一切都没收,对富农留一部分坏的土地、房屋、衣服、粮食,支持他们的生活。没收的东西、土地、房屋、牲畜、农具等,分给贫苦农民,烟土、银器、金钱、粮食、衣服归公家。胜利品除枪支、子弹外,也作为财政收入。

东征一次收入很大,衣服、武器得到很大补充,这真是财政一笔大的收入。此外,还有张学良的帮助。

(三)粮食问题

粮食在当时财政上有头等重要意义的问题。

当时在革命组织中,对其他要求都不高,只是要求吃饭,因此就有这样的口号,有饭吃,好革命。那么怎样解决粮食吃饭问题呢?

粮食收入,主要地靠没收地主、富农的粮食,其次靠打截反革命军队的粮食。粮食到手后,即供给军队及所有工作干部吃饭。粮食是分散储藏的,军队到那里,便可领粮吃。没有粮的地方,军队由富农供饭吃。这样度过了陕北苏维埃运动阶段。

中央红军到陕北后,粮食感到困难。由于很快地东征,才解决了粮食困难。东征回来开始向人民借粮,后来也未还。西征宁夏时,军队集中三边,由于三边农产品较少,以致使粮食供给感到很大的困难。

(四)苏票的发行

由于陕北经济落后、连年灾荒及封建军阀的剥削,人民非常贫困,革命虽然土地分了,因处于战争,不能很快的恢复生产,战争又给人民以很大的破坏,人民毫无负担能力,财政没有什么可靠收入,不能供给战争的需要。那怎样解决这个问题?唯一的办法就是发行苏票,作为财政上的收入。所以这时发行苏票主要的是解决财政困难,对于活动金融倒是附带的。

中央红军未到陕北以前,已由陕甘银行小规模地发行了苏票,中央到后才大量地发行。开始信用很好,一九三六年信用渐跌,到年底停止发行,共发行了一百多万。统一战线形成后,为了统一币制,苏票用法币无代价地调回,不使老百姓吃亏。

(五)财政机关与财务行政

从陕北苏维埃开始创立时,省县苏维埃成立了财政部,内设没收科、保管科、会计科,区设财务股。没收科提出没收地主、富农、资本家的财产,没收后交保管科保管。哪一部门需要,就分给哪一部门去用,谁需要什么,谁就分什么。分配的唯一标准,就是按工作需要,此外再没有什么分配的标准与制度,手续也很简单,不做预决算,也没有会计制度,因此会计科变成了虚设的了。

自收自用的现象非常浓厚,没收的东西是分散保管,没有统一的管理,下级也不向上级做报告,直到中央来到后,才开始统一领导,把没收的重要的东西,交到中央,用以统一解决困难问题。

对于粮食保管,陕北当时成立了粮食部门管理粮食,以供给军队吃粮。

陕甘省成立了陕甘银行,发行苏票,中央来到后,改为中华苏维埃国家银行西北分行,一九三七年又改为边区银行。

(六)苏维埃时代财政上的特点

1. 领导不统一,收支的紊乱

苏维埃时代,财务行政不统一,没有统一的领导系统,各地方都是自收自用、随收随用,甚至有乱收乱用,收入支出没有一定的制度与领导标准。有什么便分配什么,谁需要什么便分配什么,对于分配没有很好的计划,东西多了便浪费地使用,来源少了又感到很大的困难。此地不顾及彼地,今天不顾及明天,一切都是游击现象游击的状态,计划性非常差,以致使财政研究碰到很大的制度困难。

2. 苏票起了很大作用——在当时财政困难的情形下,苏票的发行,在财政上起了很大的作用,购买了很多的东西,供给了战争的需要,解决了军事上、生活上的困难问题,这是对财政上一个很大的帮助。但另一方面,因为发行太多,以致后来无代价的回收,致使老百姓吃了亏。这说明苏票也同样地走了滥发纸币的覆辙,值得我们今后加以注意的。

3. 在收入赶不上支出上渡过了难关

为了支持战争的需要,不断作战的红军,一天一天地扩大,支出很大,而人民都很贫苦。不能给人民任何的负担,收入只能依靠非常不经常的没收与胜利品,实际上这哪能够支用呢?唯一的办法就是节省,用吃苦的精神来克服困难,大家不要钱,只解决吃饭问题,这样便度过了极困难的阶段。

二、边区财政政策的探讨

(一)苏维埃时代(1931—1937)

1. 当时的政治环境与特点

（1）在政治上

陕北自大革命后，便开始了反帝反封建的革命斗争。一九三二年，组织了苏维埃政权，在政治上实行了工农代表苏维埃的民主制度。一九三五年，中央红军长征二万五千里到达陕甘晋各地。为了统一西北苏维埃运动，遂于是年十一月组织了西北办事处，直接管辖陕北省、陕甘省、关中特区、神府特区四个单位。一九三六年二月，红军东征抗日，国民党立即以十个师阻拦去路，中共认为国难当前，双方决战均为中国国防力量的损失，五月间将红军撤回黄河西岸，这时候苏区围剿，国民党又大批兵力采取堡垒政策与经济封锁来破坏我革命根据地。

在这时期，政治形势已经起了很大变化。这时候的特点，正如中央一九三五年十二月决议中指出的：

"日本帝国主义吞并东三省后，现在又吞并了整个华北，而且正准备吞并全中国，把中国从各帝国主义的殖民地，变为日本帝国主义的殖民地，这是目前时局的基本特点，……日本帝国主义吞并全中国的行动，向四万万中华民族送来了亡国灭种的大祸，这个大祸就是把一切不愿当亡国奴，不愿意当汉奸卖国贼的中国人民逼得走上唯一道路，向日本帝国主义及其走狗汉奸卖国贼展开神圣的民族战斗。"

党中央当时的策略路线，就在发动团结与组织全中国全民族一切力量，建立抗日民族统一战线，反对日本帝国主义的进攻。一九三六年的双十二事变后，整个局势才开始明朗。

（2）在经济上

在革命前，由于边区处在军阀割据封建势力经济与剥削下，长期内战几年，灾荒及地理上的阻碍，使边区经济发展异常迟缓，农村破产更形显著。一九三一年，陕北苏维埃政权建立，在这个革命园地中，广大群众才解除了自己的枷锁，实行了土地分配，改善了工人待遇和普及了义务教育。

但是，当时苏区的经济，并不像我们所想象的那样能够很好地加速向前发展，相反地有些反而衰退了。例如，当时牲畜大部分被宰杀，商业停顿，遍野皆荒，一切是事实。形成这样的原因，大约有三个：

①苏维埃政权还不够稳定，农民对革命政权的认识还差。

②由于苏区外敌人恶毒摧残屠杀与经济封锁。

③兵荒马乱，群众生产无法进行，旧的已经破坏，新的还没有建立。这就是

当时的经济特点。

2. 财政任务

根据以上的政治经济的环境与特点,客观的要求,就是在目前条件下,尽量利用一切方法,来解决当时的财政困难,那么这时的财政任务,根据我们的了解,应该是总的任务,没收一切反革命的财产土地,耕地归农民,准备一切物力财力供战争需要。具体任务,利用一切物力财力,保证部队及工作人员的供给。

3. 指导原则

由于以上客观条件及财政上的任务,苏区时代的财政政策,根据我们现在的研究,应该而且必须是下面的几点:

(1)没收一切地主阶级的土地、农具、耕牛、房屋,分给贫苦农民。

(2)没收一切帝国主义及反革命分子在苏区的财产,收归苏维埃政府,解决财政困难。

(3)彻底取消一切苛捐杂税,实行战时可能的人民负担,供给战争需要。

(4)极力争取可能来的外援。

(5)实行可能的财政统一。

(6)发行苏票以谋财政上的收支平衡。

但(1)、(2)、(3)是民族的进行,(5)、(6)二项是逐渐的进行。

当时苏维埃政府是不是确定了这些政策呢?据我们从具体情况中看来,大概可以知道那时的财政政策,虽然没有条文的记载与明确的决定。

4. 实施效果

我们检讨苏维埃时代财政政策实施的情况,我认为基本上是完成了它的任务的。主要的有下面几点:

(1)彻底实行了没收地主土地分配给贫苦农民。

(2)没收一切帝国主义及反革命分子的财产,解决了财政困难。

(3)取消了一切苛捐杂税和高利贷的剥削。

(4)获得了友军的财力上的援助。

在这个过程中,财政上的缺点也是值得我们加以检讨,以作今后的宝贵的经验教训。

(1)在没收地主及分配土地过程中,发生许多要私情、不彻底、全村彼此袒护、本地人排挤外来人的现象。

(2)在没收反革命财产过程中,大部分是自收自用。

对于集中的管理统一收支,极度地不够,形成财政上极度不平衡、紊乱无章的现象。

（3）没有健全的财政制度——在一九三五年,中央来到陕北后,才开始有会计制度,然而由于游击式的工作作风,仍然是有名无实,并没有起到它应有的效力。

（4）没有统一的计划与布置,动员一切可能的财力、物力、反抗敌人的经济封锁与军事围攻。

（二）统一战线(1937—1939)略。

陕甘宁地区财政厅
一九四〇年十一月十五日

七、陕甘宁根据地的互助合作

陕甘晋革命互济会简章及斗争纲领草案

（一）定名　本会定名为陕甘晋革命互济会。

（二）宗旨　本会以救济革命战士及其家属与苏区之老幼残废，没有生产能力的工农。为巩固革命的后方，共同消灭豪绅地主、资产阶级、国民党的血腥统治，推翻帝国主义在中国的势力，迅速完成中国苏维埃革命的彻底胜利为目的。

（三）会员　凡苏区之男女公民，年龄在十六岁以上，赞成本会的宗旨，愿参加本会的实际工作者，都得为本会会员。

（四）组织系统　本会以乡为基本组织，区、县均有本会的领导机关，全国互济会为本会的最高机关。

（五）乡互济会由大会选出总务、组织、宣传三职为执委，各村会员由五至十人编成小组，并选举组长。区互济会除总务、组织、宣传外，选文书、事务各一人。县除五人为常委负责与区执委外，另选执委二人，省执委九人（五人为常委）。

（六）定期　任期××名互济小组每半月开会一次，乡每月开大会或代表会一次，区每三个月开代表大会一次，县代表会每半年一次，省每一年一次。乡与区执委会每十日开会一次，县与省常委会每七日一次。如有特殊事故可随时召开组长会。乡区执委每三年改选一次，县执委每半年改选一次，省执委一年改选一次，但得连选连任。

（七）纪律　本会负责者有消极怠工者，经由会员三分之一提议，临时改选之；会员有怠工不经常参加本会工作者，得受批评、警告、开除等处分。

附：斗争纲领

1. 救济红军之家属。
2. 救济战斗负伤之战士与赤卫队。
3. 救济革命战争牺牲者。

4. 救济革命战士家属。
5. 救济被捕革命战士。
6. 为巩固后方,冲破帝国主义反动派之围剿而斗争。
7. 救济失业工人。
8. 救济苏区没有生产能力的男女老幼。
9. 救济被白匪烧杀蹂躏过的村庄内的工农。

陕甘晋省苏维埃筹委会革命互济会
一九三五年九月

中央粮食部通知(第四号)

各级苏维埃政府粮食部:

过去互济会存储粮食甚多。此项粮食,一部是来自群众募捐的,另有一部是从没收地主豪绅中拨归互济会的。为了收集粮食供给红军,省互济会已决定并通知各级互济会将所存粮食交还粮食部仓库,以充实革命战争之需要。各级政府粮食部应即催促同级互济会,将所存粮食收集拨入仓库。收入之粮食,应分类登记清楚,并给还收条与交粮之互济会。望各级粮食部须会同互济会迅速进行收集为要。

此致

各县区乡政府
各级粮食部

中央粮食部长 邓 发
一九三五年十二月二十四日

中华苏维埃人民共和国中央政府驻西北办事处训令

关于优待红军家属工作

一、中国抗日救国之主力与先锋的红军,从他的英勇与坚决的斗争,获得了全中国群众的拥护,广大的工人、农民群众如潮水般地涌到红军中来。为巩固抗日红军的发展,为使在抗日前线上的红色战士安心作战,以取得民族与土地革命的彻底胜利,必须建立普遍的、经常的优待红军家属的工作。

二、要使优待红军家属的工作,有组织与有计划地进行,必须建立与健全与县区内务部(科)及县区乡的优待红军家属委员会,负责领导和进行优待红军家属的工作。

三、优待红军家属的最主要的工作,是使红军家属所分得的田地能够及时地耕种收获,不致因缺乏劳动力而荒芜。因此,组织耕田队帮助红军家属耕种,是最重要的。耕田队要保障红属土地及红军公地及时地和完善地耕种和收获。凡居住苏维埃领土内之人民,具有劳动力的,都须加入优待红军家属耕田队(条例另附)。凡因体弱不能加入优红耕田队的,都须加入优红杂务队,并按队员老弱性质的不同,每队分设肥料班、砍柴班、慰问班等,帮助红军家属砍柴、拾粪、挑水及慰问红军家属。

革命团体机关工作人员,不能参加优待红军家属耕田队的,必须参加优待红军家属"礼拜六"工作。

四、优待红军家属礼拜六,这是组织成千成万工作人员去进行优待红军家属,帮助红军家属挑水、砍柴、耕种和收获等等工作。这个工作在西北各地现尚未开始,必须立即进行组织革命团体机关工作人员优待红军家属礼拜六队(条例另附)和工作。党与苏维埃、后方军事机关、青年团、工会及一切群众团体各机关,自中央直至区乡,每个脱离生产的工作人员,都须加入优待红军家属礼拜六队。

五、红军家属日常生活困难的解决,过去是专靠互济会或苏维埃给以金钱、衣物或粮食的救济。这种临时性质的救济或接济,自非长久的办法,为使红军家属一般地不发生日常生活的困难,尚必须执行如下优待红军家属的办法:

(一)苏区各合作社每次收得之红利,应酌抽百分之几作为供给红军家属医药、帮助经济困难者等的特别费用。

(二)国家商店及一切合作社,红军家属持红军家属证购买货物,得照打九五折;红军家属同时是合作社的社员,购买货物则打九折。遇粮食、油盐、煤炭等日常必需品缺乏时,红军家属有优先购买权。

(三)国家银行所办理之各种贷款,红军家属有低利及优先借贷之权。

(四)互济会之捐款及其他优红收入中,应拨出一部分开办优红商店,以最低廉之价格,售卖商品与红军家属,并将其盈利之一部,帮助红军家属之最贫困者。国家贸易局应多方给此类商店之便利及援助。

六、红军家属有劳动力的,或能够参加劳动的妇女,要一致动员他们到生产战线上去,为为着抗日讨蒋的民族革命战争与为更高度地改善自己的生活而奋斗。有劳动力的,并还得尽可能鼓励他们也参加优红耕田队及劳动互助团,来更高地提高群众优红工作及农村劳动生产热忱。

七、在有学校的地方,红军子女有免费入学权利,由乡区苏维埃政府负责进行。对于成年红军家属愿意入补习学校或训练班的,应尽可能招收他们入学。

八、省县市区优红科及县市区乡村街道优待红军家属委员会,要经常地检查、指导和督促优待红属工作之进行,同时要经常地在红军家属中进行文化教育工作,经常召集红军家属的会议,指导和帮助红军家属给前方战士写信,鼓励和增加前方战士抗日讨贼的勇气,引进红军家属中的先进分子参加苏维埃及各种社会工作。

九、由各县苏制定红军家属优待证,每家红军家属发一个及在红军家属门上钉立红军家属光荣牌,表示当红军是每个工农光荣的权利和义务。同时,对于红军家属的各种状况的调查统计,内务部须即加紧进行。以上统计,限在三月内要办理完毕。

十、优待红军家属,使前线战士安心作战,不顾虑他们的家属。同时,可以鼓励新的战士不断如潮水般涌到红军去,这是为着民族与为着苏维埃在全中国胜利之最光荣的任务,必须进行广泛优待红属工作的动员,造成广大群众优待红军家属的热潮,各革命团体和群众热烈地以革命竞赛的热忱,进行优待红军家属的工作。对于在优待红军家属工作中的模范,当受到苏维埃政府的光荣的奖励。

十一、为保障这一决定及各种优待红军家属条例的执行,特责成各级工农检查部经常考察优待红军家属的工作。

十二、优待红军家属耕田队条例、优待红军家属礼拜六附后(略),均自公布之日起施行。

主 席 博 古

一九三六年二月

劳动互助社暂行组织纲要

（一）劳动互助社的意义

劳动互助社是广大农民群众一种自愿实行互相帮助耕种收获的群众组织。它有许多好处：第一，可以调剂劳动力，使劳动力能够比较合理地运用，不致有些人有劳动力空闲着，而同时又有些人却忙不了。第二，可以养成集体劳动的习惯。第三，由于集体劳动，可以大大提高群众劳动热忱与工作兴趣。第四，可以调剂耕牛、农具，解决耕牛、农具的困难问题。

（二）劳动互助社的组织与工作

1. 凡是农民（富农在内）只要自己愿意加入劳动互助社，不论男女老少，都可加入，为劳动互助社的社员。凡是社员，都有享受互助社所规定的特殊的权利。

2. 劳动互助社以乡为单位组织之。一村或两三个小村的社员，则组织小组。

3. 乡劳动互助社由全乡社员大会推选三人组织互助社委员会，内设主任一人，主持互助社全盘工作。每小组由小组全体社员推选组长一人，主持该小组工作。

4. 全乡社员大会每三个月开一次，不要在农忙时开。非有重要问题要解决时可不开，比较次要问题由主任召集小组长联席会解决。小组会每一月开一次，互助社委员会可十五天或二十天开一次。凡遇有重要问题时，得临时召集。

5. 劳动互助社社员不缴纳一定的社费，如互助社要纸张笔墨时，由委员会临时募捐。

6. 儿童、妇女按其工作技能与速度，可单独编组。

7. 各社员某天要其他社员帮他做工时，应先三天或五天报告小组长，由组长计划按需要调剂。

8. 互助社小组实行劳动力调剂时,各社员做的工数每次要报告小组长,由小组长登记,每月清算一次。

9. 小组与小组间,或乡与乡间,实行劳动力调剂时,由小组长将自己本组做的工数报告互助社主任,由主任登记,以便计算。

(三)劳动互助社工资的决定

1. 互助社决定每天工资的标准,不应比普遍的工资高,并要按照各地实际情形及分别农忙与平时来决定。

2. 决定工资,要开社员大会。每工工资多少,由大多数社员意见决定。对于不能做农事主要劳动的妇女、儿童等社员工资如何,社员大会可单独决定(一般可较少些)。

3. 互助社还应调剂耕牛、农具。牛工可以抵人工,每个牛工抵二个或三个人工,由牛好坏和当地实际情形决定。

4. 工资可以每一月结算一次,或农忙将到时或过后结算一次。各社员做的工数或做的牛工,于结算时出入相抵后,依照出入工数决定收入或付出工资。

5. 互助社对于社内的红属,应实行优待,并须特别欢迎红军家属参加互助社。凡普通社员(非红属)帮红属社员做工时,不计工数,不计工资。凡红属的社员帮普通社员做工时,要计工数、计工资。凡红属的社员帮红属的社员做工时,大家都不计工数,不计工资,或大家都计工数、工资。

(四)本暂行组织纲要自颁布之日起实行,但中央政府西北办事处土地部有随时废止与修改之权。

中央政府西北办事处土地部

部　长　王观澜

一九三六年三月二十八日

中华苏维埃人民共和国中央政府驻西北办事处内务部通知

各级内务部、乡主席：

凡脱离生产的苏维埃工作人员，其家中没有或缺乏劳动力的，应同红军家属一样，受到耕田队代为耕种土地的优待。这是中央政府已有命令规定的。

邮政局的工作人员及工人，是脱离生产的。邮政工人虽每月有块把钱的津贴，但他们天天跑路，块把钱只够零花，不能顾家。因此，他们家里没有或缺乏劳动力的，应受到群众耕田队代耕的优待，特通知你处，请查照规定办理为要。

中央政府驻西北办事处内务部
一九三六年四月三日

内战时期的劳动互助组织

陕北的农民群众,为了摆脱军阀、官僚、豪绅、地主的野蛮统治和各种残酷剥削,曾进行了土地革命的斗争,现在边区的一大半地区,都从那时起就取消了当时豪绅地主的封建土地占有和他们对农民的封建束缚,而把土地分配给了劳动的农民,这就造成了小经济发展的广阔前途。当时的苏维埃政府为了帮助农民发展生产,曾根据江西的经验,普遍组织了"劳动互助社""耕牛合作社""农民生产小组""杂务队"(半劳动力作农业辅助劳动的组织)、"优红代耕队"(或称义务耕田队)、"妇女生产小组"等等劳动互助的组织。不过当时农民群众正在经历残酷的内战,应付着反动武装的不断"围剿",农业生产受着严重的破坏,一般说农业生产是向下低落的,农民群众从斗争中所得来的土地和各种革命的果实还是不稳固的,也还不能立刻造成他们普遍的生产热忱。由于这些主要原因,上述的各种劳动互助组织,除了"代耕队"之外,都不起什么作用。相反,由于农业生产的低落和耕地的面积缩小,民间原有的各种劳动互助组织,也呈现着衰退的现象,比较明显的如延安县、安塞县等地,过去每乡都有一两个扎工,内战时期它们都绝迹了。

农业生产的下降,民间原有劳动互助的衰退和"劳动互助社"等等组织还没有为农民群众所接受,没有起大的作用,这就是这一时期边区劳动互助发展的特点。

中共西北局研究室
一九四四年

发展合作社大纲

在这民族革命战争日益激烈发展的形势之下,我们为着要防止并粉碎迭次失败的敌人,对苏区采取严厉的经济封锁,不使苏区的生产品销售出去,价值日低,而外来货物输入减少,价值日高,形成农产品与工业品的剪刀现象。另一方面,我们要提高苏区各种生产,扩大对内对外贸易,彻底改善工农生活,保障红军战争的需要。这些任务的完成,合作社是适当的武器之一。现在来把它的意义、作用及办法叙述于下:

一、合作社的意义和作用

合作社是工农群众抵抗资本剥削、增进自己利益、巩固工农联盟的一种经济组织。在目前苏区经济问题上,它有以下的作用:

苏区

(一)抵制商人剥削。敌人对苏区采用经济封锁的办法,使赤白区商品不能好好流通,一般商人乘机操纵,贱买贵卖,工农群众为求得日常生活的必需品,只好忍痛受其剥削。合作社则集合群众的财力,对于消费的必需品、农工业生产器具及原料,可以自行买卖及制造。一方面使我们要买进的东西价格减低,另一方面使自己可以出卖的东西的价格相当提高,免受一般奸商操纵。

(二)冲破敌人的封锁。现在苏区尚是一些经济较为落后的地方。农业生产占主要地位,农民想得到生活上必需的工业品,非把剩余的农产品出卖不可。但目前外来货物如布匹、药材、纸张、洋火等输入减少,价格日贵,而内地出产如皮毛、驴子、粮食、洋油等不易销出,价值日低。合作社的作用,即是帮助社员买卖货品的流通,减少剪刀现象,冲破敌人的封锁。

(三)发展苏区国民经济。目前苏区产业,都是落后的,样样都要开办。但有些产业要较大的资本,不易筹措,合作社就可解决这种困难。它可把许多零碎的资本,集中起来,开办目前最急需的产业,提高生产量,使工农在生产上得到较多的利益。

(四)提高社员政治水平。合作社是广大劳苦群众的经济组织,里面有种种文化娱乐的设备,供社员享用,增加知识,促进健康,使他们越能感觉党的政策的正确,工农联盟的必要,越发可以提高他们对革命的热忱。

(五)准备将来社会主义建设的条件。中国资产阶级民权革命的过程中,在无产阶级领导之下,可以造成许多有利条件,使这个革命的前途转变到社会主义。合作社就是许多有利条件的一个,它是抵制私人资本发展的武器,它是教育并团结农民参加新社会建设的必要条件。

二、合作社的种类

合作社照它营业的性质及目的,约可分为四种:1. 消费;2. 贩卖;3. 生产;4. 信用。兹分述于下:

甲、消费合作社

消费合作社是集中零星资本,大批地采买社员日常必需的消费品(因大批地买入物价可便宜些),以廉价卖给社员,免去商人从中剥削。这种合作社有时资本雄厚,亦可购买原料,设置机器,自行制造社员所必需的消费品,使成本更加便宜,社员生活得到更大的改善。

乙、贩卖合作社

把社员的生产物加以制造或不加以制造而卖出的合作社,叫贩卖合作社。这种合作社,对于苏区工农非常必要。我们苏区大都是农民或小手工业的生产者,在敌人经济封锁之下,他们的生产品在近处销售不多,价钱又贱,运到远处去卖,数量又少,来往费用多,很不合算。若有合作社组织,把小生产者的物品集中起来,大批地运到远处去卖,运费及其他用费可以节省,可以较高的价钱卖出,在市场可与大的生产相抵抗,这对于一般工农群众是很有利的。

丙、生产合作社

社员自己聚集资本,直接参加生产和直接出卖生产的物品的合作社,叫生产合作社。参加生产的社员,除每月可以拿工资外,并可按入股多少分得红利。这种合作社的作用,工人既可免去厂主、作坊老板的残酷剥削,同时可集中零星资本,开办较大企业,发展苏区经济,消灭失业现象(为扩大资本计,不能直接参加生产的工农群众,亦可入股,但有分得红利和选举权,不能有被选举权)。

丁、信用合作社

信用合作社是专门管理社员借款及存款的机关。社员要做什么事，缺乏资金的，可向合作社低利借得资金；有余裕的，不论多少，随时存入，得到相当利息。这和私人的银行绝不相同。私人银行的目的，在剥削借贷的人；信用合作社的目的，是为社员全体谋利益，不仅免去高利贷者的剥削，同时合作社赚的红利仍分给社员。

三、合作社的组织

甲、合作社的组织原则，应为民主集中制

（一）各级合作社的负责人，由社员大会代表会议及全国大会选举之。

（二）各级合作社，对于选举自己的社员，应做定期的报告。

乙、各级合作社的最高机关为社员大会代表会议或全国大会。

丙、各级社员大会代表会议或全国大会选举各级管理委员会。此管理委员会在前后两大会期间内为指导机关。同时，选举审查委员会，审查管委会之行为及账目。

丁、合作社组织系统

（一）乡支社：乡社员大会——乡支社管理委员会、审查委员会。

（二）区分社：区代表大会——区分社管理委员会、审查委员会。

（三）县总社：县代表大会——县总社管理委员会、审查委员会。

（四）省总社：省代表大会——省总社管理委员会、审查委员会。

（五）中央总社：全国代表大会——中央管理委员会、审查委员会。

（六）合作社机关：为处决合作社的各种特殊任务起见，各级合作社管委会下，得设立各部，如组织部、宣传部等等，各部隶属于管委会，受其指导而工作。

戊、乡支社的组织

（一）社员大会：乡支社的上级机关为社员大会，每三个月召集一次。

（二）乡管委会：乡管委会于前后社员大会期内，处理该乡合作社工作，管委会每礼拜开会一次。为处理各特殊问题，管委会下得设组织宣传、调查统计各干事。

己、区的组织

（一）区代表大会：区分社的上级机关为区代表大会，每三个月召集一次。

（二）区管委会：区管委会在前后该区代表会期内，为该区最高机关，并在该期内指导该区范围内的工作,区管委会每半月召集一次。区管委会应执行区代表会县、省及中央管委会的决议,并得设立宣传、组织、营业、调查统计、文化等部。营业部下,得设采买、发售、保管、会计、出纳等股。

庚、县的组织

(一)县代表会:县总社的上级机关,为县代表会,每二个月召集一次。

(二)县管委会:县管委会在前后县代表会期内,为该县合作社最高机关,在该期内指导该县范围内的工作,县管委会每半月召集一次。县管委会执行县代表会、省及中央管理委员会的决议,并得设立宣传、组织、营业、文化、调查统计等部,营业部下得设采买、发售、保管、会计、出纳等股。

辛、省的组织

(一)省代表会:省总社的最高机关,是省代表大会,省代表大会每半年召集一次。

(二)省管委会:省管委会在前后省代表大会期内,为该省范围内合作社的最高机关,省管委会每半月开会一次。省管委会执行省代表大会及中央的决议,在该省范围内组织运输机关,支配合作社的经费,并指导其营业及订立合同等。省管委会得设立各部,如组织部、宣传部、营业部、文化部、调查统计部等,营业部下得设立采买、发售、保管、会计、出纳等科。

壬、中央的组织

(一)全国大会:合作社的全国大会,是合作社的最高机关,每年开会一次。

(二)中央管委会:在前后全国大会期内,是最高机关,代表全国合作社对外订立贸易生产合同,组织全国运输贸易生产机关,指导全国合作社的工作,支配全国合作社的财力和力量,中央管委会每月须开会一次。中央管委会按照各种工作部门,可设立组织部、宣传部、营业部、文化部、调查统计部等,因工作之繁简,部下可设各科。

附:各级合作社组织系统表

(紧接下页)

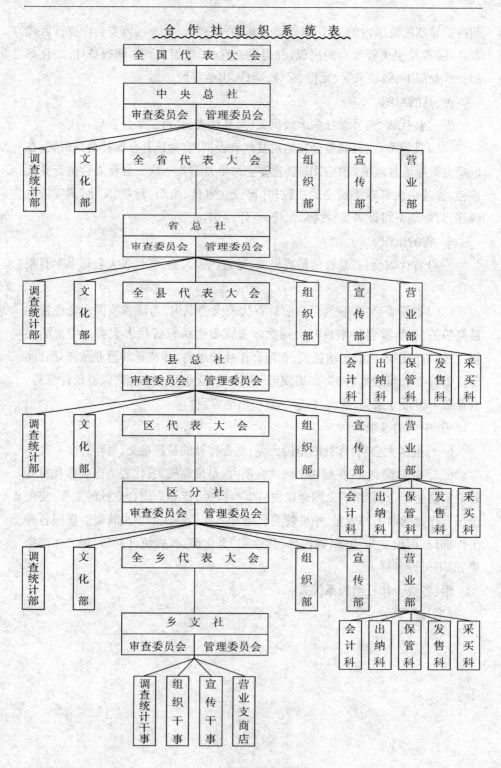

四、我们怎样来开办合作社

现在很多工农群众还不了解合作社的意义和必要,就是知道的对于办法也无把握。因此,我们必须:

(一)政治动员:要使广大工农群众如潮水般涌进合作社来,只有他们自己深刻了解合作社的意义和重要,才能办到。绝不能带有丝毫强迫命令的气味。因此,我们要求省国民经济部的合作社指导委员会,立即召集各县各合作社指导委员会的联席会,讨论一些宣传材料和具体办法。县指导委员回县,应即协同该县党、团、工会、妇委、儿童局选派得力同志,分头到各区召集活动分子会议。出席的要有区苏乡苏主席、贫农团、工会、妇女代表会、少先队、儿童团等代表,传达县联会的决定,讨论该区具体的动员工作。并可于此时由各乡出席代表中选出三人至五人组织该乡合作社筹备委员会。散会后,各乡代表回去,立即分别召集会议,即工会、贫农团、儿童团、党团支部等会议,报告区代表会的经过,讨论该乡合作社办法,造成一种浓厚空气,深入到每村每屋子里去。要男女老幼都知道合作社的利益,而且是刻不容缓的事。

(二)组织突击队、宣传队:发展合作社,仅一次、两次总的宣传鼓动还不够。为要达到更大更快的成绩,我们还要指定几个中心地方,以区或乡为单位,组织突击队或宣传队,制定突击及宣传计划,以冲锋精神向这些地方动员。他的任务是要在最短期间,把这些地方的合作社建立起来。

(三)宣传材料:没有好的宣传材料,不能得到好的宣传成绩。我们应先制定一些宣传品,这些宣传品的形式要很动人。要人人看得懂它的内容,应说到目前革命势力的发展,敌人在垂死时候,采取这没天良的经济封锁,要我们天寒没衣穿,生病没药吃。这样可增加工农群众对敌人的仇恨。同时指出,只知道赚钱的商人,乘机抬高物价,使得我们的生活更加不利。第二,虽然这样,我们是有方法打破这困难的,而且可以把我们的生活,提到比革命前好若干倍,合作社就是达到此目的的武器。这里除讲合作社的意义、作用和办法外,还要举出一些具体例子,如某处合作社办有成绩的,他们如何集股,如何去办货,如何使社员得到便利(如消费合作社的必需品,尽先卖给社员;社员买货,价值便宜些等),有多少公积金,近分了多少红利等,详细地告诉群众。又如该地有某种合作社可开办,比如瓦窑堡市上现在每疋布卖三元多,我们知道清涧和延长等边界的布只卖二元,加上运费也不过二元零一点,我们一个人到这远地方去买虽不合算，但是组织合作社，大批地去买来，就合算多了。又如花马池的盐三元多钱一驮，经过某些路程，用费多少，应该只值若干钱一斗，而现在市面的价钱却高得多。又如某处有多余可以出口的货，如皮毛、驴子等，价值很廉，而离这里若干路的地方，价值很贵，若是自己有合作社，把这些货物运出去卖，同时又把某些要用的货物买进来，那不很有利吗？我们把他详细计算，指出数目字来。这样，在群众中宣传，自然很有力量，谁也不能不信，不能不热烈地来参加了。

（四）发展方式：

1. 上面说到合作社的组织系统，但开头不必去组织县社与区社，而是组织乡社。在宣传鼓动时，群众有同意的，即鼓励他去乡合作社筹备委员会报名、缴股金，有了几十个社员，就开社员大会，选出乡合作社的管理委员会和审查委员会，就去采买货物，开始营业（假如是消费合作社的话），使群众马上得到利益。在全区有了三个乡以上成立了合作社时，可开始组织区分社，由乡合作社选出代表开区代表大会，选出区分社的管委会和审委会。在未开会之先，要向社员解释，区分社是乡支社联合来办的，比如消费合作社，以前一乡单独去办货，现在几乡一起去办货，力量大，花费少，且能更有计划，社员得到利益更多。这样，使群众了解愿意，不要有丝毫勉强。在组织县总社、省总社时，也是一样。

2. 合作社是广大群众的经济组织。股金单位要定得低，二角、三角、五角，至多不超过一元，使每人都有入股机会。又入股以个人为单位，不要以家为单位，某家父或夫入了股为社员，其子女或妻同样可入股为社员。这样使合作社真正成为很大的群众组织。又一人要入几股的，也可以给开会的表决权。入几股的和入一股的虽然是一样（资产阶级的公司，表决权是照股数的，所以公司的权柄总操在大资本家手里），但在分红利时，可以照股数分给。这样使人人都愿意入多股，合作社的资本容易增大。

3. 合作社是阶级斗争的一种经济组织，资本是越多越好的。假如工农群众一时拿不出很多股金，我们可用分期的办法，第一期募不够，第二期再募，甚至继续到三、四、五、六期都可以。就是缴股金的，一次缴不足，分两次亦可（如股金一元，一次不能缴足的，分两次缴，每次缴五角）。

4. 为着使合作社迅速发展，政府可予支持与帮助。只要他已确实集有若干股金，如还患资本不够时，银行可以借款子与他。在办货的方面和转运，政府可予以便利。又合作社的货物，可得到免税或减税的优待。

5. 工农分子在计划和核算上，自然不及商人精明，因此我们开办合作社，特别要注意把账目写得清清楚楚,每个月要结一回账,看能赚钱多少,三个月或半年要分一次红利。假若不能赚钱或赚得不多时,要马上把原因研究清楚,宣布出来,使群众不致怀疑退缩。如查有贪污分子及故意破坏的反动分子,应经过社员群众予以严厉处罚。同时,脱离生产的合作社成员,应规定给以相当工资。

6. 合作社是广大群众的经济组织,它的目的,要做到每个劳苦群众都是社员。假如只几个或十来个人组织的,那是私人商店。又如专门拍卖公家没收的或其他物品的,那是国家商店,均不许挂合作社的招牌。

消费合作社标准章程

第一章 总 则

第一条 本社为便利工农买货的一种群众经济组织。其任务为:

一、集中零星资本,抵制商业资本的剥削。

二、大批地购买社员生活必需品,廉价卖与社员。

三、帮助苏区的经济发展。

四、提高社员的文化政治水平。

第二条 本社定名为○○○消费合作社,向○○县政府登记,取得合作社证书。

第二章 社 员

第三条 本社社员以工农劳苦群众为限,但有选举权的工商业主也可加入。

第四条 本社社员无限制,准许自由陆续加入。

第五条 社员有要求退股的,须向管理委员会报告,得其许可。退股后股金须三个月后才能领回。

第六条 社员有破坏本社行为的,得由社员大会通过开除之。

第七条 当地政府有必要时,可认股加入,但只是普通社员资格,没有任何特权。

第三章 股 本

第八条 本社股金每股定为二角、五角或一元,一家有几人入股,一人愿入几股,都可以。

第九条 凡交足了股金的社员,都有选举权、被选举权、表决权。但每一社员不论入股多少,只有一个表决权。

第十条 凡交足了股金的社员,都发给股票及社员证。

第十一条 社员可将股金出卖或赠送别人,但须得管理委员会之许可。

第十二条 股票、社员证遗失时,须报告管理委员会挂失,并登报声明作废后,再向本社请求补发。

第十三条 社员证只限于本人一家使用,不得借给非社员及持证代非社员向本社买货,并不得以营业为目的,向本社买货转卖别人。如查有上述情事时,应停止该社员分红利一期。

第四章 业 务

第十四条 本社为社员之需要为前提,大批买进日用必需品及文化用品,零星卖给社员,但助长封建迷信和浪费之物不办。

第十五条 社员买货,价格要比市价便宜些。货物多时,可卖给非社员,但价格须高一点,惟不能超过一般市价以上。

第十六条 必需品缺乏时,社员有尽先购买权,并须用分配办法,使社员都能买到。

第五章 社员大会

第十七条 本社以社员大会为最高组织,三个月开会一次,但须有三分之二社员出席,才能开会。

第十八条 如有临时事项发生,或社员三分之一的要求时,可由管理委员会召集临时大会。

第十九条 社员大会之职务:

一、选举、罢免与处分管理委员会和审查委员会。

二、制定或修改本社章程及办理细则,审查三个月的营业报告及决算。

三、决定下三个月的营业方针。

第六章 管理委员会

第二十条 管理委员会由社员大会选举七人至十一人组织之,设正副主任各一人,任期以三个月为限,但得连选连任。

第二十一条　管理委员会每星期开会一次。其职务如下:

一、依照社员大会决议,定出营业的具体办法。

二、聘请或辞退本社职员。

三、扩大本社社员及股本。

四、计划本社社员文化娱乐工作。

五、定期向社员及当地政府做营业报告。

六、处理其他日常重要事务。

第二十二条　管理委员会主任如不能兼任本社职员时,至少每日应到社一次,检查收支账目、营业情形等。

第二十三条　管理委员会负社务的完全责任,所聘用职员如有溺职舞弊情事,应由管理委员会负责。

第七章　审查委员会

第二十四条　审查委员会由社员大会选举五人至七人组织之,以一人为主任,任期以三个月(或半年)为限,但得连选连任。

第二十五条　审查委员会每月开会一次,审查管理委员会之行为及账目。

第二十六条　管理委员会如有溺职、舞弊或违章时,审查委员会得召集社员大会改组或处分之。

第二十七条　管理委员会与审查委员通同舞弊时,得由社员三分之一以上的提议,召集社员大会,改组和撤职以及向法庭起诉。

第八章　红利分配

第二十八条　本社每三个月决算一次,须制定下列账册,提出于社员大会。

一、资产负债表。

二、损益表。

三、财产目录。

四、营业报告书。

五、红利分配表。

第二十九条　本社每半年分红利一次,以纯利百分之五十为公积金,百分之十为管理委员及职员奖励金,百分之十为社员文化基金,百分之三十以买货多少为比例,分给社员。如因计算困难,可照社员股金平均分配。

第九章 附 则

第三十条 本章程如有未尽事宜,得由社员大会决议增删或修改之。

附表(一)

○○○○○合作社 股 票 第 号		存　　　根	
社员姓名		号　数	
住　址		社员姓名	
成　份		住　址	
股　金		成　份	
交股日期 一次　　月　日交		股　金	
二次　　月　日交		一次　　月　日交	
三次　　月　日交		二次　　月　日交	
管理委员会主任(签名盖章)		三次　　月　日交	
193　年　月　日给		发给日期	
		管理委员会主任	

附表(二)

○○○○○○合作社

社　员　证

第　号

社员　　　收执

社员持此证得向本社买货(或借款)及享受本社一切权利,但不得借给非社员使用,违者照章处罚。

管理委员会主任(签名盖章)

七、陕甘宁根据地的互助合作

附表(三)

○○○合作社货价表

货
名
单
位
价
格

注：价格栏内如遇物价变迁时，可用小纸条写好新价贴上，免得每次货价变迁，都要另外写过一张表。

中央国民经济部
一九三五年十一月

陕甘宁边区消费合作社现状

边区的合作事业，是从办消费合作社开始的。一九三五年的冬天，中央来陕北苏区后，由国民经济部号召党政军各机关工作人员来入股，组织合作社，在不久时间内就收集起二千余元的股金，成立了机关人员合作社。

一九三六年的一月，中央国民经济部召开了省级和县级国民经济部部长联席会议，详细地讨论了组织合作社的办法，指示各县普遍地发展合作社的组织。由于各县党政的加强领导和工作努力，群众拥护，不到三个月的时间，各县每个区建立了区分社，每个乡建立了乡支社。……在敌人对苏区经济封锁之下，合作社吸收了群众的土产品，供给人民的需用品，真正起了便利人民交换和冲破了敌人经济封锁的作用，得到了人民的拥护。同年六月，瓦窑堡事变后，中央移到保安后，敌人就进攻苏区。占据东地区各县，吴堡、清涧、绥德、延长、延川、固临、甘泉、安定、延安等县的合作社组织，被敌人破坏，只留西地区安塞、保安、靖边以及陕甘宁省各县的合作社。

双十二事变后，一九三七年一月，陕北省派了工作团到东地区又继续地建立了安定、延长、延川、固临、甘泉、延安六个县的合作社组织。

陕甘宁边区建设厅

一九四一年八月

南区合作社发展经过

一九三五年十二月,南区第一次成立合作社,组织者是一个农民出身的老曹,当时中央红军刚到边区,南区(十里铺县政府所在地)正是红军与东北军互相争夺之地,因此南区合作社虽然成立起来,但因股金短少(当时仅百多元苏票),军事纷扰,交通不便,货物来源不易,办事人没有经验等等原因,不久便宣告破产。

南区第二次成立合作社(现在的合作社)是在一九三六年冬,县政府(主席刘秉温)为了响应苏维埃西北办事处的号召,乃派李生章同志(现任沟门分社主任)到南区第二次组织合作社。当时南区人民对合作社并无认识,经过二十多天的宣传,半自愿半摊派地收集了苏票股金一百五十九元九毛(每股三毛),组织社员一百六十人,在沟门设立了一个消费社,主任是王天经同志,会计是刘建章同志,采买是李生章同志。第一期做了三个月的营业,长净利一百三十元,每股分红一毛八分。社员初以为出股金是替公家做生意,有去无回,现在不到四个月,就分股金十分之六,故对合作社多少有点兴趣。但在当时股金很少,做不成什么,刘建章同志就利用社员对分红的一点兴趣,就提出扩大股金的号召,当时有些人不赞成,结果县政府同意了。到六月间,扩大股金八百元,社员增加至五百人,盈余一百六十元,每股分红五分。这次分红以后,没有举行扩大股金,这是第二期。这一期主任已调换刘建章同志担任。同年九月,又举行了第三期结算。苏票换成法币,亏本一百七十余元,三个月营业长利三百三十余元,除弥补换票损失外,又每股分红二分,慰劳前方将士(毛袜、手套)五十元,优抗三十元。这次分红之后,在十月改三个月一期为六个月,此时社员对合作社认识比以前进了一步,到合作社买货的增多了。合作社利用这一机会,提出每股由三毛增至五毛,并征求新社员。又想出扩大投金五百元买铧,将来照本卖给社员,甚得社员欢迎。至三八年三月又扩大股金九百元,连前共一千八百余元,社员增加至六百七十名。在这一期举行第四次结算，盈余四百八十余元，并开始实行提公积金、公益金，除提出一百多元买毛袜子、手套慰劳前方将士外、每股（五毛）又分红八分，并在柳林子开始建立第一个分社。这次结算分红后，群众便开始自动入股。合作社又提出扩大股金一千元，建立信用部，举行临时济急的低利借贷。这一号召又为扩大群众所拥护，一千元的股金计划到九月间全部完成。这时已有股金二千八百元，社员八百名。在这时期总社已于九月间移到柳林子，并组织社员、牲口参加运盐（那时也是政府号召驮盐，南区人民大多数都参加这次运盐）。社员在合作社帮助之下，获得了运盐的利益。……
　　…………

　　一九三六年，南区合作社成立的时候，住户四百三十户，人口一千三百三十名，牛俱二百二十二俱，牛三百二十三头，驴一百二十五头，羊二百七十只（当时只南川三个乡，以后加杜甫川三个乡，这三个乡人口等项不过南川三乡的三分之二，无详细统计）。工商业方面全南区只一个南区消费合作社。……

南区合作社
一九四二年

边区合作事业的发展

边区合作事业，自一九三五年开创。……

这时间，边区正处在战争与封锁下面，商业又被破坏，军民供给发生极大困难。

一九三四年间，清涧一带群众自发组织了临时性的"合伙生意"，运出土产，换加日用品，实在是一种萌芽状态的消费合作。它反映了经济封锁下群众对合作社的迫切要求。

一九三五年春至秋间，先后组成了三个消费合作社和一个粉坊合作社，各有股金二百元左右，来自农民、小商人和政府投资。业务为：（一）联络小商人向苏区外采买必需品，卖给部队、机关和人民；（二）替政府兑换苏票；（三）替红军拍卖没收来的货物；（四）生产粉条、喂猪、供给医院和部队、机关人员，主要都是面向公家的，且资力小，作用有限。

大量开展是在这年冬中央红军到达之后。那时苏维埃中央国民经济部为了开展反经济封锁斗争，维持苏票，保障军民供给，号召大量发展合作社运动，为此，成立了合作指导委员会，颁发"发展合作社大纲"以为指导。由于自上而下的普遍运动，半自愿半固定的劝募股金，在当时环境之下，获得了群众拥护。不到三个月时间，几乎每个区乡都成立了合作社。一九三六年底统计：陕北省十一县市有区分社四十八社，乡支社九十四社，社员三四，五二三人，股金二九，五四八．三元；一九三七年上半年统计：陕北省十六县市有区分社六二社，社员五七，五一八人，股金六四，九九二元。自上而下发动与迅速普遍建立，是其第一个特点。业务的主要内容为流通货物与苏票。一九三七年上半年统计：合作社共向外边办货二一六次，总值九四，四二二元，贩卖农产一七，七三四．六五元，盈余一三，七六五．六元。维护了苏票，保障了军民供给。尤其有些合作社经常带货串乡深入民间，极得群众拥护。这是第二个特点。当时合作社货物多由政府批给(也有不少联络商人单独进货的),干部多由政府指派,有的货价由政府指定,边界地区合作社随军队而转移,红军并有向合作社购货的优先权。一般说,合作社带着公办的色彩。这是第三个特点。还有当时规定入股以人(非户)为单位,最多不得超过十股或二十股。至于分红多少、有无是不一致的。这些特点大致是适应当时的战争环境而产生的。

  这是边区合作事业的草创阶段,虽由于普遍发展,基础不固,但起了大作用。

陕甘宁边区建设厅
一九四四年

介绍南区合作社

南区合作社的发展历史

……

自一九三六年十二月开办到一九三九年二月,第一至第六结算期,南区合作社从一个专营消费业务的合作社,逐渐扩大到四个社、九个经营单位,初步形成一个兼营生产、消费、信用、运输的综合社。这是第一阶段。

早在一九三五年,南区即成立过一个合作社,因战争群众所入股金全部损失。一九三六年冬,延安县政府又提出在南区的沟门上成立合作社,半摊派半自愿地在人民中收集了一五九.九元苏票的股金(每股三角),有社员一六〇人。合作社主任是王天经同志,会计刘建章同志,采买李生章志。当时市面流通的是法币,合作社收受群众的苏票,向贸易局购办货物,故第一期三个月即长毛利二百元,除优待抗属、慰劳前方、捐助学校之外,每股三毛即分利一角八分。

因为合作社第一期就分了很多红利,卖货又收受苏票,所以营业很好。当时主任王天经同志主张限制每人买货数量,刘建章同志则主张为了扩大合作社影响和发展合作社,不必限制。讨论的结果,县政府把王天经同志调换了,由刘建章同志担任南区合作社的主任。从此放手卖货及发展股金,至第二期结算,已经有九六九元股金了。

一九三七年春,在沟门上以二百元资本开了牲口店。为了招揽脚户来住店,给一些长脚户放合作社运输队的旗子,到盐池驮盐,名义上是南区合作社的运输队。到一九三八年已经有一百多个牲口了。这是南区合作社组织运输事业的开端。

一九三七年六月,苏票收回,合作社的股金全部由苏票转成法币,合作社贴钱五百余元。股金也扩大到一千六百元,这时候合作社人员从主任起常常背包袱下乡卖货，调查人民经济情况，宣传入股。刘建章同志统计本区人民每人每年要买布、盐、农具、洋火用洋四十元。在第三期社员大会上提出每人加入二十元股金，合作社就可以供给全区人民全部日用必需品。这个计划因为集中股金困难、货物涨价未能实现。

……

中共西北局调查研究室
一九四四年

附录　回忆和访问记录

对神府区域苏维埃运动的一段回忆

神府党怎样粉碎敌人第三次围剿的纪略

一、一九三四年春天以后,神府苏维埃区域猛烈发展与扩大着。当时各地群众,都热望我们前去开辟他们的村庄,都要求"随红军"。当开辟苏区的游击队和做地方工作的同志,一到他们村庄附近,群众就自动地派代表前来,邀请去解放他们,并且各办了许多好吃的东西,等着我们的游击队和工作人员。当时,我们的困难不是别的,而是工作人员缺乏,是应接不暇。

到一九三五年春天,神府苏维埃区域扩大到:东至黄河,西至介安堡附近(榆林),南到岔道铺(佳县),北到滩坝、黄甫(府谷),东西宽一百五十里,南北长四百里,人口在十四万以上。神木县苏维埃政府在一九三四年十月成立,现任中共青海省委组织部王恩惠部长,就是当时县政府的副主席。县、区、乡苏维埃组织都比较健全,赤卫军和少年先锋队的组织,普遍于各乡各村。农村中除党、团(共产主义青年团)支部的组织外,还有雇农农会、贫农团、妇女代表会、儿童团等组织。它们对保卫苏区都起了伟大的作用。

一九三四年冬天,神府苏维埃区域实行了分配土地。获得了土地后的广大贫苦农民的斗争热情大大地提高,各种群众运动蓬蓬勃勃地发展着,男女群众白天晚上放哨站岗。各村都是连接哨,百里外的敌人一出动,附近群众放哨的人高声喊出,其他村的连接哨一村传一村,不上两个小时,就可传遍苏区各个村庄(按敌人出动的方向递喊出)。向区县级负责同志和部队中转信,也用这个办法。当时,消息真是灵通得很!是没有电线的电话。各地组织的游击队等武装,经常到附近敌区袭击和扰乱敌人。尤其是赤卫军和少年先锋队,平时积极担任肃反、警戒、维持社会治安等工作,战时又勇敢地配合红军游击队作战,红旗飘扬,声势浩大。文教工作也很活跃,光神木三区的夜校就有三十五个,妇女都有识字课本,革命歌曲到处都可以听见。

一九三四年这一年,是神府苏维埃区的黄金时代,是大大发展和胜利的时期,是在粉碎了敌人两次小围剿后得到的。

二、神府苏维埃区域的放大和发展,震动了反革命。敌人把这个钉在他们背上的钉子拔掉,从一九三四年冬季就开始了新的围剿——第三次围剿,把兵力有计划地布置在苏区边境,修碉堡,并村庄,编保甲,办"自首",实行所谓稳扎稳打,步步"围剿",向中心苏区推进,企图一举消灭红军。一九三五年二月间,敌八十六师动员了三个步兵团、一个骑兵营及一部分民团,开始由神木、府谷、佳县三面向苏区进攻,到处奸淫抢掠、杀人放火。

在这样严重的情况下,党的领导机关怎样进行反"围剿"的工作呢?神府的党粉碎这次"围剿"是走了一段曲折道路的。

在一年多胜利的环境中,被胜利冲昏了头脑,党的领导人没有发动和组织党员群众进行有系统的反"围剿"斗争,也没有提出正确的政治口号,而采取了与敌人的优势兵力进行孤注一掷的战争,打算一下子就粉碎敌人的"围剿"。

一九三五年二月二十二日,全部红军游击队四百多人、党政民干部二百以上、赤卫军二千人,集中起来攻击新寨子敌人。这次贸然作战的结果,遭受了严重的失败。红三团参谋长刘鸿飞同志英勇牺牲,军民伤亡很多。这次失败,相当影响了群众的斗争情绪和减弱了红军的力量。没有接受这一次的教训。第二次又发动向瓦窑渠的敌人进行夜间袭击,战争又失败了。

形势是愈来愈严重了。敌人的"围剿"方式更加残酷毒辣,不但编保甲、并村庄、办"自首",而且在农村中普遍建立了"肃反"小组,建立常备队和预备队,用各种方法瓦解红军。敌人经常"搜剿",不准并了的村庄烧火(怕老百姓给红军和地方工作同志做饭),一看到烟囱里冒烟,敌人就注意了,就要威胁和拷打这些村庄的老百姓,我们的困难越来越大了。从五月起,苏区差不多全部被敌人占领了。敌人共有四十一个据点,敌人正规部队和所谓常备队"铲共义勇军"等反动武装,约共五千余人。反革命的豪绅、地主等,也都跑回来帮助敌人打我们。神木十三个区、府谷七个区、山西兴县沿河三个区,共二十三个区,到了六、七月间,被敌人占去了十八个区,人口约十万——十万人民又回到豪绅、地主的残暴统治下,过着牛马不如的生活。被敌杀害的老百姓和党团工作人员,数目很大,革命力量遭到了极大的损失。

是什么原因使苏区遭到这样大的损失呢?

回忆起来,主要是因为党的领导在政治上不了解革命胜利必须经过长期的、曲折的、艰苦的斗争,也不了解敌我力量上升下降的曲折变动的规律,因而起先过分夸大我们的力量,轻视敌人的力量,认为革命会一直胜利下去,没有估计到敌人还会有新的"围剿"到来,也就没有反"围剿"的准备工作,到敌人大举"围剿"的事实,否定了自己的错误认识时,又夸大了敌人的力量,认为我们一点力量也没有,在敌人面前表现软弱,在军事上起先是倾其所有力量,作孤注一掷的冒险。打了几个硬仗失败后,就缩编红军,掩藏枪支,分散躲避。而不懂得在敌人大举进攻占领中心苏区时,寻找敌人的弱点,集中红军主力,消灭一股或数股,并派游击队深入到白区开展新的游击区,以粉碎敌人"围剿"。

回忆到这一段,对我们是有很大教育意义的。瓦窑渠战斗后,工委决定红三团分散行动,主要是党政工作人员完全配合部队行动。一月以后,党的工作委员会和红三团的名义,也就无形中取消了,原因说是神府区不易恢复。——取消了党的领导,还能有战斗的胜利吗?但,为时不久,各种混乱的思想,如主张到山西创造苏区的,主张到蒙古去隐蔽的,一心依靠陕北特委派红廿六军到神府解围的,都在事实面前碰了壁,大家感觉到神府苏区是宝贵的。自力更生的思想有了,也有了坚持的信心。八月中旬,工委会正式成立了,红军也集中行动,统一指挥。

有了党的领导,一方面坚持了中心苏区的工作,一方面也加强了边界工作向外发展,以恢复老苏区。在农村中与敌人的"肃反"小组进行了尖锐的斗争,形势逐渐地改变过来。

不管是一九三四年的胜利发展和一九三五年反"围剿"的斗争逐渐胜利,都是建筑在党与群众密切联系这个原则的基础上。群众拥护党和红军的热情,真是语言难以形容。

一九三四年时,红军粉碎敌人两次"围剿",大大小小打了不少的仗。当群众看到我军有伤员运下来,他们都流了泪。说:这是为了咱们才受伤的啊!我军驻地,常有群众从几十里外的村庄跑来,把敌人兵力、驻地讲得清清楚楚。一九三五年夏秋,敌人虽然把大部苏区占领了,并编起保甲,实行残酷镇压,强迫自首。当时群众绝大多数是"明降暗不降""白降夜不降",仍然不顾一切牺牲,诚心诚意地拥护红军,帮助我们。我记得神木三区、四区和佳芦等区的群众,有的在敌人并村、编保甲后,在集中村庄里把饭做好送到野外的山窑子里或石坡里,有的甚至把做饭的锅和柴、米、面暗藏在野外,等夜间游击队和工作人员到了,自动做饭。

这些事实，说明了苏区的群众，与党和红军已经有了血肉不可分割的关系。群众千方百计地给红军做侦探、放哨、送饭、打击敌人。一九三五年夏末，佳芦县马家沟的群众，配合红军三支队，杀死敌人几个骑兵，得了短枪二支。神木二区刘家峁村刘崇德，看见一个敌人因有病走不动，掉队在后面，他就在坟上拔起一条丧棒作武器，打死敌人，带枪投奔红军。

所以有了党的坚强的统一领导，紧紧地依靠着群众，在一九三五年秋天，神府苏区完全变为游击区域。但是，国民党消灭红军的打算，完全成为梦想。

游击队坚持下来了。到一九三六年，由于刘志丹同志等带领的陕北红军不断获得的伟大胜利，并积极向横山、榆林一带敌区进攻，使"围剿"神府苏区的八十六师，不得不陆续向西开去，苏区的敌人留下的不多了，群众反"围剿"的斗争开展了，经常封锁敌人，使敌人摸不着红军的动向。同时，中央派往神府的干部，如张秀山同志（现任中共中央东北局组织部长）等也都上来了，大大鼓舞了苏区军民的斗志。红三团开始向敌人进攻。

一九三六年一月八日起，红三团连续打了几次胜仗，把苏区内驻的敌人，都打得动摇了，不敢轻易离开驻地外出。苏区恢复了一部分。到三月底，刘志丹、宋任穷同志带领红廿八军，经过佳县白区，到了神府苏区，三月二十一日在杨家塬一仗，消灭了八十六师两个连，红三团也配合了这次战斗，把零散逃窜的敌人都活捉了。杨家塬战斗后，敌军残部由苏区据点都逃回高家堡和神木县。前后经过一年，敌人第三次"围剿"完全失败了。

我记得在陈家坪开欢迎并庆祝红二十八军胜利大会上，群众送给他们的慰劳品和粮食，堆积如山。有些群众跑了几百里路，来看他们时刻想望着的刘志丹同志。

三、神府苏维埃运动中，粉碎敌人第三次"围剿"，坚持游击战争。经过这么长的时间，走过一大段弯路。但是党终于在实际斗争中聪明起来了，紧紧依靠了群众，最后取得了反"围剿"的伟大胜利。此后，又粉碎了敌人第四次"围剿"，红军空前壮大，苏区也扩大了。在抗日战争中，神府区是陕甘宁民主抗日根据地的一部分，成为我晋西北八路军的稳固的后方。在支援战争、培养干部等方面，出了很大的力量。

回忆过去神府党领导苏维埃运动的斗争历史，特别是粉碎敌人三次"围剿"的这一段，我就再说一遍：党在任何时候，必须紧紧依靠群众。党的领导骨干，必须在革命斗争中，会学习，懂得学习，像毛主席教导我们的：在革命斗争中学习总结敌我斗争中的经验教训,以提高我们。在实际斗争的行动中学会一套斗争的本领,以领会党的路线,党的政策,达到战胜敌人的目的。

(武开章,《群众日报》1951年7月21日第二版)

国家银行西北分行

中央红军到瓦窑堡之前,那里已有一家陕北省苏维埃政府所属的陕甘晋苏维埃银行(以下简称陕甘晋银行),并设了一个有十余人工作的印刷厂,用木板、手工印刷一角、二角和五角的票子。柜上只有李青萍、崔德全同志等三个工作人员。李青萍同志是代理主任兼管库,除发行与兑换外,无其他业务。

国家银行经过一年长征,文件、材料已大部焚毁。到达陕北的虽还有七个干部,但毛泽民同志调任中央国民经济部部长,钱希均、郭金水二同志随同调出。黄亚光同志调任中央财政部秘书长,任远志同志调中央财政部做税收工作(到延安后又调回银行)。留在银行工作的只剩曹根全同志和我二人。而很快就从社会上招来知识青年杨万盛等二人。

银行和中央财政部,同陕甘晋银行一起,同住在一家原是商店的房子里,我们立即会同进行筹备工作。十一月下旬,奉命将中华苏维埃共和国国家银行的名称,改为中华苏维埃共和国国家银行西北分行(以下简称西北分行)。陕北省政府则决定撤销陕甘晋银行,并入西北分行。中央财政部长林伯渠兼任西北分行行长,我为副行长,李青萍同志仍负责管库。于是中华苏维埃共和国国家银行西北分行就宣告成立了。

印刷厂仍继续工作,停印陕甘晋银行的票子,改印西北分行的票子,首先就印票面较大的一元券。开始时用土制纸印刷,因纸质太差,不得已改用棉布印刷。当时财政困难,所印的票子多作财政透支,用于中央和陕北省政府及所属各县的经费开支。

当时,除机关往来存款等外,一般银行业务甚少。建立金库系统的条件不具备,只代理中央财政部直属金库。并帮助陕北省各县健全预算、决算、会计、报告等制度。

一九三六年二月,红军渡河东征。两个多月期间,军事上获得辉煌战果,政治上扩大了共产党红军的影响。五月初胜利撤回河西。财政上除红军给养得到补充外,送交西北分行经收,缴纳财政的元宝、银圆、银币等颇多。还有山西省银行和晋绥铁路银行的纸币(只因阎锡山限制流通,山西省市面上法币甚少)。这些缴获,对后方财政是不少帮助。

红军撤回河西后,不久又西征甘肃、宁夏边境。国民党军乘虚进攻瓦窑堡。我们党政机关于七月间,有计划地从容向保安(即今志丹县)转移。在进入延安前,中央领导机关就设在保安县城。

保安经济不发达,城市冷落,人口、住宅、商店都很少。银行和财政部同住一家商店,门口营业用的铺面,国民党军队不久前曾在那儿关过马,遍地积了一层马粪,我们全体动手,花了很大功夫,才打扫冲洗干净。办公用的桌椅都没有,买不到材料,也找不到泥木工。又是自己动手,找来砖头,两头垒起来,中间架上一条木板,高的算是办公桌,矮的就作为板凳,一张可坐两三人。我们就这样办了好几个月公,直到离开保安。

东征后,我们有了石印机和道林纸,在距保安城一段路的两孔石窑里,设了印刷厂。印刷条件较好了,票子印得较好看了,印出的数量较多了。同时,国家收入更少了,财政更困难了,需要发行票子也就更多了。到离开保安止,前后发行西北分行纸币,包括已逐渐收回的陕甘晋银行的票子在内,大约九十万元左右。

纸币发行得多了,如何使机关和群众能买到东西,却成为问题。保安城内连一家能去白区进货的商店也没有。白区商人受反动宣传,对共产党还不了解,开始无人敢来,后来有个别胆子大些的商人,从延安运点东西来试探之后,接着来的就稍多了,但都是中、小商人,较大的商人,始终没敢来。银行设了一个营业部,一面收购商人运来的货物,一面将货物配售给机关和卖给群众。但货源有限,不能满足需要。同时,可以向商人买货的现款,也不充裕。总之,这一时期的物资,特别是从白区来的工业品是困难的。银行营业部的商品,对机关是配售,对群众是限量平价出售(如每人只许买廿支纱宽面布七尺,相当于一件上衣的材料)。银行营业部的定价是比较稳定的,但是用西北分行的纸币向农民买农产品,就显得不断上涨。因群众票子多了,不能在限量以外买到平价的东西。我们初到保安时,一元钱可买到一只羊,到了将离开保安时,一元钱只能买到一副羊下水。

在瓦窑堡时,用木板印票子的印刷厂,在转移保安前夕,就结束了,干部调做银行业务工作。于是银行已有一个较强的班子,其中如李青萍、崔德全、张定繁、王慈、周崇德、任楚轩、杨万盛等同志,不但是后来陕甘宁边区银行的骨干,全国解放后,还是西北各省人民银行的骨干。

双十二西安事变后,东北军让出了两个县,中央决定党政机关迁住延安。银行为了一到延安就能继续营业,不使间断,十二月三十一日夜工作,把一九三六年度的账完全结好。于一九三七年一月一日早,眯着眼睛,怀着兴奋的心情上路,两天就进了延安城。

延安虽是小城市,但各种条件要比保安强得多了。银行仍和中央财政部同住一家颇大的商店,门面比较大,银行也就有了一个较宽绰的营业室。银行业务也较多了,为了准备银行在全区的发展,还举办了两期训练班。

到延安后,决定收回苏票(群众叫西北分行的纸币为苏票)。苏票与法币的比值,照物价衡量,约为六比一。但银行没有公布这个比值,也不用法币兑回苏票,而是设立了一个营业部,所有商品都按六比一的比值标价,专收苏票。还派干部用牲口驮着群众适用的东西,到路远人稀的地方去收回苏票,得到群众对共产党负责到底精神的赞扬。

一九三七年上半年,中华苏维埃政府自动改称陕甘宁特区政府。红军虽尚未公开宣布改称八路军,但已在西安设立了办事处。曹根全同志被调往西安办事处当会计,开始是接收上海来的国际捐助等款,八月以后是领取和分发军饷款。除送款回银行外,还采购部分物资,作银行收回苏票之用。

"七·七"事变后,红军于八月改编为八路军。有关边区问题,已在协商中。我们已做好一切准备,只等陕甘宁边区政府正式宣告成立,银行即将改变新的名称。

(《曹菊如同志回忆西北分行》,1974 年)

访问艾楚南同志谈话记录

一九七四年十二月

一九三四年以前的财政情况

收入方面：

1. 互济会,党内募捐,有钱出钱。

2. 打土豪,一九三〇年开始"拉票子"。

支出方面：

1. 特委县委的活动,游击队购买枪支。这项开支占绝大多数。

2. 救济费,对贫雇农和烈属的救济。

3. 招待费,数量极少。

军队到处活动,吃饭靠打条子给老乡。

一九三五年建立苏维埃政权之后

财政收入：

1. 打土豪,没收地主财产。省财政部专门组织一个特务队,抓地主豪绅,搜出很多钱和物,当时称抓"经济犯"。

2. 二十五军上来带的大洋交给了地方。

3. 战争中缴获的元宝、银圆、鸦片烟,还有一定数量的法币,全部上交中央财政部,林伯渠部长很满意。

财政支出：

1. 实行供给制,按人数根据规定支付。一九三五年四、五月份,每人发毛巾、牙刷、牙膏及被子一条。

2. 津贴费,在瓦窑堡每人每月津贴费二角,到延安后,干部五角,科长一元,厅长以上二元。

陕北省财政部开始只有我、冯绍绪、张维培、张永德、李青萍五人。到瓦窑堡财政部设会计、统收、预算三科。

制度建立方面,会计起初是老式账,上收下付,张定繁等同志来后改为复式记账。搞预决算开始都不懂,自孙敬一、赵通儒来后,他们讲原理、划表格,教我们怎样算。当时供给制标准,每人每天一斤四两粮、三钱油、三钱盐,一年发一套单衣、三双鞋,三年发一套棉衣,这是党政干部的标准。军队定量稍高些。

中央财政部部长林伯渠,召集我们开过一次会,要求要搞财政统一,搞预决算制度。县财政有余款要上交省财政部,省财政有余款要上交中央财政部。

棉花、布匹非常困难,由国民经济部通过商人从韩城购买棉花,组织合作社,自己纺纱织布,解决穿衣问题。

一九三五年十月以前,陕北省苏维埃政府印发过票子,有纸币、布币,还铸过银圆,模型由钢筋铸成,中间刻有镰刀、斧头,成色很好,声音不好,后放白矾煮过,声音既亮又铮,大约铸了两、三千元银圆,银元上刻有"中华苏维埃共和国五年"字样。这个时期没有银行机构,在财政部领导下铸造的。

中央红军到陕北后,成立"中华苏维埃共和国国家银行西北分行",主要业务有会计、出纳、发行、代理金库等。西北分行发行过纸币、布币,在苏区市场流通,其他苏维埃票子逐渐收回。国共合作后,苏区改为陕甘宁边区,银行改为陕甘宁边区银行。

访问崔德权同志谈话记录

一九七四年十二月

陕北在一九二三年以后就发展有党的组织。一九三三年以后组织游击活动,开始建立苏区政权。

当时的财政情况是:

财政收入:党内募捐,有钱的出钱,没钱的打短工赚钱募捐;打土豪(即拉票子,搞粮食、财宝)。这是主要的财政来源。游击队搞枪支。财政支出:党内活动经费、购买枪弹等。

一九三五年春夏,陕北苏维埃政府在延川县石油沟村印制过苏票,铸造过银圆。当时有一个六、七人的印刷所,是在财政部领导下印制的。印刷所由张子贞负责,我当时主要搞兑换工作,李青萍负责保管和兑换工作。那时候的印刷条件很差,即在一块木板上刻上票版样(票样是艾楚南等同志设计的,由李海棠刻制的)。号码开始是用橡皮号码机,橡皮号码机坏了以后,号码是用小木块刻上数字0—9,用时一个一个往上盖。不久又搞到两个橡皮号码戳子。另外还盖有行长之章。票子的纸用道林纸和土纸,也用市布。裁纸和裁票子是用菜刀,地方就在石油沟村老乡的窑洞里地上和灶上印制。

在石油沟和瓦窑堡都铸造过银圆,银圆的成色很好,但响声不太灵铮,正反面造得较粗糙,一般老乡不喜欢兑换,所以造的数量不太多(详细数字记不清),时间也不长就停止铸造了。我负责银圆兑换。

中央红军到陕北后,陕北苏维埃政府和中央都迁到瓦窑堡。到瓦窑堡后,印刷所又增加了几个同志,如王慈、黄秋胜、赵初等,所长是贺子珍,副所长是张子贞。印刷工具基本上没有改进,只是不知从哪里搞到一部半自动号码机,改成印"中华苏维埃共和国国家银行西北分行"的票子。这是陕北银行和国家银行合并后印刷的票子。行长由财政部长林伯渠兼。一九三六年四、五月间,由王沂泽从上海买回石印机一部,开始没有人会用石印机,后来找来二个工人,才使用石印机印票子。到保安、延安条件较好些,印出的票子比以前要清楚,因为纸和布都是较好的。

访问李青萍同志谈话记录

一九七五年一月

一九三五年一、二月（春节前），陕北省苏维埃政府成立，主席马明方，副主席霍维德、崔田夫、惠志明。

省府下设：

土 地 部	部长王海山，辛兰亭（后）
教 育 部	部长郭清亭
内 务 部	部长刘耀山
财 政 部	部长艾楚南
粮 食 部	部长高旭光、罗承德（后）
保 卫 局	局长刘子义
工农检查部	部长崔田夫（兼）
国民经济部	部长惠志明（兼）
秘 书 长	鹏 飞

四五月我从党校毕业后，分配到陕北省苏维埃财政部搞会计出纳及保管。形势变化，陕北省政府迁石油沟，省财政部也迁石油沟，这时我调米西地区工作，由曹世华带队。因工作难开展，我仍回陕北省苏维埃财政部。这次回财政部，见张维培等四、五人印苏票，是木刻印版手工印刷（以前财政部未印刷苏票）。票面有一角、二角，绿黄色，印刷时间是一九三五年，用陕甘晋苏维埃银行名义发行。艾楚南兼银行主任，银行实际上只有我一人。苏区市场不用法币，全用苏票和银圆在市场流通。在这一时期，我专去永坪镇做兑换工作（逢集），带上一角、二角苏票，把银圆兑换成苏票，或把苏票兑换成银圆。银行发行票子，目的是便于交易，方便群众，解决贸易中找零问题。在思想上银行的任务是发行货币和兑换工作，但具体究竟怎么搞法还不很清楚。

六七月瓦窑堡被敌军占领,八、九月红二十五军到陕北,九一八在永坪开纪念大会,由二十五军、二十六军共一万多人成立十五军团,司令员徐海东,政委程子华,副政委刘志丹,不久在崂山打一仗,消灭了东北军一个师两个团,有一万多人。这时,瓦窑堡敌军已跑走,组织上派我去接收贵重物品,如金银、元宝等,不给财政部,只给银行,其他物资缴给财政部。这个时期银行又增加崔德权、魏怀锡和我共三人,属财政部领导(财政部和银行已分开)。我是银行代理主任,仍发行一角、二角小票及兑换两项工作,有一个固定的办公地点。财政制度初步建立起来,但不健全、完备,执行中不够严格。

十月,中央红军到陕北,十一月下旬,组织决定原陕甘晋苏维埃银行撤销,成立中华苏维埃国家银行西北分行(崔德权、魏怀锡和我三人都进西北分行),行长毛泽民,后由林伯渠同志兼行长。副行长是曹菊如。陕甘晋苏维埃银行票子不再发行,在市场上逐渐收回,统一使用西北分行的票子。这段印刷工作由贺子珍抓,印有纸票、布票两种,是石印机,木刻印的。这个时期银行发行票子是为前线服务、为财政服务,原来我搞兑换工作也停止了。

一九三五年十一月,统一了财政,收支有预决算,发行货币,开支凭出库命令,已初步建立制度。

财政来源:主要是打土豪——拉豪绅罚款。

税　收——一九三六年实行盐税。

公　粮——一九三七年开始收农业税。

财政支出:实行供给制,走到哪里吃到哪里。

行政经费。

津贴费。

一九三六年秋后,在谭家营成立陕北金库,后去南梁一带建立陕甘金库,我管金库账。

九、十月间,在环县河莲湾成立陕甘宁省苏维埃政府,省委书记李富春,省主席马锡五,省财政部长(负责人)张慕尧、白××,金库主任由财政部负责人兼。

十一月二十一日,山城堡战斗歼灭胡宗南部队主力一个师。十二月十二日,西安事变发生,东北军在陕北让出两个县,我留在这几县工作。

一九三七年一、二月,我回陕北省财政部任代理部长(艾楚南去关中),三、四月艾楚南又回陕北财政部。七月我调三边税务局,我是税务总局会计科长兼三边分库主任。后由崔德权接替我的工作,我调回财政厅任会计科长。

关于苏区财政的回忆（摘录）

冯绍绪　一九七四年十二月六日

　　1936年2月进陕北省财政部（在瓦窑堡），部长艾楚南同志，我做会计工作。我过去是商人，记过账，但不懂复式会计，请任楚轩教复式会计。省财政部下有会计、出纳、拍卖、审计等业务，一共五、六个人，和中央财政部门对门。这时财政上有预算决算制度，县财政部有钱要上交省财政部，省财政部有钱要交中央财政部，逐步形成中央财政的统一领导。

　　1936年6月，榆林下来一个营的敌军，占领了瓦窑堡，我们离开这里。陕北省省级机关搬安塞谭家营，中央机关搬保安。同年12月底（双十二事变后），陕北省机关搬蟠龙，中央机关搬延安。敌人的猖狂进攻，苏区缩小，财源相应减少，打土豪亦不多，有六、七个月，省政府经费仍靠中央财政部供给。

　　……

　　财政收入方面：

　　（一）互济会募捐性的，有钱出钱。

　　（二）打土豪，没收地主、土豪财产。拉票子（打老财）、打大商人（没收大资本家路途货物），这一项是当财政收入的主要来源。

　　财政支出方面：

　　（一）主要用于购置枪支弹药。

　　（二）行政经费，农村皆有公粮，吃饭是过州吃州、过县吃县。省党政机关经费由财政部供给，还负责供给军队经费开支。

关于苏区金融的回忆要点(摘录)

省财政部在延川县石油沟(陕北省政府所在地)印过一次票子,五角的横排,用木板,号码是木刻的,票子名称是否用省苏维埃政府名义记不清了,拿票子两个五角兑银圆一元。还铸过银圆,数量有三千多块,成色很好,声音不太好听。这些事张定繁、李青萍同志知道。……

省财政部在石油沟还印刷过二角票子,有镰刀、斧头画,用油墨画的。

(《张维培回忆》,1974年12月5日)

陕北省苏维埃银行是发过票子,有纸币、银圆。苏票币值高,大家十分欢迎。

(《张汉武回忆》,1974年12月11日)

货币发行方面,35年陕北省苏维埃政府在石油沟,我们有印刷所,用木刻老码字,土纸印刷过苏票。同年七、八月,陕北省苏维埃政府铸造过银币。

在瓦窑堡,市场流通用苏票。财政部有一个保管库,存放东征缴获物资。从这时候起,每人发七角五分津贴费,还有一套单衣。

在保安印刷苏票用道林纸,以陕北省苏维埃政府还是以中华苏维埃共和国国家银行西北分行印发已记不清。

(《周崇德回忆》,1974年12月26日)

36年在神府苏区印过"炮仗票子",灰色的,只有一角、二角的,油印的,没有大的。这票子很吃香,群众很信任。37年用土纸印票子,面额较大,大的有一元,后又发行五元横版,在苏区市场流通。没有设过专门机构,由财政部搞这项工作。

(《毛子长同志回忆》,1975年1月10日)

　　1935年,中央未来以前,陕北苏区财政部出过票子,五角的,在石油沟用木板印的(红印版),当时此票到永坪可兑银圆。当时没收地主豪绅的银器化为银条,曾铸过银圆,成色很好,但无声响。中央未到陕北前,陕北苏区未成立银行。

　　中央到陕北后,国家银行西北分行印过布票(河南布),角币,这段时期印票子的情况艾楚南了解。

(《张维培回忆》,1977年6月25日)

我所了解的陕甘边苏区财政银行货币情况

李生华　一九七五年三月二十八日

1933年秋,红26军解放了华池、南梁,在荔原堡消灭了张庭兰匪徒一个连和当地的团丁以后,建立了陕甘边苏区。以后又陆续建立华池县、合水县、庆阳县、赤安县、安塞县,这几个县为二路游击区。三路游击区以小石崖为中心,有赤水县等,这都是1933年冬至1934年期间建立的。当时我们只占了这些县的一部分,各县都成立了革命委员会,同时,陕甘边苏区也成立了革命委员会。1934年秋成立了陕甘边苏维埃政府,当时政府设在南梁寨子湾。苏区人口大约有五万人,在苏区实行了打土豪、分田地、搞土地改革,把田地、耕畜等生产资料和生活资料的部分分给农民,部分红军留用。

大约1934年5、6月间,陕甘边苏区印发了苏票,票面额有一角、二角,可能还有一元的。票子是布质桐油漆面,很好看,发行时间不长,发行数量记不清了,现在华池县、南梁附近年纪大一点的人,可能还记得苏票的式样。

当时,陕甘边苏维埃政府管理这几个县,也建立了特委,但是特委建立过程我说不清楚。

陕甘边区革命委员会第一任主席是白杨真(当地一个老农民)。34年3、4月间,白被敌人杀害后,主席为习仲勋,副主席是牛永清、边金山二人。当时边区特委受红26军42师领导,1935年5月我任特委书记,35年秋,三次左倾路线开始搞肃反运动。35年10月,毛主席、党中央到了陕北,纠正了右倾路线,建立了陕甘省,这时苏区发行的是纸币。

1934年建立边区委员会时,同时建立了财经委员会(委员长是白天章,现已退休,住银川,副委员长杨玉亭、胡子录)、土地委员会(委员长是我)、劳动委员会(委员长张庭贤)、肃反委员会(委员长郝四)。35年中央上来后,财经委员会改为财政部,部长张慕尧(长征同志)。当时财经收入,主要靠打土豪,没收地主浮财。

在那个时候没有设立银行。

我 1934 年开始任土地委员长,后调特委作巡视工作(专管游击队党的工作),34 年 5 月任特委书记,肃反后任区委书记,35 年中央到达陕北后,任陕甘省主席。

有关这方面的情况,请再向原农林部的部长蔡子伟,甘肃省的李培福、王世泰、杨福祥、吴岱锋、张明科等人了解。

南梁根据地革命斗争片段回忆

蔡子伟

……

恢复集市贸易。过去这一带历来有集市贸易的传统,但自清朝同治年间就停止了集市,老百姓就找不到调剂余缺、互通有无的场所。陕甘边苏维埃政府成立后,为了活跃经济,我们在分配土地和发展生产的基础上,恢复了集市贸易。首先在荔园堡恢复了集市,每隔三天一次,逢集有炸麻花的、卖蒸馍和荞麦面饸饹的、卖其他小吃的,还有卖余粮的。摆摊子的高声叫卖,顾主争相购买,一派生机繁荣的景象。几乎每逢集市,习仲勋同志和我们几个都去转一转,群众每每把我们围拢起来,问这问那,亲热极了。那时候,没有明文规定的商业税收制度。集市贸易真正起到了促进边区经济流通的作用。

印制发行边区政府货币。为了保障人民生活和边区经济建设、市场稳定,我们废除了伪币,印制发行了陕甘边区自己的货币,苏区内一律使用边区政府的票币,严禁使用国民党的伪币。当时边区政府的票币印制很简单,在白洋布上盖上边区政府财经委员会之印,然后用桐油一印即成。印鉴是蓝色的,票面分为一元、五角、二角、一角。发行数量不大,价值很高,花一角钱能买到很多东西,商品和货币价格十分稳定,老百姓非常赞成和拥护。

边区政府工作人员实行供给制。政府的所有工作人员,不论职务高低,一律实行供给制度。从吃饭、穿衣到办公所需笔墨、纸张等一切用品,都由财经委员会统一计划、统一筹办,按每个人的最低需要发给,如衣服,冬来发棉,夏来发单。那时候,没有什么特权思想和特殊化表现,形成一种艰苦为荣的风尚。在物质待遇面前,大家互相谦让,相互帮助,同志间的关系十分融洽。记得有一次我害了病,又值换季时节,天气寒冷,马锡五同志及时地给我送来了一套内装羊毛的新棉衣。同志间这种情同手足的感情,十分感人。

陕甘边区革命斗争的不断胜利,引起国民党反动派的极度恐慌。他们不仅从军事上对我们实行"围剿",还千方百计从经济上封锁我们。为了打破敌人的经济封锁,我们针锋相对,采取有效办法对付他们,从而不仅打破了敌人的阴谋,而且活跃了边区经济,保证了物资供给,支持了革命战争。这些措施主要有以下几个方面:

第一种办法是拉豪绅。我们经常组织小股精干力量,瞅机会打入白区,神出鬼没,抓住地主、豪绅等便拉回根据地来,拉来后向他要钱,由他们的亲戚出面"议价",或者是要物,特别是根据地奇缺的物资,如油印机等。他们出了钱或出了物之后,小一点的豪绅便放回去,民愤极大的,有的杀掉,有的要实行劳动改造,叫他们背柴、挖窑洞。记得有一次,杨森同志带领骑兵曾在白区韩城、长武一带拉了许多豪绅,弄到不少钱财,解决了根据地当时经济方面许多迫切需要。这次行动很成功,在政治上也引起强烈反响,曾一时轰动了西安,震惊了敌人。城里立刻大哗:"红军真厉害,人多得很哪!"

第二种办法是和白区商人建立贸易关系,以物换物。我们通过各种关系,和白区较开明进步的商人取得合作。我们把边区的羊子等廉价卖给他们,他们赚了钱很高兴,便愿望跟我们做买卖。我们就叫他们给搞布匹,或者弄些其他急需的物品,偷偷用驮子给我们送来。这样久而久之,有一些商人受到了革命思想的影响,表现进步了,有时甚至冒着被杀头的危险,为我们送货。国民党反动派气急败坏地骂这些人是"通共"。那些进步的商人,也很会想办法,设法把钱塞进国民党有关当局和人员的腰包里,便打通了与边区相互来往的通路。

此外,我们通过在西安的地下党购买物资,给根据地秘密送来。

第三种办法是发展边区生产,壮大经济力量。

(《南梁曙光》,1980 年 6 月 24 日)

陕北省苏维埃印刷所印票子情况回忆

高万英 一九八五年七月

1935年的夏季,陕北红军在西北工作委员会领导下,形势一天天在发展,相继打开了延川县城、延长县城以及一些较大的镇子。国民党政府被打跑了,苏维埃政府成立了,这样群众在生活上的交易,既不能用国民党票子,而白洋又不便小额交易。在这种情况下,陕北省苏维埃政府就决定在财政部下设立一个苏维埃票子印刷所,印制苏票,以解决群众在集市上和日常生活交易中的困难。

印刷所成立后,材料和工具问题限于当时的条件,只能是用非常简陋的办法。这里主要说两个问题,一是纸,二是印刷工具。

一、纸的问题。一开始使用的是道林纸,纸质较好,又光又滑。当时的货币面额是一分的、二分的、五分的、一角的,印刷工作既好做,印出来的货币也好看,在群众中流通也很方便,当时苏区的交易主要是硬币(白洋)。我们印的这种苏维埃票子,给群众解决小额交易的困难。所以,当时的苏区群众,是十分欢迎我们这种小额货币的。

省苏维埃政府当时住在石油沟一家大地主家院子里。政府下设各部,都住在一个院子里,我们印刷所是在省政府院子下边的一个只有两孔窑洞的小院子住着。一孔窑洞是印刷所的伙房,另一孔窑洞就是我们印刷所的工作室,晚上就是我们十多个人的寝室。我们住的这个村子,离当地最大的集镇永坪五里路,每逢集会我们就有两人(记得是李青萍、崔德权)带上些小额票子去永坪集上兑换白洋,群众是很欢迎的。

大约有四个月的时间,省政府又迁到瓦窑堡,印刷所也迁到瓦窑堡。这时印刷票子的道林纸没有了,也没有办法从敌区购买到,怎么办?决定用漂白市布印票子,这时一分、二分的票子就不印了,主要印的是一角、二角的。用市布印出来的票子,尽管在印刷工作上再想办法,总是比不上道林纸印出来的那样清楚。但是这个很短时间连漂白市布都没有了,只好用普通白布,因为布面上有一层细毛,用一个木头棍上油墨两只手往下压,使最大的劲,也是不清楚的,只能辨别清楚是一角、二角的。因为四个角上有四个阿拉伯数字,如一角的就写"1",二角的就写"2",用老白布印票子大约有三个月时间。中央刚到陕北后,也是用老白布印苏票。这样的票子,群众是不太欢迎的,加上票额是一元、二元的,群众也根本不来兑换了,所以在市面上流通时间很短,因为流通短时间就模糊不清,亦分辨不清是一元还是二元。票子颜色全是黑的,流通几次就认不清。但是,尽管群众不欢迎,票子还是要印刷,因为财政上要靠发行来维持生活。

后来搞到一架石印机,又从东北军来了一位会搞石印的叫郭如意的同志,这时在瓦窑堡下川建起了一个造纸厂,专门供给印刷所用。这种纸是用马栏草造的,虽然比不上从外地来的道林纸,但比老白布要好得多,这是苏维埃票子材料的来源等情况。

二、印刷工具的问题。陕北省苏维埃票子刚开始的印刷工具就是一台油印机和一块长方形的硬质木头。在当时的环境条件下,不仅不能去大城市购买,而且连较大的县城也进不去,但票子非印刷不行,就当时的条件,印出了苏维埃票子。油印机是用油墨的,油墨又要用煤油调和的,这些材料当地是有的。在木头上刻出票面图案(用一块长方形的硬质木头,把下面的一面磨成非常光滑的,再把设计好的图案刻在木头上,就成票子的图案)。另外,还有一个四角号码戳子,一个行长之章,一个号码机,这就是全部印刷工具。印刷程序有四道:即印大版是第一道,打四角号码是第二道,盖行长之章是第三道,打号码是第四道,最后第五道就是把每百张清点之后,加上封条。这就是一张票子的全部过程。

1. 陕北省苏维埃政府是在1935年成立的。地址在陕北延川县的芦沟村,以后是石油沟村,最后迁到安定县的瓦窑堡。省政府主席是马明方、副主席瞿维德。下设民政部、财政部、教育部、国民经济部、保卫局、粮食部。

2. 陕北省苏维埃政府财政部和政府是同时产生的,部长是艾楚南,地点和省政府在一起。当时工作人员只有张维培,以后又增加了郭洪绪(已死)、冯绍绪(已死)、李青萍(已死)。

3. 财政部下设的苏维埃票子印刷所,是在1935年的6月间在石油沟成立的,当时的名字就叫"印刷所"。开始的负责人是张子贞(已死)。当时印刷所的所长职务名称不明确,谁也不叫所长或其他职务名称。直至中央红军来陕后,印刷所划归财政部管,才明确派贺子珍为所长,张子贞为副所长。

在石油沟时期,印刷所共有十多个人(都是印刷工人),名字记得上来有:张子贞、张定繁、高季余、崔德权、马亚雄、马六孩和我,还有二、三人记不清。到了瓦窑堡之后,又增加了李生忠、李应海、王慈、赵寿山、高光成、刘明成,还有二人记不清。以后又增加了郭金瑞、黄秋胜、朱华民,后来又从东北军转来搞石印的郭如意、李长彬。

4. 印刷所一成立,就是出货币的时候。开始印有一分、二分、五分、一角,以后又增加了二角。中央未来以前,就是这五种;中央来陕后,增加一元、二元,以后增印五元。中央来陕后,票子制版是黄亚光。我们干活不太固定,开始是我打号码,后来是王慈。

5. 货币印出后,当天交财政部(开始是张维培收,后来是郭洪绪收)。

6. 印刷所一开始就是用的油印机。印刷方法是把裁好的纸放在案上,用油墨辊子在印版上辊,然后对准纸一压,就完成了。

7. 黄亚光设计的票面时间是1935年12月和36年的一月之间,谁雕刻的木板,名字不知道,只知道是瓦窑堡街上的人。

8. 开始使用石印机的时间,大约在1936年的三月份,票面额是一元、二元、五元三种。

9. 印刷所从瓦窑堡迁到吴旗镇下川的杨家湾,停印了二个月。在这里没有印刷生产,因为那里不具备条件(这一点在上次我写的材料中有误,特更正),后来返回保安,才又开始恢复了印刷生产,这时我调到银行工作了,以后印刷所的情况我就不知道了。

对中央财政部印刷所工作的回忆

王 慈 一九八五年七月

我是在一九三五年十二月初到中央财政部印刷所工作的,到一九三六年九月离开印刷所。

一九三五年十二月至一九三六年五月,这个时期陕北苏区较安定。中央机关和陕北省政府都住在瓦窑堡,印刷所和财政部还有西北分行都住在一个院子,一起吃饭,一起生活。

印刷所在瓦窑堡印制过钞票,有一角、二角、一元、二元四种。这四种钞票都是用木刻板模型,用普通调和油墨,用油印橡胶滚子在木刻图案上滚油墨,然后木刻图案印在票版上印刷。这几种票子,除过二元券用过漂白市布外,全部是用的白布和土纸。由于条件差,印出的钞票都是单面印刷。钞票上的名称是"中华苏维埃共和国国家银行西北分行"。

印刷工序是:裁纸、油印木刻图案、印刷、盖行长之印、打号码、清点捆包、入库内。

一九三六年五月间增加石印机,印制二元券。由于形势变化,只完成制版任务就撤出瓦窑堡。

那时候工作严肃、认真、紧张,工作规定不准外出,上班不准闲谈。对裁坏一张、印坏一张、打号码错一张,都要登记上交销毁。我是负责打号码的,只有一个橡皮戳子、一个印泥盒,每打一个号码,要转动一下,不能重复,不能漏号。打完后没有错误,那就轻松愉快,如果有错误,还要找出来,思想上比较紧张。

一九三六年五月底或六月初,由于北线敌二十二军进攻瓦窑堡,中央和陕北省各单位有计划地撤到安塞北部汤家营及保安、吴旗一带。我们印刷所是先行单位,到了吴旗南边的杨家湾村住下。但这里条件较差,没有住处,没柴烧,各方面困难较大,住了一个月,没有开工,没有印票子。七月下旬,我们印刷所由杨家湾村迁到保安沙道子村。这里有两孔窑,也可以安装机器,不久即开始印票子工作。这时和东北军搞统一战线,弄到了八十克的道林纸,又有石印机,号码机是半自动的,各种原料也能搞到,二元券两面印,印出来较清晰,也像个票子的样子。

由于印刷工具的改进,节约了人力,我和五位同志都调出印刷所。我于一九三六年九月中旬调西北分行工作。

我在印刷所工作期间,领导同志变动情况:所长是贺子珍、副所长是张子贞。一九三六年春张子贞病故后,又调来朱华民,不久贺子珍调走,只有副所长朱华民。

陕北神府特区苏维埃政府货币印制简史

国营五四一厂厂史办　一九八五年十月

一、发行货币的背景

陕北神府地区,是由神木县城以南的全部地区和府谷县南部、榆林县东部一少部分、高家堡以西的一部分、佳县以北的一部分地区组成的。东临黄河,与山西省的河曲县、保德县、兴县、临县等地隔河相望。天险的黄河成为当时保卫神府特区革命根据地的天然险要河流。

神府特区苏维埃政府管辖的县有:神木县、府谷县、佳芦县、佳北县、榆林县、神城县。总面积大约南北五百多华里,东西三百多华里,人口约十四、五万。

神府特区的革命武装,开始是红军游击第三支队,后来发展成红军第三团、第四团,最后扩建为中国工农红军独立第一师,是红军主力部队,师长王兆相,政委杨万木、张秀山。还有四个独立营,十一个游击支队,共有机枪、步枪约一千余支。

党的组织领导:一九三五年以前是中共神府工委,一九三五年十月改建为中共神府特委。

一九三四年至一九三五年,神府苏区革命根据地和红军发展壮大很快,引起了国民党反动派的惧怕。驻榆林的国民党的八十六师配合"围剿"陕甘、陕北苏区的敌人,出动了五一二团、五一四团、五一五团以及骑兵营,共五千多人,向神府苏区发动了第二次"围剿"。在一九三五年秋冬之交,我根据地军民粉碎了敌人的残酷"围剿"后,神府苏区又得到了巩固、发展和扩大。

一九三六年二月,中央红军东渡黄河,东征到了山西,同时刘志丹、宋任穷二同志率领红二十八军到神府,消灭了敌人一个营的兵力,随即在神府地区的沙峁头强渡黄河,消灭了驻扎在兴县黄河沿岸罗峪口的晋军一个营,敌营长被击毙。我军取得的这些胜利,不但使神府地区周围的敌军不敢轻举妄动地进犯苏区,而且直接帮助了神府地区的革命根据地的发展和巩固。在这新的有利形势下,神府地区的人民,要求发展生产,繁荣经济,改善人民生活,保障红军的供给,有力地消灭敌人,这成为紧急的政治任务。革命形势的迅猛发展和人民生产、生活的需要,促使了神府特区苏维埃政府货币的印刷工作。

此外,中央红军东征回师后,由徐海东、宋任穷、刘志丹等同志率领的红十五军团一部分伤病员,转送回神府苏区养病治疗。这些红军伤病员,带着一部分中央苏区银行和陕甘苏区银行的货币,在神府苏区购物使用,直接引起了神府特区对印制货币的极大重视。

一九三六年入春以来,神府地区各县人民群众,自发举办集市贸易(南方叫赶场)。每逢赶集,小商小贩由白区贩运布匹等日用物资到苏区来。人民群众之间的交易频繁,因之也急需一种方便群众交易的货币。这样在客观上也促进了神府苏区尽快进行货币印制工作,发行货币。

二、印制货币的筹备工作

一九三六年春,中共神府特委为了适应苏区人民发展生产、改善人民生活、繁荣经济的需要,决定建立神府特区革命委员会银行,印制发行货币,并决定由分管财政经济工作的高振业、王玉亭等同志负责筹备。开始主要是筹集基金,作为发行货币的基础。基金的来源有三:第一,活动于敌我边界的红军游击队,打土豪,没收的土豪劣绅和较大的地主的银元、元宝和其他贵重物资;第二,抗日基金捐募委员会募得的现金;第三,经发动苏区人民群众自愿入股的投资。

货币所属银行的名称:一九三六年春叫神府特区革命委员会银行,一九三七年一月改为神府特区苏维埃政府银行。银行的经理由特区财政部长高振业兼,副经理王玉亭。

三、印制的经过

神府特区政府货币的图案设计是王玉亭、刘长健等人。雕刻制版人员是神府一区寨子沟的刻字工人王荣富。印刷工人有王桂林、王俊当、王俊宝等。刘长健也参加过印刷工作。印刷地点是在神府三区的王家丹。

图案设计好经过批准后,由王荣富雕刻木版。雕刻制版完成后,由印刷工人王俊当、王桂林、王俊宝等人印刷。用黑、黄、绿三种颜色套印。开始是印在漂白布上,后来因为买漂白布困难,就改用厚纸印。这种厚纸是买来薄纸,把几层纸粘在一起晒干后,再压平打光,然后再用木版套印。

神府特区货币有五元、一元、五角、一角四种。五元和一元的图案,正面上边是银行名称,下边中间是公历年月,中间图案是齿轮、谷穗、斧头、镰刀交加其中,四周花纹镶边。左右两下侧是"经理之章"和"副经理章"。背面是"全世界无产阶级及被压迫民族联合起来!"和"公元一九三六年"等字样。

五角和一角的钞票,正面只有角钱数,下边是斧头、镰刀,背面是"全世界无产阶级及被压迫民族联合起来!"和"公元一九三六年"等字样。

四、"苏票"发行的作用

由于党、政府、红军在人民群众中威信很高,货币的发行很顺利,很受老百姓的欢迎。因为它是苏维埃政府发行的票子,所以老百姓都称为"苏票"。

神府特区苏维埃政府银行发行货币,对当时苏区经济建设和人民群众生活方面起了积极作用。

第一,促进了苏区集市贸易的发展。一九三六年入春以来,神府特区革命根据地有了相对的巩固和稳定。为了适应人民群众的要求,在老苏区中心地带都成立了集市,便利人民互通有无,改善了人民生活,促进经济有了发展。"苏票"的发行,直接活跃了市场。

第二,保障了前方红军指战员物质生活的供给。如布匹、衣服、食盐物资等,许多物资都是小商小贩用苏区货币兑换成银圆,到敌占区买回来的。

第三,使苏区人民群众互通有无,促进了生产的发展。由于国民党反动派长期"围剿"苏区,使人民群众的生产受到很大的破坏,如耕牛、农具、房屋、种子等都很缺少。苏区货币的发行,便利群众互相交易,买进各自所需的物品,出卖多余的东西,这样在很大程度上既解决了群众生产、生活方面的困难,也促进了经济贸易的发展。

第四,扩大了党的政治威信。苏区货币的发行,不仅得到苏区以内人民群众的拥护,而且也受到敌我交界边沿地区的人民欢迎。通过苏区货币与白区小商贩的交易,使党的政治威信有了很大提高,因而吸引了不少白区的小商贩到苏区来做买卖。

五、结束

一九三七年四月,中央由延安派来张邦英、吴溉之等十来位领导同志,携带电台一部,到达神府地区,传达了西安事变的经过和中央关于停止内战,一致抗日,实行第二次国共合作的指示以后,神府地区的红军,亦奉命与友军停战,于是神府苏维埃政府银行也随之停办。所发行之货币,相继用物品和银圆兑换收回送往延安。神府苏区货币从此结束了它在第二次国内革命战争中印制历史和发行历史。

神府特区的货币印制与发行

乔钟灵

一九三五年,神府特委和特区苏维埃政府成立后,市面没有货币流通,群众买卖东西很困难。为此,在一九三六年春,特委和特区政府成立了银行,要自己印票子。

当时特区负责财政工作的是高振业、王玉亭,他们工作很认真、很细致,工作上没发生过什么差错。

参加印制神府特区票子的人,有王俊当、王俊邦、王桂林等人。是用木刻的章子一样的版印在布上,有一元的、五角的等等。

票子印出来投到市场上去以后,我们很担心它的威信,不知道群众欢迎不欢迎。为掌握情况,我们就到集市上去观察,结果这票子很受欢迎,用它买东西,什么都能买到。当时,神府特区经济力量并不雄厚,特区货币这么受欢迎,就是靠党的威信。群众对神府这块红军打出来的根据地很拥护。因此,对根据地的货币也很欢迎。

一九三七年,国共两党建立统一战线后,由陕甘宁边区政府统一发放货币,特区银行停止了货币印制和发行工作,已发行的货币,收回后交到延安。

(五四一厂厂史办:《厂史通讯》第12期,1985年10月20日)

神府特区银行的货币印制

刘兰亭

神府特区银行是一九三六年春创立的,银行经理是特区财政部长高振业兼,副经理是王玉亭。

印刷厂的负责人姓王,印刷的神府特区货币,最大面额是五元,最小面额是五分。

开始印刷因为没有纸张,就印制在白布上。没有印刷机,是用手工把图案刻在木版上印刷。到一九三七年下半年,因为国共两党形成统一战线,神府特区停止货币印刷,特区银行也终止业务活动。

(五四一厂厂史编辑室:《厂史通讯》第12期,1985年10月20日)

陕北省苏维埃政府财政印刷所货币印制史简编

国营五四一厂厂史办公室

一、建所背景

一九三五年初,在延川县的芦沟村召开了陕北第一届人民代表大会,成立了陕北省苏维埃政府。政府主席马明方,副主席霍维德。政府下面设有民政部、教育部、粮食部、财政部、国民经济部、政治保卫局等机构。(高万英、折永年)

一九三五年四、五月份,陕北省苏维埃政府从延川县的芦沟村迁移到延川县永坪镇下川五里处的石油沟村,省政府住在一个地主大院的十几孔窑洞里,陕北省特委住在永坪镇。(高万英)

当时的陕北地区,革命形势发展很快,解放区不断扩大,已经建立了以永坪为中心的一小块相对巩固的革命根据地,包括甘肃以东、内蒙以南、山西以西的佳县、吴堡、绥德、榆林、清涧、安定、延川、延长、安塞、保安、甘泉、富县等十几个县的地方。(高万英)

陕北省苏维埃政府建立以前,市面上流通的是国民党榆林地方实业银行的钞票,还流通银圆。建立陕北革命根据地,成立陕北省苏维埃政府以后,老百姓再不愿意接受国民党的钞票,而银圆的价值又很高,当时一元银圆可以买到二斗谷米或一百来个鸡蛋,群众买卖东西很不方便。一个时期,群众在集市上买卖东西,不得不用实物互相交换,群众的生产、生活出现了很多困难。与此同时,陕北省苏维埃政府和红军也都需要发行自己的货币。正是为了解决这些问题,于一九三五年春夏之交,在延川县的石油沟村建立了陕北省苏维埃政府财政印刷所。(高万英)

二、初期生产

陕北省财政印刷所的上级领导机关,是陕北省苏维埃政府财政部。财政部最初只有两个人,财政部长艾楚南,工作人员张维培,负责会计出纳工作。当时虽然同时建立了陕北省苏维埃银行,但银行光有名称,没有机构和人员,银行的业务工作由财政部代理。印刷所建立时的地址,是在石油沟陕北省苏维埃政府大院下边的一个小院里。印刷所的领导人是张子贞,工作人员有崔德权、张定繁、郭洪绪、高季余、马亚雄、高万英、李青萍、马六孩等十来个人。因为人员少,分工不明显。

陕北省苏维埃政府财政印刷所建立后,就着手印刷苏票。最早印刷的苏票有五种:一角、二角、一分、二分、五分。

苏票的图案设计人员是艾楚南,票面上的字是耿红军的,制版人员是永坪镇上的刻字工人李海棠。李海棠根据设计人员的要求,把苏票图案一刀一刀地刻在木版上,一张苏票的木版,就像一个印章。号码也是李海棠刻在木头上的,一个号码一个木章,从0到9,一共十个号码,要刻十个木章。在石油沟的后一个时期,买到了橡皮号码机,有七圈的和九圈的,每一圈都有从0到9十个号码,使用时拨一下出一个号码,有字头,共用五位数。此外,行长之章也是木刻的。(艾楚南　高万英)

最初的五种苏票都是单面印,只印正面,不印背面。开始印刷时,使用的是打延长时弄来的道林纸,印得很清楚,也很漂亮。一角和二角的尺寸一样,图案也一样,都有镰刀和斧头,颜色也一样,主色都是黑的。具体图案是:一张横版长方形钞票,四角是相同的面额数字,上边从右向左排的是"陕北省苏维埃银行",左右两侧的中间是"镰刀和斧头"的党徽,下边两端是红色的"行长之章"和"副行长之章",下边中间是红色的五位数的号码。

一分、二分和五分与角票的图案不同。

印刷苏票的几道工序是:

第一,配色:把蓝色、紫色、黑色几种颜料,按照设计的色调要求,进行配合,然后加上白矾,用铜锅熬煮,熬煮一定时间,放在用棉垫当印泥的磁盘子里待用。不久,改用油墨印刷,就用煤油和油墨调好待用。

第二,印刷:用一只碗、一把刷子,把配合好的颜料,刷到木刻版上,然后把木版往放好的纸上一压,票子就印上了,印得很清楚,每人每天能印二百来张。

印了一段时间,改用油墨,就用墨辊子往木版上滚油墨,然后双手往放好的纸上一压,就印上了。

第三,印四角戳:苏票的四角,有四个相同的面额数字,经过印刷工序后,再用木戳印上四角的面额数字。

第四,打行长之章:建立印刷所的初期,还没正式建立银行,但票印上"陕北省苏维埃银行"的字样,用木章打上"行长之章"或"经理之章"几个字。

第五,打号码:用手打号码,开始是打木刻的号码,后来有了橡皮号码,也是用手拨号,打一张用左手拨一次号码的个位,打完十张拨一下号码的十位,打到九十九,拨一下号码的百位。号码是五位数,打号码效率很低,而且号码坏了还要用胶水粘,粘一次用很长时间。

第六,点数:上述工序都完成后,专门有人对苏票进行点数,一百张一打儿,点清后捆捆,用纸条封好,盖上点数人的名章,上交财政部。然后,印刷所在财政部的领导下,组织崔德权、李青萍等几个同志到永坪镇等集市上做货币兑换工作。群众用银圆来兑换印刷所的各种钞票,一块银圆要换一百张一分的。因为初期印的数量有限,群众兑换还要有一定数量限制,不能一下兑换好多。陕北省苏维埃钞票发行后,很受群众欢迎,放到市场很快就流通开了。活跃了集市贸易,加快了商品流通,方便了群众生活,促进了陕北苏区生产的发展。

三、困难中发展

一九三五年十月,徐海东带领的二十五军解放了瓦窑堡,陕北省苏维埃政府就从石油沟搬到瓦窑堡,印刷所也随陕北省苏维埃政府搬到瓦窑堡。省政府设在临街的一个大院子里,印刷所设在省政府对门的一个院子里。因为市场上对苏票很需要,印刷所搬到瓦窑堡的第二天,就开始了印刷工作。

这时,徐海东把二十五军、原来陕北的二十六军和新编的二十七军,合编成十五军团,徐海东任军团长,刘志丹任副军团长,任子华任军团政委。紧跟着在行政区划上就把陕甘的一部分、陕北及晋绥的一部分合在一起,改陕北省为陕甘晋省,钞票上"陕北省苏维埃银行"也改成了"陕甘晋省苏维埃银行"。

随着市场需要货币量的增加,印刷所的人员不够用了。为适应增加货币印刷任务的需要,在瓦窑堡又调进来黄秋胜、刘守文、王慈、李应海、李生忠等五六个同志。这时印刷所的分工是:李生忠、高光成、刘明成三人裁纸或布,一百张一捆;赵寿山、郭金瑞、黄秋胜印刷;高万英、李应海、王慈打印行长之章、号码和点数、加封等。货币印刷出来,当天送到财政部交给张维培、郭洪绪,以后交给银行出纳处长曹根全。印刷的钞票,除了一分、二分、五分、一角、二角的以外,又增加了一种五角的。印刷量增大了,用纸量也增大了,印了一个短时间,道林纸没有了,改用从陕北省贸易局找来的漂白布印。这时,一分、二分的停印了,只印五分、一角、二角、五角的,印刷的颜色也改成油墨了。漂白布比起道林纸来,既不好裁切,又不好印刷,给生产造成很大困难。为了不影响苏票在市场上的流通量,大家想了很多克服困难的办法。如:调整油墨的稠度、加大印版的压力等等。印出的产品质量,虽然还是比不上道林纸上印得那样好,但基本上是清楚的。

印了一段时间,漂白布也没有了,又改用带毛毛的土布(老洋布)印,印刷工作就更困难了。印出的钞票发行后,老百姓放在口袋里掏来掏去,用不了几回就磨得看不出模样来了,群众就拿来兑换新的。银行收回的旧票,经过清点后销毁。

四、并入西北分行

一九三五年十一月底,中央红军到达陕北,中央机关住在了瓦窑堡,中央财政部和国民经济部就住在印刷所的那个院子里。财政部长(人民委员)林伯渠住一个窑洞,国民经济部长毛泽民住一个窑洞。过了几天,财政部长林伯渠带几个同志到印刷所开了个会,林伯渠在会上宣布印刷所划归中央财政部直接管辖,同时宣布贺子珍同志为印刷所所长,张子贞同志为副所长。这时,奉命将中华苏维埃国家银行改为"中华苏维埃共和国国家银行西北分行"。陕甘晋银行并入西北分行,银行地址在印刷所小院临街的房子里。林伯渠兼银行行长,曹菊如任副行长兼会计科长。银行下面正式成立了货币兑换所。为了加强银行工作,把印刷所的高季余、张定繁等同志调到银行工作。同时,把朱华民等同志调到印刷所。这时印刷所增加到十几个人了。图案设计黄亚光,木版是瓦窑堡街上的刻字工人雕刻的。黄亚光在一九三五年十二月至一九三六年一月间,设计了一角、二角和一元、二元的几种大面额的西北分行的货币。除了二元的用漂白布印外,其余几种票子用白市布和稍厚一些的当地生产的单面土纸印。还是单面印,稍后一些时候,又设计印刷五元的。虽然还是用木刻版印刷,但由于设计得精细,印出后显得比原来的几种货币更漂亮了。一角、二角、一元、二元、五元的货币投入印刷后,停印了以前几种小面额货币。

印制工序仍然很简单,有裁纸、印刷、打行长之章、打号码、清点捆包。所用的工具有:几把裁刀、一块裁案、几块木刻版、几个行长、副行长木印、两副油印机、两个橡皮号码机。生产时,裁切的在炕上,印刷等工作的人在地上,用砖头支块木板当工作案。

一九三六年的春天,印钞用的土布没有了,又改用瓦窑堡下川一个造纸厂专门为印钞造的马兰纸。也是在一九三六年的春天,毛主席来到瓦窑堡,住在印刷所那个院子的一间小屋里。一天下午,贺子珍同志把高万英同志带到毛主席的住处,受到毛主席亲切接见。过了一段时间,贺子珍同志调走了,张子贞同志病故了。一九三六年三、四月份,领导上派朱华民同志担任印刷所所长。为了加强技术力量,一九三六年二、三月,又把懂石印技术的李长彬、郭如意等同志调到印刷所。从此,就把一九三五年二、三月打延长时得到的一台石印机安装起来,又增加了一台铅字自动号码机。一九三六年五月,开始用石印机印刷钞票,印的是二角和五分的,以后又印一元、二元、五元的。打号码的同志,又轻松又愉快,而且工作效率提高了很多。这是陕北印钞质量的一次大提高。

时隔不久,上级派黄秋胜同志任印刷所所长(主任),这时的图案设计还是黄亚光同志,石印制版负责人是李长彬同志,印刷人员有刘守文、郭如意、高万英、郭金瑞、李胜忠、薛生义、霍生德等十几个同志。(高万英、王慈、李长彬)

五、团结、紧张、严肃、活泼

印刷所的工作和生活,是团结、紧张、严肃、活泼的。同志之间、领导和被领导之间,亲密无间。不要说印刷所的领导,就是中央财政部长林老、国家银行西北分行的行长曹菊如同志,也都非常亲切、和蔼,平易近人,印刷所的工人、干部,无论有什么事,都可以去直接找他们交谈。

生产工作是很紧张的,早晨天不亮就起床,洗漱完毕后出操、爬山,进行锻炼。早饭后就上班,各就各位,严肃认真,工作期间不准外出,不准闲谈。对生产工作中出现的问题,认真对待。裁坏一张、印坏一张、打印打坏一张,都要一一登记,上交销毁。

每礼拜开一次党团生活会,每人都对一周的工作自我检查,然后听大家的批评。每个同志有意见,毫不客气地又很自然地发表出来,说好说坏毫不计较,人人把批评当作进步的武器。

那时没有戏剧、电影、电视、广播等等,但生活并不枯燥,俱乐部经常开展活动,搞得很活跃,每周唱两次革命歌曲,开一次周末晚会,出一次墙报。这些活动,把所有的人都吸引进去,大家说、大家唱、大家写,兴致勃勃。在紧张的生活工作之余,生活上充满着欢乐和愉快。(王慈)

六、艰苦奋斗

在陕北革命的艰苦年代里,为了革命的胜利,为了人民的解放,不仅工农兵和革命知识分子过着艰苦的生活,中央首长们也同样和大家一样过着艰苦的生活。

一九三六年初,陕北瓦窑堡一带,天气特别冷,身为中央财政部长兼银行行长的林伯渠同志,住的屋子没有烤火的木炭,身上穿的一件粗毛大衣,也破得不像样子,冻得林老身上直打战。为了保暖御寒,林伯渠同志拿起针线缝补他那破大衣。那年他已五十多岁,眼睛看不见针鼻,就喊跟他住里外屋的李长彬同志来纫针,纫好以后,他老人家就一边用嘴哈气暖手,一边缝补起来。

生活虽然艰苦,但情绪非常乐观,也非常注重学习……

印刷所到杨家湾的第二天,毛主席、贺子珍同志去保安城路过杨家湾印刷所驻地,关心地询问了印刷苏票的情况。毛主席听了汇报后,对印刷所的同志们说:你们的工作很重要,对苏区的经济发展、货币交换起的作用是大的,你们支持了苏维埃政府,支持了苏区人民,支持了红军。最后,毛主席又给印刷所的同志们讲了形势,要求同志们把苏区的印钞工作做得更好。

一九三六年八月,印刷所又奉命搬到保安城,仍和财政部、银行住在同一个院子里。就是在这个时候,中央在保安城郊区某地召开了欢迎中国工农红军总司令朱德同志、工农红军总政治委员长张国焘的大会,毛主席、朱总司令、周副主席都讲了话,中心意思是认清形势,加强团结,战胜敌人。印刷所的同志们受到很大鼓舞。(李长彬)

七、恢复生产,改善生活

初到杨家湾时,因为有人造谣说还要西迁到苏联去,有些同志思想很混乱。那时,天气炎热,水土不服,生活也很困难,很多人得病拉肚子,印刷所一无医、二无药,只好顿顿吃黄米饭和大蒜,一些同志的身体很弱。因此,在杨家湾一个多月的时间里,每天忙忙碌碌地解决吃饭、烧柴和一些同志的混乱思想问题,没有开机器生产。

一九三六年七月下旬,印刷所奉命迁到保安县沙道子村,印刷所住在两孔大石窑洞里。由于进入初秋,生活有了改善,吃到了南瓜、豆角,有时还能吃到荞麦面和羊肉。生活有了改善,身体得到恢复,消除了思想混乱,对生产工作信心也足了。

在沙道子村住下来后,很快恢复了生产,印刷的是西北分行的二元券。因为和东北军搞统战搞得好,印二元券买到了八十磅的道林纸、石印油墨、半自动号码机、桃胶和翻版纸等原材料,正背面的印刷也比较讲究了,质量也像票子的样子了。(王慈)

八、陕甘宁边区银行成立

一九三六年双十二事变后,根据中央的决定,印刷所和财政部、银行一起,于一九三七年一月一日迁到延安,后来因为敌人打炮弹,印刷所又从延安城里搬到清凉山。

一九三七年七月七日卢沟桥事变后,国共两党形成了统一战线。根据国共两党的协议,把我党领导下的抗日军队,编成八路军和新四军,每月领取国民党政府发给的军饷三十多万元,财政部印刷所从此停止了货币的印刷工作。(高万英)

一九三七年九月,党中央决定将中央工农民主政府西北办事处改为陕甘宁边区政府。政府主席林伯渠,副主席张国焘。一九三七年十月,西北分行改为陕甘宁边区银行,行长曹菊如。财政印刷所开始印刷陕甘宁边区的钞票。这时的财政印刷所,所长(主任)是朱华民,制版负责人是李长彬,印刷所工作人员有郭金瑞、赖际发、陈策、刘守文、李生忠、薛生义、赵子义等同志。(李长彬)

陕甘宁边区政府成立不久,在清凉山成立了中央印刷厂,财政印刷所奉命合并到中央印刷厂石印部。

中央印刷厂直属中共中央办公厅领导,后来改为中央发行部领导。中央印刷厂刚成立时的厂长祝志澄,副厂长朱华民,下设工务科、总务科、校对科、排字科、石印部、印刷部、装订部、机修部和铸字纸型组。

中央印刷厂的主要任务,是印刷三月刊的《新华报》,后来改为《解放日报》,还印刷马列著作和毛泽东同志的著作、中央文件和时事手册等。

中央印刷厂的石印部,专责印刷边区钞票。石印部主任李长彬,设计制版负责人是高秉仁、高秉义。(李长彬)

九、光华商店代价券

陕甘宁边区银行成立之初,边区市场全部流通法币,而法币的主币居多,面额较大,辅币异常缺乏,找零极为不便,群众被迫以邮票代辅币使用。(《曹菊如文稿》33页)

一九三七年底,中央认为有成立一个公营商店的必要,办理内外贸易,解决边区的军需民用。一九三八年四月一日正式成立了光华商店,划归边区银行领导,余建新任经理。随银行业务的发展,在一些重要地区均设立了光华商店分店。(《曹菊如文稿》32页)

光华商店成立不久,为了适应需要,便利市场交易,经边区政府批准,以光华商店名义发行"光华商店代价券"作为辅币。(《曹菊如文稿》33页)

"光华商店代价券",是中央印刷厂石印部于一九三八年夏天开始印刷的。中央印刷厂石印部主任是李长彬,设计制版是高秉仁,写字是高秉义,雕刻是商伯衡。

最早印的有二分、五分、一角、二角、五角五种,随后又印刷了七角五分的一种。光华商店代价券与法币同时流行市场,比价为一比一。(《曹菊如文稿》33页)

一九三九年下半年,国民党政府为其妥协投降做准备,在边区制造军事摩擦,并少拨按规定应拨的军事费用。边区政府为应付这一突然事变,决定以陕甘宁边区银行的名义,印制了面额一元的主币,在必要时发行。(《曹菊如文稿》33页)

随国共合作形势的日趋恶化,陕甘宁边区政府和抗战军民财政经济日益困难。国民党不但停止拨给八路军和新四军的军饷,而且还对陕甘宁边区政府和抗战军民进行军事包围和经济封锁,妄图困死、饿死边区军民。为了取得革命胜利,为了中华民族的解放,党中央、毛主席针对国民党政府的反动政策,提出了"自力更生"的伟大口号。就是在这样的形势下,陕甘宁边区银行准备发行自己的货币。因此,一九四〇年十月,以中央印刷厂的石印部为基础,又从各有关单位抽调了一部分技术骨干,建立了专门从事陕甘宁边区货币印制工作的光华印刷厂。

(五四一厂厂史编辑室:《厂史通讯》第12期,1985年10月20日)

陕北省苏维埃政府财政部制造的金属币

五四一厂厂史办公室

一九三五年初,在延川县的芦沟村,成立了陕北省苏维埃政府。随着革命形势的发展,根据地不断扩大,需要的资金也越来越多。但是,当时的苏维埃政府,财政来源很困难,只有一些元宝、银圆和土产。

为了解决财政困难,除去着手准备印制钞票外,陕北省苏维埃财政部长艾楚南同志,亲自动手设计了小型金属币"钢蹦"的图案,并组织两个工人进行制造。制造出的小型金属币上铸有"陕北""钱"和面额数字等字样。

除了制造小型金属币外,艾楚南同志还积极组织银圆的制造工作。

当时,艾楚南同志了解到,在永坪镇西北工作委员会技术处工作的耿红同志,字写得非常好,就想请耿红同志一道参加银圆的设计工作。于是,艾楚南同志通过西北工作委员会党组织的负责人郭洪涛同志,把设计银圆的事告诉了耿红。随后,艾楚南同志又亲自找到耿红同志,一起进行研究。两人商量好后,又从西北工作委员会找来刻字工人李生池等同志,共同进行银圆的设计工作。艾楚南总负责,耿红负责写字,李生池设计镰刀、斧头,并负责雕刻等等。

设计、书写、雕刻完成后,用钢棍制作了凹凸形的两个模具,开始了银圆的制造工作。

制造是在瓦窑堡下川一个村子的露天地进行的。制造时,先把银坯放进凹形模具里(或把银水放进凹形模具冷却),然后用凸形模具往凹形模具里砸。那时,一共制造了两千个银圆。

时过四十多年,中国人民银行陕西省分行金融研究所和其他有关部门搜集资料时,发现陕西省西安市统战部的折永年同志还收藏着一枚当年陕北省苏维埃政府财政部设计和制造的银圆。

通过了解得知,这枚银圆重量23.5克,直径3.85厘米,厚度0.22厘米,含银量95%。银圆的图案,正面中心是中国共产党镰刀、斧头的党徽,沿边是耿红手书的"全世界无产阶级及被压迫民族联合起来","全"字和"来"字中间是一颗五角星。背面中心是"壹圆"两个字,沿边是"中华苏维埃共和国五年制"字样。

此外,中国人民银行陕西省分行金融研究所还在别处发现两种银圆。与上述银圆比较,字体一样,只是排列的位置不同,五角星也不同,图案也不一样。这两种银圆的设计、雕刻、制造人员是谁?与折永年收藏的那枚银圆是什么关系?是在什么时间、什么地点设计制造的?共制造了多少?尚待进一步核证。

(五四一厂厂史编辑室:《厂史通讯》第12期,1985年10月20日)

后　　记

《陕甘宁根据地土地革命时期财政经济史料》是由延安大学中国共产党革命精神与文化资源研究中心组织相关研究人员编辑而成，也是延安大学张金锁教授主持的国家社科基金重大项目"延安时期未刊文献资料收集、整理与数据库建设"的研究成果之一。

1986年，中国人民银行陕西省分行金融研究所为了编写《陕甘宁边区金融史稿》而编辑了《陕甘宁根据地土地革命时期财政经济史料》，由于种种原因，这部分史料未予出版，遗失在民间。陕甘宁边区经济史研究专家魏协武先生从旧书市场将其购买并保存了下来，延安大学组织人员对这部分资料进行整理，并收集了有关档案、报刊资料，汇编成册，并提供给广大研究者使用。

在收集资料和编辑过程中，得到了中国人民银行陕西省分行金融研究所、延安革命纪念馆、陕西省档案馆、陕甘宁边区银行纪念馆、延安大学的大力支持，并得到了魏协武先生、宋兴兴同志的帮助，西北大学出版社为本书的顺利出版付出了辛勤的劳动，谨向他们致以诚挚的感谢。由于诸多的原因，本书难免有疏漏和不妥之处，希望广大读者提出批评意见。

编　者
2018年9月